JOSEF IMBACH
Küche – Kirche – Kochgenüsse

JOSEF IMBACH

KÜCHE KIRCHE KOCHGENÜSSE

142 Rezepte für Leib und Seele

echter

Die Abbildungen in diesem Band sind nach Zeichnungen von Rüdiger Kramer
(Seiten 22, 30, 50, 56, 60, 117, 141, 144, 161, 219, 223)
und Michael Lauble (Seiten 24, 27, 35, 39, 72, 81, 86, 89, 96, 109, 118, 150, 170,
189, 192, 198, 202, 221, 233) gefertigt.

Die Deutsche Bibliothek – CIP-Einheitsaufnahme

Imbach, Josef:
Küche, Kirche, Kochgenüsse : 142 Rezepte für Leib und Seele /
Josef Imbach. – Würzburg : Echter, 1994
ISBN 3-429-01624-X

Inhalt

3. Kapitel: Leckere Mahlzeiten aus dem Backofen

4. Kapitel: Köstliche Gerichte aus dem Garten

5. Kapitel: Fleisch – Geflügel – Fisch

6. Kapitel: Schnellgerichte – nicht nur aus Resten

7. Kapitel: Desserts und Kuchen

Aus der Küche geplaudert

Daß ein Theologe sich mit der Kochkunst beschäftigt, mag schon deshalb als ungewöhnlich erscheinen, weil er während seiner Ausbildung zwar viel von Askese, aber nie etwas vom Kochen gehört hat. Überdies haben es die Prediger nie für nötig befunden, sich in Schilderungen des himmlischen Hochzeitsmahls zu ergehen. Entsprechend detailfreudig fielen dafür ihre Beschreibungen von der Hölle aus – und dies, obwohl in der Bibel weit häufiger vom Essen als von der ewigen Verdammnis die Rede ist.

Abraham nimmt sich kaum Zeit, seine Gäste bei der Eiche von Mamre anständig zu begrüßen, weil der Anstand ihm gebietet, ihnen zuerst einmal ein festliches Mahl vorzusetzen.

Von Jesus wird überliefert, daß er öfters an Gastmählern teilgenommen hat, etwa im Haus des Pharisäers Simon oder anläßlich der fidelen Dorfhochzeit zu Kana. Weshalb seine Gegner ihn prompt als »Fresser und Weinsäufer« diffamierten. Nicht mit einem blühenden Garten oder mit einer palmenüberwachsenen Insel, sondern ausgerechnet mit einem Hochzeitsmahl hat er das Gottesreich verglichen. Darunter konnte man sich damals noch etwas vorstellen – zumal selbst das Brot so knapp war, daß man es nicht mit einem Verfallsdatum zu versehen brauchte.

Indessen haben die Theologen nicht nur biblische Gründe, sich auf das Essen zu besinnen. Immer häufiger sind die Pfarrer genötigt, sich mit dessen Voraussetzungen zu befassen, weil sie keine Haushälterin finden. Richtig, ich rede vom Kochen.

Ich selber übernehme schon seit über zwanzig Jahren jeden Sommer eine mehrwöchige Urlaubsvertretung in einer Pfarrei bei Basel. Auf diese Weise scheint mir der Praxisbezug bei meiner Lehrtätigkeit in Rom am besten gewährleistet. Da ich dort ohne Haushälterin wirtschaften muß, brauche ich mit dem Essen nie zu warten, bis es Zeit ist, sondern kann mich an den Tisch setzen, wenn ich Hunger habe. Allerdings bin ich dann gezwungen, nicht nur die Herzen der Gläubigen, sondern auch den Kochlöffel zu rühren.

Das bringt es mit sich, daß ich versuche, meine Phantasie nicht nur in der Kirche, sondern auch in der Küche zu entfalten – zumindest wenn ich Gäste erwarte.

Dies wiederum hatte Auswirkungen auf meine publizistische Tätigkeit. Nachdem ich eine ganze Reihe von theologischen Schriften veröffentlicht hatte, entschloß ich mich, zwischendurch einmal ein Kochbuch zu schreiben. Weil aber der Mensch nicht vom Brot allein lebt, sollte darin nicht nur der passionierte Koch, sondern auch der professionelle Theologe zu Wort kommen. So finden sich denn in diesem Buch auch ein paar Überlegungen, welche in Erinnerung rufen möchten, daß wir nicht leben, um zu essen, sondern daß wir essen, um zu leben.

Diese Tatsache hindert mich natürlich nicht daran, mich außer an theologischen und literarischen Werken auch an Kochbüchern zu ergötzen. Daß ich selber immer wieder einmal eines geschenkt bekomme, empfinde ich längst nicht mehr als Wink mit dem Zaunpfahl. Inzwischen hat es sich nämlich in der Gegend um Basel ein bißchen herumgesprochen, daß der Aushilfspater aus Rom gerne etwas Neues ausprobiert und ein Rezeptlein schon einmal nach eigenem Gusto modifiziert. Seinen Kartoffelsalat verfeinert er mit heißen Speckwürfelchen. Und daß sein *Ragù alla bolognese* mit den fast zwanzig Zutaten (zu denen *unbedingt* eine Prise Zucker gehört) wenigstens drei Stunden leise vor sich hingeköchelt hat, glauben ihm seine Gäste schon nach dem ersten Bissen.

Kochbücher gehören mit zu meiner Freizeitlektüre. Aber nicht einmal in den italienischen steht immer, daß man für eine *Pasta alla carbonara* besser nur das Eigelb verwendet. Jüngst fiel mir ein Kochbuch in die Hand, dessen Verfasser die Béchamelsauce ohne Zwiebel, aber mit einem Hauch Muskat zubereitet. Dabei kommt's doch gerade darauf an, zu welchem Gericht ich die Sauce verwende! Für eine *Lasagne* benötige ich selbstverständlich eine feingehackte Zwiebel, lasse aber die (frisch geriebene) Muskatnuß weg.

Aus unserer Klosterküche will ich hier nicht plaudern. Die ist einfach und bekömmlich, wie ich es von Haus aus gewohnt bin. In diesem Zusammenhang möchte ich gegenüber meiner nunmehr 83jährigen Mutter nicht nur meinen Dank, sondern auch meine Bewunderung darüber zum Ausdruck bringen, daß sie es fertigbrachte, für ihre nicht ganz kleine Familie selbst in den magersten Zeiten und mit spärlichsten Mitteln gut zu kochen. Als ich sie einmal daraufhin ansprach, sagte sie bloß: »Das ist doch kein Kunststück, wenn man *gerne* kocht.«

Wenn ich sie jetzt ab und zu besuche, bitte ich sie, mir doch wieder einmal ihre unvergleichliche Käse›suppe‹ zuzubereiten oder jenen Lebkuchen zu backen, auf den wir als Kinder regelrecht gierig waren und den ich nie und nirgends sonst bekommen kann. Die beiden Rezepte hat sie mir für dieses Kochbuch gerne überlassen, wobei sie mit dem ihr eigenen heiter-listigen

Lachen hinzufügte: »Aber eines mußt du natürlich schon wissen: das Rezept allein bringt's noch nicht...«

Wenn ich mich manchmal etwas länger bei ihr aufhalte, verwöhne ich sie mit ein paar Köstlichkeiten, von denen sie früher nicht einmal wußte, daß es sie gibt. Sie hätte sie sich ohnehin nicht leisten können, weil sie fünf Kinder großzuziehen hatte.

In der Pfarrei, in welcher ich jeden Sommer aushelfe, hält sich hartnäckig das Gerücht, daß ich ein Feinschmecker sei. Fragt sich, was man darunter versteht. Auch mein ganzer Freundes- und Bekanntenkreis scheint sich aus lauter Feinschmeckern und Feinschmeckerinnen zusammenzusetzen. Jedenfalls kenne ich niemanden, der sich nicht auf ein gutes Essen freuen würde. Vielleicht können es nicht alle auf die gleiche Weise genießen; es ist dies ja nicht nur eine Frage der Neigung und des Geschmacks, sondern auch der Zähne. Außerdem kann man auch die einfachsten Gerichte so zubereiten, daß sie ein Gütesiegel verdienen. Und wenn ich ab und zu auf etwas ganz Besonderes Lust verspüre, halte ich das keineswegs für ein unchristliches Verlangen; auch in der Kirche geht es ja in der Regel im Sonntagsgottesdienst etwas feierlicher zu als während einer ›gewöhnlichen‹ Werktagsmesse.

Daß ich eine hervorragend zubereitete Mahlzeit sehr wohl zu schätzen weiß, können Annemarie und Alfred bestätigen, die mich jeden Sommer zu dem inzwischen schon legendären Josefsmahl einladen. Allerdings macht mir das Kochen zumindest ebensoviel Spaß wie das Essen. Und wenn ich Gäste und die nötige Muße habe, ist mir kein Aufwand zu schade.

Dazu kommt, daß man in unseren wirren Zeiten als Theologe mit dem Lehramt viel weniger Schwierigkeiten bekommt, wenn man die Kreativität vom Hörsaal in die Küche verlegt. Ganz abgesehen noch davon, daß sich ja auch die Kirche selbst an bestimmte Küchenregeln hält, zumindest was ihre hierarchische Struktur betrifft. Denn hier gilt allemal: Zu viele Köche verderben den Brei.

Soweit nichts anderes vermerkt ist, sind sämtliche Rezepte in diesem Buch für vier Personen berechnet. Die Angaben in EL und TL beziehen sich immer auf gehäufte Eß- bzw. Teelöffel, sofern nichts anderes vermerkt ist.

Nicht nur einzelne Gerichte, sondern auch einige Zutaten werden in der Schweiz, in Österreich und in Deutschland mit verschiedenen Begriffen bezeichnet. Wenn in diesem Buch im Zusammenhang mit Gemüse von Paprika die Rede ist, tun die Schweizer und Schweizerinnen gut daran, auf dem Markt Peperoni zu verlangen.

1. Kapitel

Vorspeisen – Suppen – Salate

Erstes Zwischenstück

Vom gemeinsamen Mahl oder wie der heilige Thomas Morus vor dem Essen betete

Der Bibelwissenschaftler Franz Mußner hat eine ganze Menge gescheiter Sachen geschrieben. Das meiste davon habe ich gelesen, mit Gewinn, wie mir scheint. Irgend einmal hat Mußner auch über das Wesen des Christentums nachgedacht. Andere Theologen haben zu diesem Thema ganze Bände verfaßt. Franz Mußner hingegen hat es fertiggebracht, sich darüber in einem einzigen Satz zu äußern. Ich weiß nicht mehr genau, wo dieser Satz steht; aber er hat sich mir eingeprägt. Das Wesen des Christentums, sagt Mußner, besteht darin, zusammen zu essen. Natürlich bezieht er sich dabei auf die Eucharistie.

Obwohl unsere halbleeren Kirchen diesen Sachverhalt etwas verschleiern, trifft Mußner eine richtige Feststellung. Seit jeher betrachtet die Kirche die Feier des Herrenmahls als den eigentlichen Mittel- und Höhepunkt im Leben jeder Christengemeinde. Dieses Herrenmahl seinerseits hat seine tieferen Wurzeln in einer jahrtausendealten Tradition, der sich auch Jesus nicht entziehen konnte, ist doch gerade in seiner Bibel (in unserem ›Alten‹ Testament) an unzähligen Stellen vom gemeinsamen Mahl und der damit verbundenen Freude am Essen die Rede. Häufig dient dort das Mahl der Besiegelung eines gemeinschaftlichen Bandes, sei es nun zwischen Menschen (beispielsweise zwischen Jakob und seinem Schwiegervater Laban; vgl. Genesis, Kapitel 31, Vers 54), oder sei es zwischen Gott und seinem Volk (wie beim Verzehr des Paschamahles vor dem Auszug aus Ägypten; vgl. Exodus, Kapitel 12–13).

Wo Menschen sich nicht bloß mit Fast food abfüttern lassen, sondern sich zu einer Mahl-Zeit zusammenfinden, entsteht Gemeinschaft. Schon allein aus diesem Grund haftet jedem Essen etwas Festliches an – so wie ja auch umgekehrt ein Fest ohne gemeinsame Mahlzeit undenkbar ist.

Daß der Mensch sich ernähren muß, um leben zu können, versteht sich von selbst. Darüber verliert man in der Regel keine Worte. Warum aber verbreiten sich dann die Evangelisten so ausführlich über die Gastmähler, an denen Jesus teilgenommen hat (während von den Fasttagen, die er zweifellos gewissenhaft eingehalten hat, kaum die Rede ist)? Bestimmt nicht, weil ihm das Essen das Wichtigste war. Wichtig war ihm vielmehr *ein bestimmtes Verständnis des Mahles.*

Um das zu erkennen, braucht man bloß die entsprechenden Texte etwas genauer unter die Lupe zu nehmen.

Fast immer erscheint Jesus als Gast – am Hochzeitsfest zu Kana, im Haus des Lazarus von Bethanien, beim Pharisäer Simon, wo er eine Sünderin tröstet und ihr eine neue Zukunft verspricht… Manchmal lädt er sich auch selber ein, etwa wenn er sich am Tisch des Zöllners Matthäus niederläßt oder dessen Kollegen Zachäus um Gastfreundschaft bittet.

Nach damaligem Verständnis eignete der gemeinsamen Mahlzeit ein sozusagen religiöser Charakter. Denn die Gemeinschaft am Tisch bedeutete gleichzeitig Gemeinschaft vor Gott. Erst wenn man sich darüber Rechenschaft gibt, vermag man die vorhin erwähnten Episoden richtig zu gewichten. Wichtig ist nicht das Essen als solches, sondern die Verbundenheit der Menschen untereinander. Das gemeinsame Mahl ist nichts anderes als Ausdruck und Vergegenwärtigung dieser inneren Verbundenheit. Wo sie fehlt, gerät jedes Fest zur Farce.

Auf anschauliche und vielleicht auch etwas amüsante Weise kommt das in einer chinesischen Parabel zum Ausdruck, die mir letzthin in die Finger geriet (A. Steiner / V. Weymann, Wunder Jesu. Bibelarbeit in der Gemeinde, Friedrich Reinhardt Verlag und Benziger Verlag, Basel und Zürich-Köln ⁴1987).

Ein Brautpaar schickte sich an, Hochzeit zu feiern. Obgleich sie arm waren, wünschten die Brautleute, daß viele Menschen mit ihnen ihre Freude teilen sollten. Wie aber würden sie, die arm waren, ohne guten Wein, das Zeichen der Festfreude, mit so vielen Gästen feiern können? Sie berieten lange hin und her und faßten schließlich einen, wie ihnen schien, klugen Beschluß. Sie luden alle ihre Freunde und Nachbarn zum Hochzeitsfest ein und baten sie, als Hochzeitsgabe von ihrem eigenen Wein zum Hochzeitsmahl mitzubringen.

Der Tag des Hochzeitsfestes kam heran, und Braut und Bräutigam erwarteten voller Freude die Gäste. Die langen Tische waren zwar einfach, aber doch festlich gedeckt, und die Musik spielte auf. Die Gäste erschienen, und einer um den anderen goß seinen mitgebrachten Wein in die am Eingang bereitgestellten mächtigen Steinkrüge, so daß sie sich bis zum Rande füllten.

Als das Hochzeitsmahl begann, winkte der Bräutigam jene heran, die sich anerboten hatten, die Gäste zu bedienen. Sie sollten den gesammelten köstlichen Trunk nun auftragen. So liefen sie, um ihre Krüge mit dem Wein aus den großen Gefäßen zu füllen, und schenkten dann behutsam dem Bräutigam und

*der Braut und allen Geladenen ein. Die Hochzeitsgäste erhoben sich feier-
lich, um dem Brautpaar zuzutrinken. Jedermann kostete voller Erwartung
den süßen Wein.*

*Doch da geschah es, daß plötzlich die Braut zu weinen begann und der
Bräutigam entsetzt in die Runde starrte. Mit einem Schlag wurde es ganz still
im Saal. Die Gäste senkten ihre Köpfe und blickten vor sich hin. Was keiner
geglaubt, sah jeder vor sich: in seinem Becher funkelte kein Wein, sondern
war pures Wasser.*

*Offenbar hatte jeder Besucher gedacht: Das bißchen Wasser, das ich in
die mächtigen Krüge gieße, wird niemand bemerken. Das Wasser, das ich
bringe, wird sich leicht mit dem Wein der anderen vermischen.*

*Der Bräutigam legte den Arm um seine Braut, und während er sie mit lei-
sen Worten zu trösten versuchte, standen die Geladenen auf und verließen
beschämt den Saal, ohne daß das Fest stattgefunden hatte.*

Diese Geschichte illustriert, daß jede echte Tischgemeinschaft eine Verbundenheit unter Menschen voraussetzt, die nur da entstehen und wachsen
kann, wo der Gemeinsinn vor allen kleinlichen Eigeninteressen den Vorrang
hat.

Jesus allerdings läßt es dabei nicht bewenden. Mit dem bekannten Gleichnis vom reichen Prasser und vom armen Lazarus gibt er zu verstehen, daß
wahre Mahlgemeinschaft auch alle Rassen- und Klassenunterschiede über-
brückt. Gerade weil der reiche Mann kein Auge und kein Ohr und schon gar
kein Herz hat für die Armen und Notleidenden (denn für *sie* steht Lazarus),
gerät sein Festessen zum Trauerspiel. (Falls Sie diese Geschichte wieder einmal nachlesen möchten, finden Sie sie im 16. Kapitel des Lukasevangeliums,
Verse 19–31).

Nicht zufällig erinnern die Evangelisten immer wieder an die von Jesus
gepflegte Mahlgemeinschaft. Sie sehen darin ein Symbol für den von ihm
gelebten und verkündeten Glauben. Tatsächlich erinnert ja jede Mahlgemeinschaft gerade an das, was die Kirche unter Berufung auf Jesus seit Jahrhunderten versucht (oder versuchen müßte), nämlich Gemeinschaft zu för-
dern unter den Menschen – vor Gott.

Wo immer dies geschieht (»wo zwei oder drei in meinem Namen versam-
melt sind ...«), ist Jesus gegenwärtig. Darum wußten schon die allerersten
Christen, von denen der Evangelist Lukas sagt: »Sie hielten an der Lehre der
Apostel fest und an der *Gemeinschaft*, am *Brechen des Brotes* und an den
Gebeten (Apostelgeschichte, Kapitel 2, Vers 42). Das »Brechen des Brotes«
bezieht sich hier nicht auf die Eucharistie, sondern auf das jüdische Mahl, bei
dem der Vorsteher vor der Austeilung des Brotes einen Segen sprach – ähnlich wie das von Jesus anläßlich der Speisung der Fünftausend überliefert
wird (Markusevangelium, Kapitel 6, Vers 41).

Dies wiederum zeigt: Wo Gemeinschaft vor Gott gelebt wird, hat jedes Mahl sakralen Charakter. Wohlgemerkt, der sakrale Charakter wird nicht erst ›hergestellt‹ durch den Tischsegen; dieser soll lediglich daran erinnern, daß die Tischgemeinschaft sich bewußt ist, daß der Auferstandene sich in ihrer Mitte befindet.

Allerdings ist der schöne Brauch, wenigstens vor den Hauptmahlzeiten ein Tischgebet zu sprechen, in den letzten Jahrzehnten immer mehr abhanden gekommen.

Ich meine damit nicht, daß man in jeder Gaststätte seinen Glauben dadurch bezeugen soll, daß man vor dem Essen ein möglichst großes Kreuz schlägt und die Augen verdreht; man kann Gott auch still in seinem Herzen danken. Vermutlich hätten solche Gesten auf die übrigen Anwesenden die gleiche befremdende Wirkung wie das Verhalten eines Muslims, der mitten in der Fußgängerzone von München zur Mittagszeit einen Teppich ausbreitet, sich darauf niederläßt und in Richtung Mekka sein Gebet spricht.

Außerdem kenne ich kein göttliches oder kirchliches Gebot, welches die Christen verpflichtet, vor dem Essen zu beten. Aber ist der Gedanke so abwegig, wenigstens ab und zu, am Sonntag etwa oder bei besonderen Gelegenheiten, vor dem Mahl ein Gebet zu sprechen, in dem Bewußtsein, daß wir letztlich alles aus Gottes Hand empfangen?

Peinlichkeiten, wie ich sie bei derlei Gelegenheiten mehr als einmal erlebt habe, lassen sich ja vermeiden. Ich erinnere mich da an einen Mitbruder, der mit mir zusammen zum Essen eingeladen war und aufgefordert wurde, den Tischsegen zu sprechen. Und der daraufhin prompt mit einem frei formulierten Gebet all der Darbenden und Notleidenden und Verhungernden gedachte. Derlei trägt allenfalls dazu bei, daß die Gastgeber ein schlechtes Gewissen bekommen, weil sie sich soviel Mühe gegeben haben, und alle Anwesenden die liebevoll zubereiteten Speisen unter Gewissensbissen und Schuldgefühlen hinunterwürgen.

Da halte ich es lieber mit dem heiligen Thomas Morus (1478–1535), der, lange bevor er von König Heinrich VIII. zu Tode gebracht wurde, bloß weil er seinem Gewissen und damit sich selber treu bleiben wollte, einmal dieses Tischgebet sprach: »Mein Gott, gib mir eine gute Verdauung – und auch etwas zum Verdauen.«

Gemeinschaft verwirklicht sich nicht, indem man die Festfreude der Anwesenden mit trüben Gedanken beeinträchtigt (jedes Ding hat *seine* Zeit!), sondern indem man in aller Selbstverständlichkeit die Stühle zusammenrückt und einen Teller mehr auf den Tisch stellt, wenn gerade ein armer Lazarus vor der Tür stehen sollte. Und indem man im Alltag seine Güter mit den Notleidenden teilt, im Gedenken an das Brot, das allsonntäglich am Altar gebrochen wird.

Brot

Was Brot für mich bedeutet, kann ich nicht ›erklären‹; ähnliches gilt vom Wein. Beiden gegenüber empfinde ich eine fast archaisch anmutende Ehrfurcht. Wenn jemand mich fragen würde, was ich empfinde, wenn ich ein Stück Brot in meinen Händen halte, würde ich wohl auf eine Geschichte des Schweizer Pfarrers und Schriftstellers Kurt Marti verweisen; sie trägt den Titel »Der Fürst« (in: Bürgerliche Geschichten, Luchterhand Verlag, Darmstadt und Neuwied 1981, S. 152–155). Darf ich sie Ihnen vorlesen?

Wenn ich mich recht erinnere – nur erinnert man selten, ohne daß wie von selbst Erfindung mit unterläuft –: wenn ich mich recht erinnere, bemerkte ich den Fremden erst, als anstelle der vorher zahlreichen Predigtgemeinde nur noch verstreut in den Bankreihen sitzende, dadurch erkennbar gewordene Einzelpersonen zum Abendmahl zurückgeblieben waren, jede auf ihre eigene Weise geöffnet oder in sich gekehrt.

Mit gelassener Grandezza saß er in der vordersten Bank, im langen, blauschwarzen Überwurf südländischen Schnitts; ein fürstlicher Überwurf sozusagen. Oder fürstlich der, der ihn trug? Um genau zu sein: noch ehe mir der Überwurf auffiel, fühlte ich seinen Blick, nicht zudringlich etwa, nicht unangenehm. Zwei dunkle Augen, aufmerksam, doch ohne hypnotischen Zwang. Ein bartloses Gesicht, das wirkte, als wäre es schön geschnitten. Langes, schwarzes Haar. Ich assoziierte, zu Recht oder Unrecht: Renaissancekopf. Leicht zurückgelehnt saß er da, die Beine nicht ohne Grazie übereinandergeschlagen. So folgte er meinen Worten, den Bewegungen meiner Hände, die die vorgeschnittenen Stangen des Brotes zerbrachen, die Brocken verteilten, wie immer.

Allein in der vordersten Bank sitzend, hätte er als erster zum Abendmahlstisch kommen können, war jedoch sitzen geblieben, ohne dem einladenden Kopfnicken des Abendmahlshelfers Beachtung zu schenken, so daß dieser zur zweiten Bank, hinter ihm, trat, worauf sich die Leute dort erhoben, aus der Bankreihe in den Mittelgang traten, um durch ihn an den Tisch hervorzukommen.

Warum mochte der Fremde wohl hier sein, wenn er nicht herzutreten wollte, um wie die anderen Brot und Wein zu empfangen? Hätte er sich bloß ansehen wollen, wie wir hier das Abendmahl zu begehen pflegen, würde er sich, so überlegte ich rasch, doch kaum zuvorderst hingesetzt haben. Sollte er also etwas im Schilde führen? Plötzlich aufstehen vielleicht, um mit souveräner Geste unser Abendmahl zu entlarven? Alles wickelte sich zwar so gemessen, so feierlich-friedlich ab wie immer. Vielleicht glaubte er, gerade dieses WIE IMMER durchschaut zu haben: ein Fanatiker des Absoluten, der die glanzlose Selbstverständlichkeit, mit der wir rituell agierten und konsumierten, festlich zu sprengen gedachte? Wäre ich fähig gewesen, ihm mit entschiede-

nen, kurzen Worten entgegenzutreten? In solchen Situationen taugen differenzierte Argumente, man weiß es, nur wenig. Sah ich flüchtig wieder zu ihm hin, so verriet seine Haltung allerdings keinerlei Drohung. Gesammelt saß er da, wenn auch entspannt. Ein Fremder, in den man sich nicht einfühlen kann, erst recht nicht, weil er ohne die übliche Befangenheit Fremder zu sein schien. Im Gegenteil, er strahlte Souveränität aus. Möglicherweise verstand er kein Deutsch, hatte nichts von allem begriffen, was gesagt worden war, versuchte dafür, sich Gesten und Dinge desto genauer einzuprägen: Becher, Brot, Austeilung. Und schien dabei so fasziniert, als wäre er unverhofft Zeuge des ersten Abendmahls geworden.

Die letzten Leute waren zum Tisch getreten, aßen ihr Brot, verteilten sich nach links, nach rechts, um von einem der Kirchengemeinderäte den Becher zu nehmen, zu trinken. Sonnenlicht fiel schräg durch die Fensterscheiben, füllte die vorher dämmrige Kirche mit Glanz. Ich nahm's als Zeichen, daß auch dieses Mal alles wie immer – gesegnet sei dieses WIE IMMER! – ungestört zum Abschluß kommen würde.

Alle waren in ihre Bänke zurückgekehrt. Ich legte die angebrochene Brotstange zu den andern, nicht mehr gebrauchten, zurück. Auf einmal erhob er sich. Ich erschrak. Er kam vor den Tisch, blieb stehen, breitete die Arme fast waagrecht aus, vielleicht, um seinen Überwurf in den Rücken zu drängen, ich weiß nicht. Hinterher denke ich: ein theatralischer Auftritt! Die Arme ausgebreitet stand er lächelnd vor mir, ein Fürst. Ich nahm wiederum eine Brotstange auf, brach ein Stück ab, reichte es ihm. Er senkte die Arme, empfing das Brot in beide Hände, hob den Bissen zum Mund, aß ruhig, aß eine Ewigkeit lang. Dann, statt seitwärts zu einem der Kelchhalter zu gehen, streckte er mir beide Hände geöffnet von neuem hin. Ich hatte das Brot schon zurückgelegt, blickte ratlos. Mein Kopf muß sich bewegt und in Richtung Kelchhalter rechts gezeigt haben. Umsonst. Lächelnd blieb er stehen, machte mit den wartenden, offenen Händen seinerseits eine Bewegung, deren Sinn ich nicht begriff, so daß er leise sagte: Noch mehr! Alles!

Ich fühlte die Blicke der Leute, die aufmerksam geworden waren. Nicht im geringsten verlegen oder unterwürfig, vielmehr mit höflicher Nachsicht sagte er jetzt: Ich habe Hunger.

Begann ich zu begreifen? Ich weiß es nicht mehr. Nicht hier, stammelte ich, nachher!

Er zögerte, so daß ich schon entsetzt zu überlegen begann: er kann doch nicht hier stehen bleiben, vor versammelter Gemeinde, alles Brot – es war noch reichlich vorhanden – aufessen oder sich einfach in die Taschen stopfen wollen! Wie er so vor mir stand, bemerkte ich nun auch, daß sein Überwurf franste, die Kleidung abgewetzt und das Gesicht viel älter war, als ich vorher gedacht hatte. Die Haltung freilich blieb unverändert die eines Fürsten, souverän und verwirrend. Ich spürte, daß mich die Seitenblicke der Kelchhalter *befragten, ob sie noch bleiben oder die Becher auf den Tisch zurückstellen sollten.*

Nachher! bat ich den Fürsten noch einmal.

Er lächelte. Und bekreuzigte sich unvermittelt. Dann ging er zum Kelchhalter rechts, ergriff den Becher und trank ihn entschlossen, ohne nur einmal abzusetzen, leer, man sah es genau. Danach bekreuzigte er sich ein zweites Mal. Die Gemeinde, so schien mir, hielt den Atem an. Gleichmütig schritt er zur ersten Bank zurück.

Nachher, im Vorraum der Kirche, als sich die Leute verlaufen hatten, gab ihm der Sigrist das übrig gebliebene Brot, in ein Papier gewickelt, dazu eine fast noch volle Flasche Abendmahlswein. Der Fürst ließ sich weiter in kein Gespräch ein. Er nahm das Brot, die Flasche, steckte sie in die Seitentaschen seines Überwurfs, dankte freundlich und ging.

Das folgende Rezept stammt aus der Zeit, da die Bauern ihr Brot noch selber backten. Aufgeschrieben hat es meine Mutter, die es wiederum von ihrer Mutter übernommen hat. Ich war schon einmal sehr froh darum, als ich für den Sonntag Gäste eingeladen hatte und am Samstag erst nach Ladenschluß bemerkte, daß ich fast kein Brot im Haus hatte.

250 g Vollkornmehl
250 g Halbweißmehl
1 Päckchen Trockenhefe (7 g) oder 20 g Frischhefe
350 ml Wasser
1 TL Salz

Das Mehl in einer Schüssel mit dem Salz vermischen. Die in etwas Wasser angerührte Hefe und anschließend das restliche Wasser dazugeben. Alles zu einem Teig zusammenstreichen. Diesen mit den Handballen auf dem mit Mehl bestäubten Tisch gut durchkneten und dabei immer wieder dehnen, bis er, nach etwa 10 Minuten, weich und geschmeidig ist und sich zu einer glatten Kugel formen läßt. Den fertigen Teig in die Schüssel legen, die Oberfläche mit etwas Wasser besprengen und etwa 2 Stunden mit einem Tuch bedeckt bei Zimmertemperatur aufgehen lassen. Vor dem Backen den Teig $1^{1}/_{2}$ cm tief übers Kreuz einschneiden, auf ein mit Mehl bestäubtes Kuchenblech legen und dieses in die Mitte des auf 220 Grad vorgeheizten Backofens schieben. Nach einer guten Viertelstunde die Hitze auf 180 Grad reduzieren und eine weitere halbe Stunde backen. Das fertige Brot mit ein paar Tropfen Wasser besprengen und auf einem Gitter auskühlen lassen.

Falls man eine doppelte oder mehrfache Menge Teig zubereitet und mehrere Brote daraus formt, empfiehlt es sich, diese nach dem Formen nochmals etwa eine halbe Stunde bei Zimmertemperatur ruhen zu lassen, damit der Teig gut aufgeht.

Knoblauchöl

Bekanntlich ist die Zwiebel die Königin jeder guten Küche. Ich meinerseits möchte hinzufügen: Und der Knoblauch ist dort König. Manche schätzen die Königin, andere rümpfen vor ihr die Nase, und nicht wenige bleiben ihr gegenüber völlig indifferent. In bezug auf den König kann man das nicht behaupten; hier gibt es nur eine Alternative. Entweder man erhebt ihn in den Himmel, oder man wünscht ihn zum Teufel. Biblisch ausgedrückt: Wer nicht für ihn ist, ist gegen ihn.

Wer aus rein gesundheitlichen Gründen für ihn ist, beschränkt sich auf den Konsum von Knoblauchkapseln. Ich frage mich, warum sich diese Menschen nicht gänzlich synthetisch ernähren. Im übrigen ist der Unterschied zwischen der Knolle und der Kapsel etwa gleich groß wie jener zwischen dem Intelligenzquotienten des heiligen Thomas von Aquin (um 1225–1274) und dem des nicht minder heiligen Giuseppe da Copertino aus Apulien, der vier Jahrhunderte später (1603–1626) von seinen Ordensoberen wie ein Gefangener behandelt wurde, bloß weil er während des Gebetes immer wieder einmal frei über dem Boden schwebte (was historisch einwandfrei verbürgt ist). Während der erstere als eines der größten Genies der abendländischen

Geistesgeschichte gilt, wäre der letztere glatt durchs theologische Examen gefallen, wenn ihn der Bischof auf seine Kenntnisse hin geprüft hätte. Bekanntlich jedoch glänzten die ersten paar Kandidaten derart mit ihrem Wissen, daß seine Exzellenz darauf verzichtete, die restlichen auch noch zu befragen. Auf diese Weise kam der Franziskanerorden zu einem Priester und die Kirche zu einem Heiligen. Und dies möglicherweise bloß deshalb, weil Monsignore während der Befragung der Kandidaten Küchendüfte roch und es daher eilig hatte, ins Klosterrefektor zu dislozieren. Doch statt uns weiter mit diesen mehr als vagen Hypothesen zu befassen, wollen wir uns lieber wieder den geruchsintensiven Realitäten zuwenden.

Die mediterrane Küche ist ohne Knoblauch nicht denkbar. Ob Fleisch, Saucen oder Kartoffeln, ob Fisch oder Gemüse oder Nudeln – immer bringt man es fertig, irgendwo noch eine Zehe der umstrittenen Knolle dazwischenzustecken.

Ich selber mag sie sogar im Öl. Weshalb ich einigen Wert darauf lege, immer ein bißchen Knoblauchöl im Vorrat zu haben.

Zur Herstellung nehme ich eine Flasche feines Olivenöl und gebe etwa fünf Knoblauchzehen sowie einen Peperoncino, eine kleine scharfe Pfefferschote, hinzu und lasse das Öl dann etwa eine Woche ziehen. Dieses Knoblauchöl verleiht Salatsaucen, Nudelgerichten und gebratenen Fischen einen wahrhaft – was ist der Knoblauch im Vergleich zur Zwiebel? – *königlichen* Geschmack.

Knoblauchhäppchen

Wie dieses Gericht auf italienisch heißt, habe ich noch immer nicht in Erfahrung bringen können; ich habe es ja auch erst einmal vorgesetzt bekommen, und da war schlicht von gedünstetem Knoblauch die Rede. Empfehlen kann ich diese Besonderheit Knoblauchfreunden, wenn sie unter sich sind und zum Aperitif ein Glas trockenen Weißwein trinken. Dann sollten sie auf das übliche öde Salzgebäck verzichten und dafür der Knolle frönen.

Die Zutaten aufzuzählen, lohnt sich kaum: etwas Knoblauch- oder einfach Olivenöl, beliebig viele Knoblauchzehen, Salz aus dem Streuer.

Die Knoblauchzehen werden bei niedriger Hitze in einer kleinen Bratpfanne in ein paar Tropfen Öl weichgedünstet, auf Zahnstocher gesteckt und auf einen Teller gelegt. Mit dem Salzstreuer darüberfahren – und nicht schon die Hälfte in der Küche selber essen, sondern zuerst die Gäste davon kosten lassen!

Knoblauchbrot

1 Baguette (Pariser Stangenweißbrot)
2–3 Knoblauchzehen
Kräuterbutter

Im Abstand von etwa 2,5 cm Kerben in die Baguette schneiden und in jede Kerbe ein Stück Kräuterbutter und ein ganz kleines Stückchen Knoblauch stecken. Im Ofen bei 200 Grad etwa 15 Minuten erhitzen. Fertig. Paßt zu den meisten der im folgenden angeführten Vorspeisen.

Wer's etwas weniger scharf mag, läßt den Knoblauch weg, da ein wenig davon schon in der Kräuterbutter enthalten ist. Oder man nimmt, sofern gerade zur Hand, ganz einfach Knoblauchbutter.

Bruschetta

Manche Gaststätten in Italien servieren die bruschetta *als Appetitanreger, auf Kosten des Hauses. Kaum daß man sich richtig hingesetzt und noch bevor man den Wein bestellt hat, steht schon ein Teller davon auf dem Tisch.*

Für dieses ebenso einfache wie feine Gericht braucht man lediglich fünf Zutaten:

ein paar Scheiben Schwarz- oder Weißbrot
Knoblauch
Knoblauchöl
Pfeffer, Salz
evtl. 1–2 Tomaten

Die Brotscheiben beidseitig mit einer angeschnittenen Knoblauchzehe gut einreiben (ich selber drücke jeweils noch ein wenig sehr feingehackten

Knoblauch darauf), ganz wenig Knoblauchöl in der Pfanne erhitzen und das
Brot darin so lange rösten, bis die Oberflächen knusprig sind. Kenner und
Kennerinnen legen noch ein, zwei, drei Scheiben einer Tomate auf die *brus-
chetta* und geben einen Hauch Pfeffer und eine Prise Salz darüber.

Marinierte Zucchini
400–500 g Zucchini
2–3 EL Olivenöl
Salz, Streuwürze
Für die Marinade:
6 EL Olivenöl
3 EL Weinessig
3 EL Balsamessig (als aceto balsamico oder aceto di Modena im Handel)
1 Messerspitze Paprika
2 Knoblauchzehen
1 Bund Petersilie
Die Zucchini waschen, die Enden abschneiden und in nicht ganz 1 cm
dicke Scheiben schneiden. Diese in etwas Olivenöl beidseitig anbraten, bis
sie eine leichte Kruste haben. Etwas Salz oder Streuwürze darübergeben und
auskühlen lassen. Für die Marinade das Olivenöl mit dem Wein- und dem
Balsamessig vermengen. Paprika und den geschälten, in kleine Stücke geschnittenen Knoblauch zufügen. Die Zucchinischeiben lagenweise in ein
Gefäß legen und jede Schicht mit der Marinade übergießen. Mindestens anderthalb Tage im Kühlschrank durchziehen lassen. Eine gute Stunde vor dem
Servieren herausnehmen, weil die marinierten Zucchini erst bei Zimmertemperatur ihr Aroma voll entfalten. Da sie sich mehrere Tage im Kühlschrank
halten, lohnt es sich, eine größere Menge davon zuzubereiten.
Die feingehackte Petersilie gebe ich erst vor dem Auftragen dazu.

Eingelegte Paprika
*Zusammen mit den marinierten Zucchini (vorhergehendes Rezept) gehört
dieses Gericht zu jenen Vorspeisen, von welchen meine Gäste nie genug krie-
gen können. Wer anderntags ein für die berufliche Karriere wichtiges Vor-
stellungsgespräch hat oder selber einen kleinen Empfang gibt, sollte allerdings auf diese Köstlichkeit verzichten, wegen der Langzeitwirkung des
Knoblauchs, der ja hier nicht bloß eine Statistenrolle spielt.*
4 rote Paprika
3–4 Knoblauchzehen
Salz
Olivenöl

Nachdem ich die Paprika gewaschen und abgetrocknet habe, stelle ich sie auf ein Kuchenblech, decke sie mit einer Alufolie ab und gebe sie für etwa dreißig bis vierzig Minuten in den auf 220 Grad vorgeheizten Backofen. Inzwischen schäle ich die Knoblauchzehen und schneide sie in kleine Stücke. Sobald die Paprika gar sind, entferne ich die Kerne, ziehe die Haut ab und schneide sie in Streifen, die ich schichtenweise in ein Gefäß lege, wobei ich auf jede Schicht eine Prise Salz und etwas Knoblauch streue. Zum Schluß übergieße ich alles mit Olivenöl, decke das Gefäß zu und stelle es für mindestens einen Tag in den Kühlschrank.

Erfahrungsgemäß brauche ich dazu eine nicht unerhebliche Menge Weißbrot, da meine Tischgenossen und -genossinnen das Öl in ihren Tellern auf jeden Fall auftunken möchten.

Kommentar eines Bekannten, der davon gekostet hat: Unser heutiges Brot gib uns täglich!

Gebackene Zwiebeln
4 mittelgroße Zwiebeln
Balsamessig
Salz, Pfeffer
2–3 EL Semmelbrösel
15 g Butter
Die Zwiebeln waschen, schälen und quer durchschneiden. Die Hälften mit
der Schnittfläche nach oben in eine ausgebutterte Gratinform legen und mit
ein paar Tropfen Balsamessig bespritzen. Salzen und pfeffern, mit Semmelbröseln bestreuen und Butterflocken darauf legen. Im auf 230 Grad vorgeheizten Ofen etwa 30 Minuten überbacken.

Da diese Vorspeise sowohl warm wie kalt schmeckt (und auch als Gemüsebeilage zu manchen Hauptgerichten paßt), lohnt es sich, gleich eine
etwas größere Menge davon zuzubereiten. Schon verschiedentlich konnte
ich feststellen, daß Bekannte von mir, welche der Zwiebel bis dahin nichts
abgewinnen konnten, gleich mehrmals ›zuschlugen‹.

Einmal vergaß ich sogar den Tischsegen, weil meine Gäste so gespannt
waren auf dieses Zwiebelgericht. Erst gegen Ende des Abends hat einer von
ihnen mich darauf aufmerksam gemacht und bei dieser Gelegenheit die Ge-
schichte von den beiden Pfarrern erzählt, welche, weil sie in einer Gaststätte
aßen, das Tischgebet still verrichteten.

Während der eine von ihnen den Wein eingießt, fragt er den anderen:
Jetzt mal ehrlich, wie weit zählst du, wenn du das Tischgebet still verrichtest?
So ungefähr bis zehn – und du?

Auch etwa bis zehn, höchstens bis fünfzehn. Aber, fügt er hinzu, ich kenne
welche, die zählen bis fünfundzwanzig oder gar bis dreißig, vor allem wenn
sie in Gesellschaft sind. Doch das scheint mir schon ein bißchen arg ge-
heuchelt.

Paprika mit Thunfischfüllung
4 rote Paprika
250 g Thunfisch aus der Dose
4 EL Olivenöl
2 EL Kapern
einige entsteinte Oliven
weißer Pfeffer
2 EL Semmelbrösel
etwas Butter
Die Paprika der Länge nach halbieren und entkernen. Den Thunfisch zusammen mit dem Olivenöl, den Kapern und den Oliven und dem Pfeffer im

Mixer pürieren. Die Masse in die Paprikahälften füllen und diese in eine Gratinform legen. Mit Semmelbröseln bestreuen und Butterflöckchen darüber verteilen. In dem auf 230 Grad vorgeheizten Ofen 35–40 Minuten backen. Im Winter serviere ich diese Vorspeise warm, an heißen Sommertagen kommt sie kalt auf den Tisch.

Thunfischschaum mit Spargel

1 kg Spargel
2 TL Salz
1 TL Zucker
250 g Thunfisch aus der Dose
1 Becher Mageryoghurt
3 EL Mayonnaise
1 Bund Petersilie
1 geriebene Zitronenschale

Den Spargel schälen und im Salzwasser (etwas Zucker dazugeben!) gerade so lange kochen, daß er noch Biß hat. Erkalten lassen. Die einzelnen Spargelstengel strahlenförmig (mit den Köpfen zum Rand hin) auf einer runden flachen Schüssel oder einer Platte anordnen. Thunfisch, Yoghurt, Mayonnaise, Petersilie und die geriebene Zitronenschale im Mixer pürieren. In der Mitte der Schüssel anrichten, so daß nur die untere Hälfte der Spargelstangen bedeckt wird.

Gefüllte Eier

4 Eier
2 EL Mayonnaise
1 EL Senf
$^1/_2$ TL Weinessig
1 Messerspitze Pfeffer
1 Prise Salz
ein paar Tropfen Maggiwürze
2 TL Kaviar

Die Eier während 10 Minuten hartkochen und anschließend mit kaltem Wasser abschrecken, damit sich die Schale leichter entfernen läßt. Nach dem Erkalten schälen und der Länge nach halbieren. Das Eigelb entfernen und zusammen mit dem Senf, der Mayonnaise, dem Weinessig und den Gewürzen zu einem dicken Brei verrühren. Die Füllung in die Eihälften geben und mit einem halben TL Kaviar garnieren.

Als Vorspeise reiche ich die gefüllten Eier zusammen mit kaltem Spargel oder zwei bis drei kleinen Salaten.

Capuns

Diese Spezialität aus Graubünden wird in fast jedem Haushalt etwas anders zubereitet. Daß sie sich nicht nur als delikates Hauptgericht, sondern auch als originelle Vorspeise eignen, haben Annemarie und Alfred vor Jahren anläßlich des berühmten Josefsmahls bewiesen.

200 g Mehl
2 Eier, verquirlt
50 ml Milch
Salz, Streuwürze
1 feingehackte Zwiebel
20 g Butter
50 g Speckwürfelchen
100 g Salsiz (Bündner Hartwurst; oder Landjäger), gewürfelt
2 EL gehackte Petersilie
2 EL gehackter Schnittlauch
2 EL gehackte Basilikumblätter
16 große Mangoldblätter (oder Krautstiele mit Blättern)
200 ml starke Fleischbrühe
100 ml halbfette Sahne
50 g geriebenen Bündnerkäse (oder sonst einen pikanten geriebenen
    Hartkäse)

Mehl, Eier, Milch, Salz und Streuwürze zu einem Teig verrühren. Zugedeckt mindestens eine halbe Stunde ruhen lassen. Inzwischen die Zwiebel in der Butter glasig dünsten. Nun den Speck, die Salsiz und gut die Hälfte der Kräuter kurz mitdünsten, auskühlen lassen und unter den Teig mischen.

Die Mangoldblätter in reichlich Salzwasser blanchieren, mit kaltem Wasser übergießen und auf einem Tuch ausbreiten. Je 1 EL der Füllung auf die obere Seite der Blätter geben. Den oberen Rand und die Seiten über die Füllung legen, dann wie eine Zigarre zum Stielansatz hin aufrollen (den Stiel mit aufrollen!).

Die Fleischbrühe mit der Sahne in einem Topf mit großem Durchmesser aufkochen. Die Capuns nebeneinander hineinlegen und bei geschlossenem Deckel auf kleiner Hitze etwa 20 Minuten ziehen lassen. Vor dem Auftragen mit dem geriebenen Käse und den restlichen Kräutern bestreuen.

Crevettencocktail
200 g Crevetten
2 EL Zitronensaft
4 Scheiben Ananas aus der Dose
4 EL Mayonnaise
1 gestrichener EL Tomatenmark
1 Prise Zucker
Pfeffer
1 Gläschen Cognac oder Whisky
4 Blätter Kopfsalat

Es lohnt sich, für diese Vorspeise qualitativ hochstehende (und dementsprechend etwas teurere) Crevetten zu kaufen, die bereits gekocht und entweder tiefgefroren oder im Glas angeboten werden. Diese müssen (auch wenn sie nicht tiefgefroren waren) in einem Sieb unter kaltem Wasser sehr gut abgespült und anschließend mit dem Zitronensaft beträufelt werden.

Nun verrühre ich die Mayonnaise, das Tomatenmark und den Cognac (oder Whisky) mit dem Schneebesen zu einer glatten Sauce, und gebe anschließend eine Prise Zucker und etwas Pfeffer hinzu. Dann gebe ich die Crevetten und die in kleine Stückchen geschnittenen Ananasscheiben in die Sauce und vermische alles gut miteinander. Serviert wird dieser Cocktail in Sektschalen, die ich vorher mit einem Blatt Kopfsalat ausgelegt habe.

Wenn gerade keine Dose Ananas im Haus ist, nehme ich statt dessen halbierte und entkernte Mandarinenschnitze oder ein paar Kiwischeiben.

Riesencrevetten »Exotic«

Bei diesem Rezept handelt es sich um eine Kreation von Imelda. Die Zusammenstellung der Zutaten ist etwas ungewöhnlich, man ist geneigt zu sagen exotisch, und die Zubereitung scheint vielleicht ein wenig aufwendig für eine einfache Vorspeise. Aber die Mühe lohnt sich. Außerdem eignen sich diese Riesencrevetten auch als Hauptgericht; man berechnet dann je Person etwa sechs Stück und reicht dazu eine kleine Portion Reis.

12 Riesencrevetten
Saft einer halben Zitrone
1 Gläschen weißer, sehr trockener Vermouth
$^1/_2$ TL getrockneten Dill
etwas Würzmischung für Fisch (Maggi, Knorr...)
30 g Butter
1 kleine gehackte Zwiebel
3 Scheiben Ananas aus der Dose
1 EL Korinthen
1 EL Pinienkerne
1 Mandarine
1 Gläschen Cognac
1 Banane
200 ml Sahne
Pfeffer, Salz

Die Riesencrevetten kann man entweder mit Kopf frisch oder tiefgekühlt kaufen; häufig erhält man sie auch bereits gekocht und geschält. Bei frischen Crevetten sind zuerst Kopf und Schale zu entfernen. Außerdem muß man sie am Rücken leicht einschneiden, um den Darm herausziehen zu können. Wer sich diese Arbeit sparen will, kauft diese Schalentiere bereits kochfertig zubereitet.

Die Crevetten für etwa zwei Stunden in eine Marinade aus Zitronensaft, Vermouth, Dill und etwas Fischgewürz legen. Eine kleine Zwiebel hacken und in etwas Butter glasig dünsten. Die Crevetten zusammen mit 2–3 EL der Marinade auf kleiner Flamme 3–4 Minuten garen (frische Crevetten benötigen fast die doppelte Garzeit). Wohlgemerkt, die Crevetten dürfen nicht gekocht, sondern nur erhitzt werden. Warmstellen.

Die Ananasscheiben in kleine Stückchen schneiden und zusammen mit den halbierten und entkernten Mandarinenschnitzen, der in Scheibchen geschnittenen Banane, den Pinienkernen und den Korinthen in etwas Butter andünsten. Mit einem Gläschen Cognac ablöschen. Die Sahne langsam dazuschütten und alles zu einer sämigen Sauce einköcheln lassen. Mit Salz, Pfeffer, Dill (und allenfalls nochmals mit etwas Fischgewürz) würzen. Die Sauce über die auf vorgewärmten Tellern angerichteten Crevetten gießen.

Käseschnitten
8 Scheiben Toastbrot
80 g Greyerzer
80 g Emmentaler
50 ml Sahne
$1/2$ Glas trockener Weißwein
8 Scheiben durchzogener Speck
Paprika
2 kleine Essiggurken
1 kleine Tomate

Die Brotscheiben (falls kein Toastbrot vorhanden ist, nimmt man Weißbrot) toasten, mit dem Weißwein benetzen und mit einer Speckscheibe belegen. Den Käse raffeln und mit der Sahne zu einem Teig vermengen. Diesen auf die Toastscheiben verteilen und einen Hauch Paprika darüberstreuen. Vier der Käseschnitten mit einer halben Essiggurke garnieren, die restlichen vier mit je einer Tomatenscheibe. Im vorgeheizten Ofen bei 200 Grad etwa 30 Minuten backen.

Wenn es gerade keinen Greyerzer zu kaufen gibt, nehme ich einen pikanten Appenzellerkäse.

Morchelkuchen
Noch jedesmal, wenn ich diese kleine Vorspeise (zusammen mit einem leichten trockenen Weißwein) serviert habe, waren meine Gäste begeistert. Sitzen nur zwei Personen am Tisch, so kann man diesen Morchelkuchen, nach einem gemischten Salat, als Hauptgericht reichen. Zur Herstellung benötige ich
300 g Blätterteig
30 g getrocknete Morcheln
20 g Butter
2 EL Mehl
150 ml trockenen Madeira
150 ml Sahne
Salz, weißen Pfeffer
1 Prise getrockneten Majoran
Muskat
1 EL Milch oder etwas Eiweiß
1 Eigelb

Die getrockneten Morcheln lege ich etwa drei Stunden in lauwarmes Wasser, wasche sie mehrmals gründlich durch und gieße das Wasser anschließend durch einen Kaffeefilter. Nun koche ich die Pilze (die größeren habe ich halbiert) während etwa 20 Minuten in dem gefilterten Wasser. Die

Morcheln siebe ich ab und hebe mir etwa 150 ml von dem Morchelwasser auf.

Dann erhitze ich die Butter in einem Topf und röste darin das Mehl, bis es eine goldgelbe Farbe annimmt, rühre mit einem Schneebesen das zurückbehaltene Morchelwasser und den Madeira darunter und füge die Gewürze hinzu. Nun kommen die Morcheln in die Sauce, in der ich sie bei niedriger Hitze noch eine schwache Viertelstunde ziehen lasse. Falls die Sauce zu dünn ist, wird sie mit etwas Maizena verdickt. Während die Sauce sich abkühlt (sie muß kalt auf den Teig kommen, da dieser sonst aufweicht), reibe ich eine Springform von nicht über 22 cm Durchmesser mit etwas Butter ein und bestäube den Boden mit Mehl. Den größeren Teil des Blätterteigs welle ich so aus, daß ich damit den Boden der Springform und auch die Innenwand bis auf eine Höhe von etwa $3^{1}/_{2}$ cm auskleiden kann. Nun streiche ich die Sauce auf den Teig, biege die Überhöhung des Teiges an der Wand nach innen und welle den Rest des Blätterteigs zu einem Deckel aus. Die Teigränder bestreiche ich mit Eiweiß oder Milch und drücke den Deckel gut an. Bevor ich diesen mit einer Gabel mehrmals einsteche, garniere ich ihn mit einigen aus Teigresten ausgestochenen Sternchen oder Herzchen und bestreiche ihn mit Eigelb. Bei 220 Grad benötigt mein Morchelkuchen etwa 40 Minuten Backzeit. Damit der Deckel nicht schwarz wird, muß ich die Oberhitze natürlich vorher ausschalten (oder die Form nach etwa 20 Minuten mit einer Alufolie überdecken).

Dieses Gericht wurde meines Wissens von der weit über ihre Landesgrenzen hinaus bekannten Schweizer Gastro-Kritikerin und Kochbuch-Autorin Marianne Kaltenbach kreiert. In ihrem Werk »Kreativ kochen« (Hallwag Verlag, Bern und Stuttgart ^{5}1988) bevorzugt sie statt des Madeiras trockenen Sherry – und schlägt für die Zutaten nicht ganz die gleichen Mengenangaben vor. Außerdem weist sie darauf hin, daß sich dieser Morchelkuchen ungebacken tiefgefrieren läßt.

Die Blätterteigreste werfe ich nicht weg, sondern welle sie aus und schneide daraus kleine Stücke von etwa 1 qcm Größe. Gebacken dienen sie mir gelegentlich als Suppeneinlage.

Wer sich alles etwas leichter machen will, füllt die Sauce in Pastetchen, die bei 200 Grad während etwa 25 Minuten im vorgeheizten Ofen aufgebacken werden. Aber bitte keine Pastetchen aus dem Warenhaus verwenden; die feine Füllung erfordert nun einmal, daß man sie frisch beim Bäcker bestellt.

Tomatensuppe

Nachdem ich meine theologischen Studien abgeschlossen hatte, schickte mich der Provinzial zunächst als Vikar (in Deutschland sagt man Kaplan) in eine Pfarrei. Dort lebte ich in einer Klostergemeinschaft, zusammen mit dem damals dreißigjährigen Guardian und zwei weiteren Mitbrüdern, die beide auf die achtzig zugingen. Zum Mittagessen kochte die sechzigjährige Haushälterin, mit der ich mich nach einigen kleineren situationsbedingten Auseinandersetzungen recht gut verstand, jeweils eine Suppe. Die beiden älteren Mitbrüder seien das so gewohnt.

Ich war es nicht gewohnt. Also verzichtete ich von Anfang an auf diesen ersten, für die anderen so wichtigen Gang.

Ein paar Tage später hörte ich zufällig, wie die Haushälterin dem ältesten Mitbruder, der jeweils den Tisch deckte, zurief: Ich hab's Ihnen doch schon dreimal gesagt, dem jungen Pater brauchen Sie keinen Suppenteller hinzustellen, der ißt eh nur vom Teuersten!

Worauf ich mich sehr vernehmlich geräuspert habe, um zu verstehen zu geben, daß ich das Ganze mitgekriegt hatte.

Dabei mag ich Suppen. Aber dann nur noch wenig hinterher. Sonst wird's mir einfach zuviel.

Und wenn ich Gäste erwarte, für die ein Essen ohne Suppe kein Essen ist, bitteschön, die haben ihre Suppe noch immer gekriegt.

Natürlich kann man heute gute Suppen kaufen, in allen Versionen und mit allen Schikanen, die in zwei, drei Minuten zubereitet sind. Aber wo bleibt da noch die Kreativität?

Wenn ich schon einmal eine Suppe serviere, will ich sie auch selber zubereiten, genau wie unsere damalige Haushälterin, die inzwischen längst das Zeitliche gesegnet hat. Das ist für mich keine Frage des Ehrgeizes, sondern, wie gesagt, der Kreativität. Für eine Tomatensuppe benötige ich:

6 große Tomaten
20 g Butter
4 EL Mehl
1 l Gemüsebrühe
Muskat
50 ml Sahne

Das Mehl röste ich in der heißen Butter so lange an, bis es eine hellbraune Farbe angenommen hat, und füge dann unter Rühren die Gemüsebrühe hinzu, anschließend die geschälten und pürierten Tomaten. Eine davon habe ich allerdings zurückbehalten und in Würfelchen geschnitten, die ich erst gegen Ende der Kochzeit dazugebe. Vorher jedoch würze ich die Suppe mit Muskat und lasse sie 20 Minuten köcheln. Nachdem ich sie in die Teller verteilt habe, gebe ich auf jede Portion noch einen Schlag steif geschlagene Sahne.

Mehlsuppe
1 EL Öl oder Fett
4 EL Mehl
1 l Wasser
1 TL Salz
Muskat

Das Mehl im Fett schön hellbraun rösten. Das Wasser unter ständigem Rühren beifügen. Würzen und 20 Minuten kochen. Über in Butter gerösteten Brotwürfelchen oder einem in Milch geklopften Ei anrichten. Oder einfach etwas geriebenen Hartkäse (Emmentaler, Greyerzer ...) darüberstreuen.

Kräutersuppe
Wird wie die Mehlsuppe (vorangehendes Rezept) zubereitet. Reichlich feingehackte Kräuter (Basilikum, Petersilie, Schnittlauch, Majoran, Thymian) mit dem Mehl rösten (oder der fertigen Mehlsuppe beifügen).

Breslauer Kartoffelsuppe
500 g Kartoffeln
1 l kräftige Fleisch- oder Gemüsebrühe
2 mittelgroße Zwiebeln
1 Bund Suppengrün
2–3 Breslauer Würstchen
Salz, Pfeffer
Schnittlauch (und / oder Petersilie), gehackt
Die Kartoffeln schälen, in kleine Würfel schneiden und eine knappe Viertelstunde in der Fleischbrühe kochen. Die Zwiebeln schälen, das Suppengrün reinigen; beides kleinschneiden und ebenfalls eine Viertelstunde in die Brühe geben. Inzwischen die Breslauer Würstchen in Rädchen schneiden und in einem Topf mit Wasser erhitzen.

Das Gemüse aus dem Suppentopf mit einer Schaumkelle abschöpfen. Die Brühe mit den Kartoffeln durch ein Sieb streichen. Salzen, pfeffern, die Wursträdlein abseihen und zusammen mit dem Gemüse in die Kartoffelsuppe geben. Diese nochmals kurz aufkochen und mit Petersilie (und / oder) Schnittlauch bestreuen.

Zwiebelsuppe
400 g Zwiebeln
30 g Butter
1 EL Mehl
1 l Fleischbrühe
Salz, Pfeffer
8 Scheiben Baguette (Pariserbrot)
1 Knoblauchzehe, gepreßt
4 EL Olivenöl
80 g geriebener Hartkäse (Emmentaler, Greyerzer…)
Zwiebeln schälen und in Scheiben schneiden. Die Butter in einem Topf erhitzen, die Zwiebeln dazugeben, salzen und goldbraun dünsten. Das Mehl darüberstreuen und etwa drei, vier Minuten mitdünsten. Die heiße Fleischbrühe dazugießen, dabei mit dem Schneebesen kräftig rühren und alles eine gute halbe Stunde köcheln. Mit Pfeffer würzen; notfalls nachsalzen.

Inzwischen die Brotscheiben mit Öl beträufeln, mit dem gepreßten Knoblauch bestreichen und in einer Teflonpfanne gut rösten. Die Suppe in vier feuerfeste Tassen verteilen, jeweils zwei Brotscheiben darauflegen, mit dem geriebenen Käse bestreuen und in dem auf 250 Grad vorgeheizten Ofen kurz überbacken. – Falls ich gerade keine Baguette auftreiben kann, nehme ich Tessinerbrot.

Kürbissuppe
1 l Fleisch- oder Gemüsebrühe
250–300 g Kürbis
200 g Kartoffeln
100 g Karotten
1 Zwiebel
$1/2$ Stange Lauch
40 g Butter
100 ml Sahne
1 Semmel
Kartoffeln, Karotten und Zwiebel sowie den Kürbis schälen, letzteren entkernen und alles in Würfel, den Lauch in Streifen schneiden. Das Gemüse in einem Topf in 30 g Butter dünsten. Die Fleischbrühe dazugeben und alles etwa 40 Minuten köcheln. Mit dem Stabmixer pürieren und die Sahne dazugeben. Die Semmel in Würfelchen schneiden, in der restlichen Butter rösten und über die Suppe streuen.

Rosenkohlcremesuppe
Diese Suppe eignet sich besonders gut für festliche Gelegenheiten. Daß ungefähr ein Drittel der festen Zutaten aus Kartoffeln besteht, hat bis jetzt noch keiner meiner Gäste herausgeschmeckt.
450 g Rosenkohl
3–4 Kartoffeln, je nach Größe
1 l Gemüsebrühe
150 ml Sahne (oder Kaffeesahne)
1 Prise Zucker
Streuwürze, Pfeffer, Muskat
Den Rosenkohl halbieren, die Kartoffeln schälen und in Würfel schneiden. Beides in der Gemüsebrühe (die Prise Zucker mildert den Geschmack!) weichkochen. Pürieren. Die Sahne dazugeben. Würzen und noch ein paar Minuten köcheln.

Spargelsuppe
Siehe Rezept für gratinierten Spargel im 3. Kapitel.

Chicoréesalat mit Blutorangen
3 EL Orangenyoghurt
1 EL milder Senf
weißer Pfeffer

Salz
Streuwürze
Maggiwürze
Diese Zutaten verrühre ich mit dem Schneebesen zu einer Sauce.

Für den Salat brauche ich:
3 Stangen Chicorée
1 Blutorange
Die Orangenschnitze und den Chicorée in Stücke schneiden; letzteren gut waschen. Beides mit der Salatsauce vermischen.

Statt Orangen kann man auch kleine Ananas-, Apfel- oder Bananenstücke verwenden. In diesem Fall nimmt man für die Sauce den entsprechenden Fruchtyoghurt. (Banane und Apfel sofort mit etwas Zitrone beträufeln, damit sie sich nicht verfärben.)

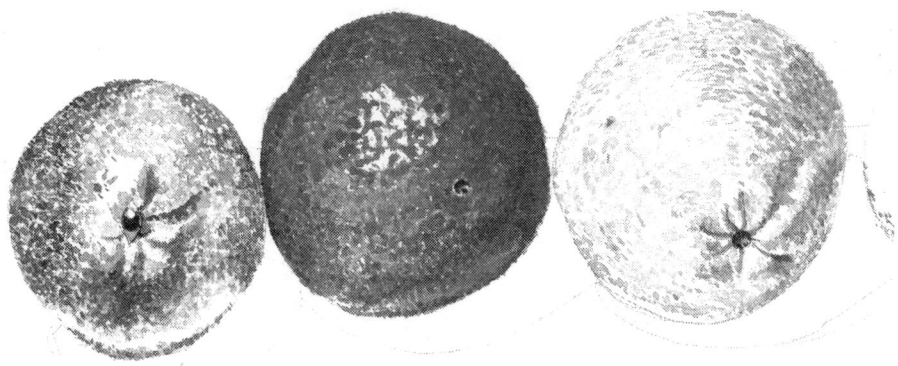

Melonensalat mit Zwiebeln
Melone ist eine beliebte sommerliche Vorspeise. Man reicht sie halbiert, entkernt und mit Portwein gefüllt. Oder in Schnitzen mit Rohschinken und der Pfeffermühle. Besonders erfrischend empfinden meine Gäste den Melonensalat mit Zwiebeln, den ich aber nur an heißen Sommertagen zubereite.
1 mittelgroße Melone
1 mittelgroße Zwiebel
5 EL Distelöl
4 EL Weinessig
1 EL Balsamessig
Salz, weißer Pfeffer
Nachdem die Melone ein paar Stunden im Kühlschrank gelegen hat, wird sie entkernt und gewürfelt. Die Zwiebel schneide ich in sehr dünne Scheiben, die ich zu den Melonenwürfeln gebe. Die restlichen Zutaten verrühre ich zu

einer Marinade und gieße sie darüber. Den Salat lasse ich eine halbe Stunde im Kühlschrank ziehen; vor dem Servieren mische ich ihn nochmals durch.

Statt der Mischung aus Wein- und Balsamessig verwende ich manchmal 5 EL Himbeeressig, eine Köstlichkeit, die ich während der Beerenzeit selber herstelle (siehe das folgende Rezept). Seine Haltbarkeit liegt zwischen acht und neun Monaten.

Friséesalat mit Kalbsleber an Himbeeressig

Heribert, der Sakristan, besorgt außer der Kirche auch den Garten ums Pfarrhaus, wo ich im Sommer, zur schönsten Beerenzeit, seit zwei Jahrzehnten schon, eine Urlaubsvertretung übernehme. Wenn die Himbeeren reif sind, fordert er mich jedes Jahr von neuem auf, eine gehörige Portion davon zu pflücken. Außerdem überläßt er mir sämtliche Früchte des Feigenbaums, der am Mauereck auf der Südwestseite des Hauses aufs prächtigste gedeiht.

Da Heribert und Bernadette, seine treue Gehilfin im Beruf und gleichzeitig seine Frau fürs Leben, die blaudunklen Feigen weit weniger schätzen als die hellroten Himbeeren, halte ich mich bei der Beerenernte etwas zurück. Wenn ich durch den Garten gehe, koste ich bloß ein paar von den süßen Früchten, und dabei fällt mir immer ein Satz aus dem Beichtspiegel ein, den ich im Katechismusunterricht vor fast vierzig Jahren lieber nicht auswendig gelernt hätte: »Ich habe genascht.« Naschen war nämlich damals eine meiner Lieblingsbeschäftigungen.

Weil man aber nie alles haben kann im Leben, habe ich mir inzwischen die Lust am Naschen abgewöhnt und dafür mehr Freude an einem guten Essen bekommen. Das bringt es mit sich, daß ich mir ab und zu doch ein paar Himbeeren aus dem Garten hole. Und mit diesen fülle ich ein großes weißes Einweckglas gut zur Hälfte. Darüber schütte ich einen leichten Weißweinessig, verschließe das Glas und stelle es auf den Balkon in die Sonne. Nach zwei bis drei Wochen hole ich es herein, öffne den Deckel, rieche daran und weiß nun endlich, was die Leute meinen, wenn sie von Verzückung reden. Der Essig hat den Geist der Himbeeren völlig in sich aufgenommen, er ist tiefrot und strömt einen wahrhaft unbeschreiblichen Duft aus (weshalb ich hier auf jede weitere Charakterisierung verzichte). Den Essig gieße ich durch einen Kaffeefilter, presse die (inzwischen grau gewordenen) Beeren in einem feuchten Tuch aus und filtere den Saft ebenfalls. Dann fülle ich meinen Himbeeressig in kleine Flaschen ab. Die eine oder andere davon bringe ich als Gastgeschenk mit, wenn ich bei Freunden eingeladen bin. Weil aber die wenigsten wissen, was sie mit dieser Köstlichkeit anfangen sollen, verrate ich ihnen gleichzeitig, wozu Himbeeressig paßt, nämlich zu Meeresfrüchten, Fisch, Kürbisgemüsen und Blattsalat – beispielsweise zum Friséesalat, den ich mit etwas Kalbsleber bei besonderen Gelegenheiten als Vorspeise serviere.

Dazu benötige ich
150 g Kalbsleber
1 Friséesalat (oder 150 g Feldsalat; schweizerisch: »Nüßlisalat«)
1 kleine Zwiebel
5 EL Himbeeressig
5 EL Distelöl
etwas Petersilie
Salz, Pfeffer
25 g Butter
Zunächst vermische ich den Himbeeressig und das Öl mit dem Schneebesen und gebe etwas Salz, Pfeffer und die feingehackte Zwiebel hinzu.
Den gewaschenen Salat verteile ich auf vier Teller, schmelze die Butter in
der Pfanne und brate die in Würfelchen geschnittene Leber kurz auf großer
Hitze – eine Minute reicht vollauf. Dann streue ich etwas Salz und feingemahlenen Pfeffer darüber, schöpfe eine kleine Portion davon mitten auf
jeden Salatteller, beträufle alles mit der Himbeeressigsauce und gebe zum
Schluß noch ganz wenig gehackte Petersilie dazu.

*Angelo, ein mit mir befreundeter Pfarrer im Ruhestand, meinte letzthin, es
sei eine Sünde (!), Himbeeren zu verwenden, um Essig zu würzen. Da er trotz
seiner einfachen Lebensweise ein paar unschuldigen Gaumenfreuden nicht
gänzlich abgeneigt ist, werde ich ihn nächstens einmal einladen. Er wird sich
bestimmt bekehren.*

Karottensalat

Jahrelang habe ich Streuwürze und Yoghurt und Zitronensaft und manchmal auch ein paar Tropfen Essig und etwas Öl verwendet, um den Karotten-
salat zu würzen. Bis mir Franz, ein Koch, den ich kurz danach mit Rita ge-
traut habe, verraten hat, wie er diesen Salat zubereitet. Das Ergebnis ist ein-
malig, und Sie werden kaum glauben, mit wie wenig Zutaten man es erzielt.
Probieren Sie's selber, Sie brauchen bloß:
400–500 g Karotten
$1^1/_2$ Zitrone
1 TL Zucker
Zitronen auspressen und den Zucker mit dem Saft gut verrühren. Mit den
geschälten und feingeraspelten Karotten vermischen. Das ist wirklich alles;
es wurde hier im Computer kein Abschnitt versehentlich gelöscht!

Kartoffelsalat mit Speckwürfelchen
$1^1/_2$ l Gemüsebrühe
800 g Kartoffeln
1 TL Salz
5 EL Kräuteressig
2 EL Zitronenmayonnaise
1 EL mittelscharfer Senf
2 EL Yoghurt
1 kleiner Bund Petersilie
100 g Speckwürfelchen

Für den Fall, daß dieses Kochbuch einem Pfarrer in die Hände gerät, dem seine Haushälterin plötzlich davongelaufen ist: Die Kartoffeln erst schälen, bevor man sie in Stücke schneidet und in der heißen Gemüsebrühe weichkocht. Salz und Essig miteinander vermischen, unter die noch lauwarmen Kartoffeln geben und eine Stunde ziehen lassen. Senf, Mayonnaise, Yoghurt und die feingehackte Petersilie zu einer Sauce verrühren und mit den Kartoffeln vermischen. Die Speckwürfelchen gut braten und über den Salat streuen. Dazu passen heiße Würstchen und ein kräftiges Bier. Sind gerade keine Würstchen im Haus, gebe ich 300 g Kartoffeln mehr dazu. Und stelle ein Brot auf den Tisch.

Beim Stichwort Würstchen, meine lieben Gäste, muß ich an Weihnachten denken, genauer: an den 25. Dezember 1979. In St. Theresia zu Allschwil am Stadtrand von Basel (dies nämlich ist die Pfarrei, in welcher ich seit Jahren aushelfe) hatte am vierten Adventssonntag ein Pfarrerwechsel stattgefunden. Der Nachfolger sollte jedoch erst nach Neujahr eintreffen. Ich war also die Festtage über allein in einem leeren, nur mit dem Allernötigsten ausgestatteten Pfarrhaus. Am 25. Dezember, nach der letzten Eucharistiefeier, beschloß ich, einen kleinen Spaziergang zu machen und mein Mittagessen am Würstchenstand des Basler Bahnhofs einzunehmen. Im Stehen aß ich dort ein Paar Wiener Würstchen mit Senf und ein Stück Brot. Dazu das beste Bier, das man in der Schweiz bekommen kann, jawohl, die Hopfenperle von Feldschlößchen – schließlich war ja Weihnachten.

Plötzlich klopft mir ein Betrunkener auf die Schulter: He du, jedes Jahr sagen sie: Heute ist euch der Heiland geboren. Ja, jedes Jahr, immer wieder ein Heiland. Und jetzt frag ich dich: Wie viele Heilande gibt's eigentlich?

In solchen Situationen erfährt man auf existentielle Weise die Grenzen der Universitätstheologie. Da haben spekulative Höhenflüge und spiritueller Tiefsinn keine Chance. Da hilft, wenn überhaupt, nur noch didaktisches Geschick.

Ach so, was ich dem Mann geantwortet habe, möchtet ihr gern wissen?
Hör mal, habe ich ihm gesagt, das ist ungefähr so wie mit deinem Bier. Du

hast heute schon viele Gläser davon getrunken, eines nach dem andern – und doch ist es immer dasselbe.

Russischer Salat
100 g gekochte Erbsen
3–4 gekochte Kartoffeln
100 g gekochte Bohnen
3 gekochte Karotten
100 g Champignons aus der Dose
50 g Maiskörner aus der Dose
1 rote Paprika
5 EL Mayonnaise
8 entsteinte grüne Oliven
2 hartgekochte Eier
Streuwürze, Salz

Die Bohnen in 2 cm lange Stücke, die Kartoffeln zu Würfelchen, die Karotten und die Paprika (nachdem sie entkernt wurden) in kleine Stücke schneiden. Alle Zutaten (mit Ausnahme der Oliven) unter Zugabe von etwas Streuwürze und Salz miteinander vermischen und die Mayonnaise unterziehen. Mit den Oliven, den in Scheiben geschnittenen gekochten Eiern und etwas Mayonnaise garnieren.

Thunfischsalat mit Spargel
Ein Gericht aus der Vorratskammer, für unvorhergesehene Sommergäste
5 EL Olivenöl
2 EL Weinessig
Streuwürze, Salz
500 g Thunfisch (Abtropfgewicht)
1 EL Kapern
einige (grüne oder schwarze) Oliven
eine Handvoll Silberzwiebeln aus dem Glas
1 rote (oder gelbe) Paprika (und / oder eine Handvoll Erbsen aus der
    Dose)
1 kleine Handvoll Basilikumblätter
500 g Dosenspargel (Abtropfgewicht)
Mayonnaise

Öl, Essig, Streuwürze und Salz zu einer Marinade verrühren. Die Paprika in Streifen und anschließend zu kleinen Würfeln schneiden. Das Öl, in welchem der Thunfisch liegt, gieße ich ab, da es (entgegen allen Beteuerungen auf dem Dosenetikett) meist von geringer Qualität ist. Den Thunfisch mit einem Messer zerkleinern und sämtliche übrigen Zutaten (natürlich ohne den Spargel) in der Marinade miteinander vermischen. Die Masse in der Mitte einer flachen runden Schüssel anrichten, die Spargelstengel mit den Köpfen zum Schüsselrand hin strahlenförmig darum anordnen und mit etwas Mayonnaise garnieren. Besonders hübsch präsentiert sich das Ganze, wenn man weißen und grünen Spargel verwendet und den Thunfischsalat mit einem Zweiglein Basilikum belegt.

Vielleicht finden sich im Kühlschrank noch eine Tomate und ein paar Essiggurken; die schneide ich dann ebenfalls in Stücke und vermische sie mit dem Thunfischsalat.

Dazu reiche ich Weißbrot und einen kühlen Rosé d'Anjou oder einen Dôle blanche.

Insalata Caprese (Capresischer Salat)

Dieser wirklich außergewöhnliche, nach der Insel Capri benannte Salat (in welchem die drei italienischen Nationalfarben rot, grün und weiß voll zum Zuge kommen) eignet sich im Sommer auch als leichtes Hauptgericht. In diesem Fall nehme ich allerdings die doppelte bis dreifache Menge der hier angegebenen Zutaten und gebe Weißbrot dazu.

4–5 große Tomaten
2–3 Mozarelle
1 Bund Basilikum
4 EL Weinessig
2 EL Balsamessig
6 EL Olivenöl
Salz
reichlich grobgemahlener Pfeffer aus der Mühle

Essig, Öl und etwas Salz zu einer Marinade verrühren. Die Tomaten und die Mozarelle in dünne Scheiben schneiden und abwechslungsweise dachziegelartig auf die Teller legen. Den in Streifen geschnittenen Basilikum darüberstreuen und alles mit der Marinade beträufeln. Damit auch die Gäste aktiviert werden, drücke ich ihnen nach dem Auftragen die Pfeffermühle in die Hand. Und sage ihnen, daß sie sich, bitte, bedienen sollen.

Damit dieser Salat wirklich so schmeckt, wie er schmecken soll, benötige ich unbedingt *frischen* Basilikum, und zwar reichlich. Unabdingbar ist auch der Balsamessig (*aceto balsamico* oder *aceto di Modena*), der in unseren Gegenden nicht nur in Spezialgeschäften, sondern auch in der Lebensmittelabteilung besserer Supermärkte angeboten wird. Doch Vorsicht beim Einkauf: die teuersten Marken sind bei weitem nicht immer die aromatischsten!

2. Kapitel
Pasta – Pizza – Reisgerichte

Zweites Zwischenstück

Vom Land, wo die Zitronen blühn, oder welche Heiligen man in Italien zu Tisch bittet

Seit fast einem Vierteljahrhundert schon lebe ich während des größten Teils des Jahres in Rom. Und immer wieder geschieht es, daß Freunde mich darum beneiden. Zu ihrem Trost weise ich sie dann gerne darauf hin, daß in Italien oft gar nichts klappt. Bald streikt die Post (glücklicherweise habe ich ein Faxgerät), bald treten die Lehrer in den Ausstand (unglücklicherweise sind die Päpstlichen theologischen Fakultäten den staatlichen Universitäten ausgegliedert, so daß ich dann trotzdem arbeiten muß). Immer häufiger verordnen die Gewerkschaften den Angestellten der öffentlichen Verkehrsmittel einen Ruhetag (was mich schon manchen Ärger gekostet hat). Und dann streikt wieder einmal die Müllabfuhr (damit man sich in Erinnerung rufen kann, wie eine Ratte aussieht), die Feuerwehr (was die Lahmlegung der Flugplätze miteinschließt, weil die notwendigen Sicherheitsmaßnahmen nicht mehr gewährleistet sind), das Gastgewerbe, die Apothekervereinigung, die Metallarbeiter ... Kurzum, es vergeht keine Woche ohne Arbeitskampf, und es gibt kaum einen Berufszweig, der innerhalb eines halben Jahres nicht mindestens zweimal in den Streik tritt. Wenn man sich jedoch nach den Gründen erkundigt, weiß niemand so genau Bescheid. Das hängt mit der Regie, will sagen mit der jeweiligen Regierung, zusammen, die fast ebenso häufig wechselt wie die Jahreszeiten und von der (fast) alle Italiener sagen, es handle sich um eine *associazione di ladri*, um eine Gesellschaft von Gaunern und Halsabschneidern. Als Ausländer darf man in diesen Chor natürlich nicht mit einstimmen, sonst beleidigt man die nationale Ehre.

Außerdem ist das, was man im Norden Europas unter einer perfekten Organisation versteht, auch nicht das Gelbe vom Ei. Die Italiener lösen ihre Probleme nun einmal auf andere Weise. Ihre Devise heißt nicht Planung, sondern *bisogna arrangiarsi* – man muß sich eben arrangieren. Und darin haben sie eine jahrhundertealte Erfahrung. Sich arrangieren, das ist eine – oder besser gesagt ihre – Form der Organisation. Das ist *ein* Grund, warum ich diesem Volk gegenüber so viele Sympathien hege. Aber verstehen kann ich es bis heute nicht so ganz, obwohl ich seine Mentalität ein bißchen kenne und seine Sprache perfekt beherrsche.

Wenn Nordländer sich über Italien äußern, bekommt man leicht den Eindruck, daß die Apenninenhalbinsel auf der anderen Seite der Hemisphäre liege. Das hängt wohl damit zusammen, daß Urlauber auf ihren Reisen häufig nur das wahrnehmen, was ihrer vorgefaßten Meinung entspricht. Ein blumengeschmücktes Marienbild auf der Piazza di San Bernardo in Rom bestätigt sie in ihrer Auffassung, daß alle Italiener die Mutter Gottes verehren, obwohl angeblich ein großer Teil von ihnen nicht an Gott glaubt.

Dafür himmeln sie ihre Fußballer an wie Heilige. Und mit ihren Heiligen wiederum verkehren sie wie mit dem Gemüsehändler von nebenan. Dies ist ein weiterer Grund für mein Faible für die Italiener.

Ich selber war einmal Zeuge, wie zwei Frauen im Santuario del Divino Amore, einem bekannten Marienheiligtum und Wallfahrtsort etwas außerhalb von Rom, vor der Statue der Madonna schluchzten und die Mutter Gottes mit ihren Bitten bestürmten. Plötzlich wird es der einen zuviel; sie zieht einen Geldschein aus der Tasche, drückt ihn ihrer Nachbarin in die Hand und sagt unwirsch: *Adesso basta.* Jetzt reicht's mir aber! *Non disturbare la Madonna; ora tocca a me* – Lenk jetzt bloß die Muttergottes nicht ab; jetzt muß *ich* ihr mein Herz ausschütten, jetzt muß sie *mir* zuhören – und du geh mal einen Kaffee trinken und komm nachher wieder, wenn ich ihr alles gesagt habe, *quando ho finito io …*

Von einem ähnlichen Erlebnis im Santuario del Divino Amore berichtet auch der ehemalige Münchner Kardinal Julius Döpfner; ich erinnere mich nicht mehr, wo ich die Geschichte gelesen habe. Plötzlich erhebt sich ein schon etwas älterer Mann, der lange vor dem Bild der Madonna gebetet hat, tritt die Stufen zum Altar hinauf, fuchtelt mit seinem Gehstock herum, zeigt schließlich damit auf das Jesuskind und ruft laut und mit höchst erregter Stimme: Nun sag deiner Mutter schon, daß sie dir gehorchen und mich erhören soll…

Derlei erlebt man heute nur mehr selten. Auch Italien ist nicht mehr das, was es einmal war (die unzähligen Streiks natürlich ausgenommen). Neuerdings gibt es sogar einige italienische Bischöfe, die offen erklären, daß katholische Wähler nicht gehalten seien, der *Democrazia cristiana* (die sich inzwischen *Partito popolare* nennt) ihre Stimme zu geben.

Einer Umfrage zufolge behaupten über 80 Prozent der Italiener von sich, sie seien gläubige Christen. Aber nicht einmal die Hälfte von ihnen ist angeblich in der Lage, wenigstens ein einziges Dogma zu nennen.

Dennoch ist die Religion in Italien überall präsent, sogar in der Küche.

Am augenfälligsten kommt dies vielleicht in dem römischen Lokal *Aux Eaux-vives* zum Ausdruck, das an der Piazza Sant'Eustacchio hinter dem

Pantheon liegt, in unmittelbarer Nähe jener Bar, wo ich immer noch den besten Espresso kriege. Gegründet wurde das *Eaux-vives* für französische Missionare, die bei ihren Romaufenthalten auf ihre heimatliche Küche nicht verzichten mochten. Ob dabei das Bibelwort eine Rolle gespielt hat, nach welchem man einem dreschenden Ochsen das Maul nicht verbinden soll, bleibe dahingestellt. Tatsache ist, daß heute nicht nur Missionare dort verkehren, sondern mehrheitlich amerikanische Touristen. Auch diese letzteren haben nichts daran auszusetzen, daß das Essen von Nonnen aufgetragen wird und daß ab und zu durch den Lautsprecher ein *Salve Regina* ertönt. Als ein Besucher sich vor ein paar Jahren nach dem Besitzer des Lokals erkundigte, soll die Schwester Oberin geantwortet haben: Besitzerin ist noch immer *la sainte Vierge*, die Mutter Gottes. Woraus man schließen darf, daß nicht nur die Liebe, sondern auch die Religion durch den Magen geht.

Dafür, daß dies, zumindest in Italien, zutrifft, gibt es noch weitere Indizien. So wird ein hervorragender Rotwein aus der Emilia Romagna nach Johannes dem Täufer *Sangiovese* benannt, ein trockener Rebensaft aus Apulien ist unter der frommen Bezeichnung *San Severo* im Handel, ein Dessertwein aus der Toskana trägt auf dem Etikett die erbauliche Aufschrift *Vin santo*, und ein schwerer Tropfen von den Hängen des Vesuvs wird als *Lacrima Christi* verkauft (was deutsche Theologiestudenten in Rom seit Menschengedenken dazu veranlaßt, ein lateinisches Bonmot zu kolportieren: *Cur, Christe, non lacrimasti etsi in Germania* (Warum, o Jesus, hast du nicht auch in Deutschland geweint?). Der feinste Trockenschinken heißt *San Daniele*, die besten Tomaten werden nach einem Heiligen *San Marzano* genannt (wohlgemerkt nach *einem*; welcher gemeint ist, weiß heute niemand mehr zu sagen; es gibt zwölf mehr oder weniger legendäre Gottesmänner, die unter diesem Namen verehrt werden), und eine kalabrische Süßspeise wird unter der Bezeichnung *Sammartina*, Sankt-Martins-Kuchen, angeboten. In manchen Teilen Italiens schließlich figuriert auf der Speisekarte ein Gericht unter der Benennung *Sette sacramenti*; es handelt sich dabei um eine besonders reichhaltige Pizza.

Verwundert es da noch, daß die meisten Italiener das Tischgebet für überflüssig halten, wo doch sozusagen schon die ganze Tafel mit Heiligen überladen ist?

An dieser Stelle will ich endlich gestehen, daß ich Italien auch seiner hervorragenden Küche wegen schätze. Nachdem ich (im Sommer 1968) schon ein ganzes Jahr in Rom verbracht hatte, wußte ich noch immer nicht, was eine Pizza ist – welcher Student hätte es sich damals schon leisten können, einmal eine Trattoria aufzusuchen! Inzwischen hat sich das etwas geändert. Außerdem bin ich immer wieder bei Freunden zu Hause eingeladen. Bei solchen Gelegenheiten kann ich natürlich nicht widerstehen, einen Blick in ihre Küche zu werfen und manchmal auch selber Hand anzulegen.

Zum Beispiel bei Gianni und Mirella. Als die beiden mich das erste Mal zu einem Abendessen baten, versicherten sie mir, es würde sich um eine *cosa veramente piccola* handeln. Ich erinnere mich noch genau, worin dieser kleine Imbiß bestand: Zur Vorspeise gab's Melone mit Rohschinken, als *primo* einen *Risotto alla milanese*, und als Hauptgericht hatte Mirella einen Lachs an Safransauce mit Broccoli und einen Kalbsbraten mit überbackenem Fenchel zubereitet. Zum Nachtisch servierte sie eine Käseplatte und anschließend ihre raffinierte Sammartina, den kalabrischen Martinskuchen, zu dem man in Rom gerne einen Vin santo aus der Toskana trinkt. Zum Schluß kamen noch ein Espresso und ein *digestivo* auf den Tisch. *Una cosa veramente piccola?* Auf meinen Einwand hin hat Gianni gelacht: Wenn bloß die Familie am Tisch sitze, strenge sich Mirella manchmal etwas weniger an, weil sie ja wisse, daß sie alle schon wüßten, daß sie selber wisse, daß sie eine *bravissima cuoca* sei. Wenn aber Gäste kämen, müsse sie das immer neu demonstrieren, und das komme dann eben der ganzen Familie zugute. *Per forza*, meinte Mirella, *non posso mica perdere la faccia*, ich muß doch mein Gesicht wahren; aber nächstes Mal *faremo soltanto una cosa piccola!* Darauf warte ich nun schon seit fast fünfzehn Jahren, weil Mirella sich einfach nicht davon abbringen läßt, *bella figura*, also einen guten Eindruck, zu machen.

Natürlich würde Mirella nie zugeben, daß sie immer hervorragend kocht, Gäste hin oder her. Dennoch kann sie nicht umhin, aus ihrer Küche eine Bühne und aus dem Kochen selber ein Schauspiel zu machen. Das hängt damit zusammen, daß (fast) jeder Italiener ein geborener Schauspieler und (fast ausnahmslos) jede Italienerin eine Diva ist. Je weiter man nach Süden kommt, um so größer ist die Neigung, bei jeder sich nur bietenden Gelegenheit *spettacolo* zu machen – und Mirella stammt aus Sizilien.

Inzwischen kommt es schon mal vor, daß ich meinerseits die beiden einlade, und zwar bei ihnen zu Hause. Ich mache dann den Einkauf und gehe am späten Nachmittag hin, stehe ein, zwei Stunden in der Küche und bereite ein Abendessen zu, wobei auch ich darauf bedacht bin, mein Gesicht nicht zu verlieren. Ab und zu schaut Gianni mal rein, und manchmal setzt er sich an den Küchentisch, fragt ob ich noch ein halbes Glas Frascati vertrage, und irgendwann sagt er unweigerlich: *Non lo dico per patriotismo, ma non ti pare che la cucina italiana sia una gran bella cosa!?* Darauf habe ich immer die gleiche Antwort: *E'ovvio*, klar doch, daß die italienische Küche absolute Spitze ist und daß du das nicht aus Patriotismus, sondern aus Überzeugung sagst, *e dammi ancora un mezzo bicchiere di Frascati!*

Gianni hat recht. Auch ich bin ja von der italienischen Küche hell begeistert, von den *antipasti*, den Vorspeisen, nicht minder als von den unzähligen Pasta- und Hauptgerichten. Einige Rezepte habe ich schon im Kapitel über die Vorspeisen bekanntgegeben, andere werde ich später vorstellen. Im folgenden ist vor allem von Nudelgerichten die Rede; in Italien spricht man einfach von *pasta*. Einige davon habe ich (weil sie mir nicht verraten wurden) in immer neuen und teilweise langwierigen Versuchen rekonstruiert, andere imitiert, wieder andere modifiziert. Ein paar davon verdanke ich befreundeten Ehepaaren (auch Männern, welche sogar die Küche saubermachen, nachdem sie für die Familie gekocht haben), einzelne auch arabischen und tunesischen Köchen, die in Rom in einer Trattoria arbeiten, einige wenige meiner kulinarischen Neugier, die mich dazu verführt hat, mir nach dem Essen unter irgendeinem Vorwand Zutritt zur Küche eines Restaurants zu verschaffen. Wie mir das gelungen ist, ohne rausgeschmissen zu werden, ist mir heute selber ein Rätsel.

Von italienischen Nudelgerichten kann ich stundenlang schwärmen. Wenn aber statt kulinarischer Fragen organisatorische Angelegenheiten zur Diskussion stehen, halte ich mich lieber an teutonische Rezepte. Dennoch will ich freimütig eingestehen, daß sich bei mir schon mancher durch irgendein Mißmanagement verursachte Ärger recht schnell verflüchtigt hat, wenn an unserem Mittagstisch eine anständige pasta *aufgetragen wurde ...*

Ragù alla bolognese (Tomaten-Hackfleisch-Sauce nach meiner Art)
3 EL hochwertiges Olivenöl
1 große Zwiebel
1 Karotte
2 Tassen sehr kräftige Fleischbrühe
1 große Dose geschälte Tomaten
2 EL konzentriertes Tomatenmark
200 ml kräftiger trockener Rotwein
1 TL Zucker
2 kleine Pfefferschoten (peperoncini)
1 TL getrocknete Rosmarinstäbchen (oder ein Zweiglein frischer
  Rosmarin)
$^1/_2$ TL getrockneter Oregano
$^1/_2$ TL getrockneter Basilikum (oder frische, kleingehackte Basilikumblätter)
etwas Maggiwürze
Salz, schwarzer Pfeffer, Streuwürze
400 g Hackfleisch vom Rind

Die Zwiebel und die Karotte schneide ich in Stücke und hacke sie mit dem Wiegemesser klein, gebe beide in einen Topf und dünste sie in etwas Olivenöl an. Dann lösche ich mit Rotwein ab und gieße die konzentrierte Fleischbrühe darüber. Nun füge ich die Tomaten und alle übrigen Zutaten (außer natürlich dem Hackfleisch) hinzu und verrühre alles gut.

Das ganze Geheimnis eines guten *sugo* – wie die Sauce für Nudeln in Italien genannt wird – besteht aus drei Dingen: köcheln, köcheln und nochmals köcheln, und zwar immer schön auf kleiner Flamme, bis sich die Ingredienzen derart miteinander zu einer sämigen Sauce verbinden, daß man die einzelnen Zutaten nicht mehr herausschmeckt. Den Deckel setzte ich so lange nicht auf, bis genügend Flüssigkeit verdampft ist – und das dauert schon eine schwache Stunde. Auf gar keinen Fall darf man den Zucker vergessen (was selbst viele Italienerinnen und Italiener nicht wissen), weil dieser dem Tomatenmark seinen bitteren Geschmack nimmt. Etwa jede halbe Stunde rühre ich meine Sauce mit einer Kelle ein bißchen auf. Bei dieser Gelegenheit kontrolliere ich auch, ob die Würzmischung stimmt.

Spätestens nach anderthalb Stunden brate ich das Hackfleisch in etwas Öl an und würze es mit Salz, Pfeffer und Streuwürze. Dann füge ich etwas Rotwein hinzu, den ich verdampfen lasse. Und gebe das Fleisch gleich anschließend in die Sauce – nicht ohne vorher ein bißchen davon genascht zu haben.

Nach einer Gesamtkochzeit von etwa drei bis dreieinhalb Stunden, wenn die ganze Wohnung und das Treppenhaus nach meinem herrlichen *sugo* duften und die Leute auf der Straße zum Pfarrhaus herüberschnuppern, fische ich das Rosmarinzweiglein und die kleinen scharfen Pfefferschoten aus der Sauce und brauche nun nur noch die Spaghetti (oder andere Nudeln) zuzubereiten.

In der Regel nehme ich natürlich mindestens das Vierfache der hier angegebenen Zutaten. Drei Viertel davon werden portionsweise abgepackt und tiefgefroren, das restliche Viertel benötige ich, um für mich und die drei Gäste, die ich erwarte, eine *Spaghettata* zuzubereiten (siehe das folgende Rezept).

Natürlich kann man das Hackfleisch auch weglassen und erhält so eine köstliche Tomatensauce, die sich nicht nur für zahlreiche Nudelgerichte, sondern beispielsweise auch für überbackene Auberginen (Rezept im 3. Kapitel) oder Pizzas eignen.

Spaghetti alla bolognese (Spaghetti mit Tomaten-Hackfleisch-Sauce)
Tomaten-Hackfleisch-Sauce (siehe das vorangehende Rezept)
500 g Spaghetti
1 EL Olivenöl
2 TL Salz
reichlich geriebener Parmesan
Die (aus Hartweizen hergestellten) Spaghetti werden im Salzwasser *al dente* gekocht (vorher etwas Öl ins Wasser geben, damit die Teigwaren nicht kleben). Einen Teil der Sauce mische ich schon vor dem Servieren darunter; der Rest wird auf den Plattenwärmer gestellt, wo auch die Pfeffermühle und der geriebene Parmesan stehen.

Schon nach ein, zwei Gabeln bitten meine Gäste darum, noch etwas mehr von dem Käse auf ihren Teller streuen zu dürfen, weil er ihnen unendlich viel besser schmeckt als der, welchen sie sich in der Regel im Supermarkt in unappetitlichen Plastikbeutelchen oder in den horrenden Streudosen besorgen (beides gehört verboten). Und zwar rührt der Unterschied nicht nur daher, daß ich meinen Parmesan aus dem Fachgeschäft beziehe; das allein macht's noch nicht aus. Ich kaufe ihn nämlich am Stück und reibe ihn erst vor den Mahlzeiten. Probieren Sie's ruhig auch einmal, meine Lieben. Sie werden sehen, daß die Mühe sich lohnt.

Fettuccine an Tomatensauce

Fettuccine unterscheiden sich von den Spaghetti durch ihre flache, ausgewalzte Form. Wenn sich ihr guter Ruf bis nach Amerika verbreitet hat, so liegt das an Alfredo, einem jungen römischen Koch, der in seiner winzigen Trattoria in der Via della Scrofa seine Gäste mit ebenso einfachen wie raffinierten Fettuccine verwöhnte, die er selber zubereitete. Natürlich hinter verschlossener Tür. Das Rezept hatte er von seiner Großmutter übernommen. Als er selber damit begann, die hauchdünnen Teigbänder mit halbflüssigem Käse und zerlassener Butter zu vermischen, brachen für Alfredo wahrhaft goldene Zeiten an. Denn fortan beehrten ihn Fürsten und Kardinäle aus aller Welt mit ihrer Gegenwart. So mauserte sich seine ehemals bescheidene Trattoria schnell zum geistlichen Zentrum; dann kamen schon bald die Amerikaner und machten aus der Gaststätte einen profanen Wallfahrtsort. Alfredo ließ sich zusammen mit den Großen dieser Welt (und jenen, die sich dafür hielten) fotografieren und hängte die Bilder, ähnlich Votivtafeln, an die Wände. Schließlich gab er eine Speisekarte in Auftrag, die ihn mit einer Krone aus Nudeln darstellte. Seither figurierte er in allen Reiseführern als Re delle Fettuccine. *Tausende von Touristen überschwemmten sein Lokal.*

Irgendwann wurde es dem armen Alfredo zuviel. Er konnte seine eigenen Fettuccine nicht mehr sehen, nicht mehr riechen, nicht mehr essen. Und so beschloß er, Gabeln und Löffel und Messer, die Stühle und Tische, ja selbst die Bilder an den Wänden und natürlich auch seinen guten Namen und sein berühmtes Rezept zu verkaufen, und zwar an seine beiden Oberkellner, die das Geheimnis ohnehin schon kannten. Die zwei fühlten sich natürlich weniger als Nachlaßverwalter denn als Prinzregenten.

Alfredo setzte sich derweil zur Ruhe, ging häufig spazieren, und immer häufiger zog es ihn dabei – wohin denn wohl? – zu seiner alten Trattoria. Er wollte eben seine Krone wieder tragen, wer will ihm das verübeln? Die Prinzregenten!

Es kam, wie es kommen mußte, nämlich zum Streit, man schied im Zorn. Zwar war Alfredo seinen Titel los, doch kein Gesetz verbot es ihm, sich einen neuen zuzulegen. Unter den Arkaden des Augusteo eröffnete er ein Lokal, ein Schild wies darauf hin, daß hier il Vero Alfredo *seine Nudeln kochte, nicht mehr als* Re, *sondern als* Imperatore delle Fettuccine. *Die Gäste kamen, in Scharen wie früher, die Preise stiegen, und wie in solchen Fällen üblich bleibt die Skala nach oben hin offen ...*

Weil Alfredo sein Rezept nach wie vor streng hütet, serviere ich Fettuccine auf meine Art, nämlich an meiner sagenhaften Tomatensauce:

500 g Fettuccine in reichlich Salzwasser *al dente* kochen. Mit einer sehr heißen Tomatensauce (vgl. das erste Rezept in diesem Kapitel; Hackfleisch weglassen!) gut vermischen. Auf die Teller geben und reichlich frisch geriebenen Parmesan darüberstreuen. Und am Pfeffer aus der Mühle nicht sparen.

Spaghetti alla carbonara

Diese Spaghetti nach Köhlerart haben ihren Namen von den einfachen Leuten, welche in früheren Zeiten in ihren Kohlenmeilern das Holz schwelten und so Holzkohle *herstellten. Wenn sie sich – wohl selten genug – einmal ein Festessen gönnten, verwendeten sie dazu ausschließlich Zutaten, die sie nebenher selber produzierten: etwas Mehl vom Acker, eine Zwiebel oder Knoblauchzehe aus dem Garten, ein Ei vom Huhn, ein bißchen Speck vom Schwein, einen Schuß Olivenöl, einen Becher Milch oder Sahne ... (Daß Salz und Pfeffer in den zumeist elenden Behausungen der Köhler vorrätig waren, darf bezweifelt werden.) So entstand dieses einfache, kräftige und überaus schmackhafte Gericht, für das ich mich ausnahmsweise genau an die folgenden Mengenangaben halte.*

400 g Spaghetti

150 g Speckwürfel

2 EL Olivenöl

1 Knoblauchzehe

2 Eigelb

100 ml Sahne

Salz, feingemahlener schwarzer Pfeffer, grobgemahlener Pfeffer aus der Mühle

50 g geriebener Parmesan

Die Spaghetti in reichlich Salzwasser *al dente* kochen. In der Zwischenzeit die beiden Eigelb und die Sahne mit dem feingemahlenen Pfeffer und einer Prise Salz gut miteinander verrühren und die eingeschnittene Knoblauchzehe im Öl braten, bis sie schwarz wird, dann herausnehmen (ihr Aroma hat sich inzwischen mit dem des Öls harmonisch verbunden). Anschließend die Speckwürfelchen langsam anbraten; die Hitze dabei auf ein Minimum reduzieren. Die Spaghetti in einem Sieb abtropfen lassen und in die Pfanne geben. Die Hälfte von dem Käse und die Eigelb-Sahne-Mischung darunterrühren. Die Sauce darf nicht stocken, sondern soll kremig bleiben. Auf vorgewärmten Tellern anrichten und den restlichen Parmesan darüberstreuen. Mit dem grobgemahlenen Pfeffer aus der Mühle bedient sich jeder nach seinem Gusto.

Weil's draußen recht kalt ist (Spaghetti alla carbonara sind kein Gericht für heiße Tage), gibt's diesmal keinen kellerkühlen Chianti, sondern einen etwas schwereren Barolo. Und der, meine Lieben, darf gut und gerne zehn Jahre alt sein. Denn wenn wir schon etwas sehr Einfaches essen, wollen wir dazu wenigstens etwas sehr Feines trinken.

Weil der Abend noch lang ist und morgen niemand von uns früh aus den Federn muß, habe ich vorsichtshalber eine zweite Flasche geöffnet, ja, vor drei Stunden schon; der Wein muß atmen, bevor wir ihn kosten. Und ein paar Kastanien habe ich auch gewaschen, abgetrocknet und mit einem scharfen

Messer längs der Rundung eingeschnitten, und die lege ich nun auf einem Kuchenblech für etwa 40 Minuten in den auf 230 Grad vorgeheizten Backofen. Bis dahin hat sich die Carbonara *gesetzt, und dann wollen wir zum Wein die Kastanien essen – oder habt ihr vielleicht keinen Sinn für Poesie?*

Bis sie gar sind, halten wir eine kleine Bibelrunde, das Thema, das ich vorschlagen möchte, paßt zu unserem Abend; es geht um den Wein, von dem schon König David oder ein anderer Weiser im 104. Psalm sagt, daß er des Menschen Herz erfreue. Die Stelle, die ich euch vorlesen möchte, findet sich jedoch nicht in den Psalmen, sondern im Buch Jesus Sirach, von dem selbst informierte Christenmenschen nicht wissen, daß es zur Heiligen Schrift gehört.

Seit den Zeiten des Kirchenvaters Cyprian, der im dritten Jahrhundert in Karthago den Märtyrertod erlitt, ist diese Schrift auch unter dem Namen Liber Ecclesiasticus *bekannt; Cyprian wollte damit unterstreichen, daß die Kirche sie, im Gegensatz zum Judentum, zu ihren heiligen Büchern rechnet. Bis zum Jahre 1896 kannten wir den Text nur in seiner griechischen Übersetzung. Erst im Jahre 1892 wurden ungefähr zwei Drittel des hebräischen Originals unter einigen mittelalterlichen Handschriften entdeckt, welche aus einer alten Synagoge in Kairo stammten. In noch jüngerer Zeit kamen ein paar Bruchstücke davon in einer Höhle von Qumran zum Vorschein, und 1964 fand man bei einer Ausgrabung in der vorchristlichen Felsenfestung Masada am Toten Meer, dem letzten Stützpunkt der Juden im Krieg gegen die römische Besatzungsmacht, einen längeren hebräischen Textabschnitt, der die Kapitel 39 bis 44 umfaßt und im ersten Jahrhundert vor Christus kopiert wurde. Damit sind wir dem Urtext ganz hart auf den Fersen. Der Verfasser des Werkes ist nämlich bekannt, es handelt sich um Ben Sirach, den Sohn Sirachs. Aus dem Vorwort geht hervor, daß er seine Weisheitsregeln im Jahre 132 vor Christus zu Pergament gebracht hat. Aber jetzt wollen wir uns zuerst einmal an den ofenheißen Kastanien die Finger ein bißchen verbrennen und mit dem Barolo die Lippen befeuchten.*

Was Ben Sirach in seinem Buch vom Weingenuß hält, möchtet ihr wissen? Ich will euch den Abschnitt vorlesen; er beschließt das 31. Kapitel:
Auch beim Wein spiele nicht den starken Mann!
Schon viele hat der Rebsaft zu Fall gebracht.
Wie der Ofen das Werk des Schmiedes prüft,
so ist der Wein eine Probe für die Zuchtlosen.
Wie ein Lebenswasser ist der Wein für den Menschen,
wenn er ihn mäßig trinkt.
Was ist das für ein Leben, wenn man keinen Wein hat,
der doch von Anfang an zur Freude geschaffen wurde?
Frohsinn, Wonne und Lust bringt Wein,
zur rechten Zeit und genügsam getrunken.

Kopfweh, Hohn und Schimpf
bringt Wein, getrunken in Erregung und Zorn.
Zu viel Wein ist eine Falle für den Toren,
er schwächt die Kraft und schlägt viele Wunden.
Beim Weingelage nörgle nicht am Nachbarn herum,
verspotte ihn nicht, wenn er heiter ist.
Sag ihm kein schmähendes Wort,
und streite mit ihm nicht vor den Leuten!

Und jetzt wollen wir noch eine letzte Flasche Barolo miteinander leeren.
Es handelt sich schließlich um einen der vornehmsten Weine aus dem Pie-
mont, um einen Signor Vino, *wie die Italiener zu sagen pflegen. Aber nicht,*
daß ihr mir jetzt aus Heinrich Heines »Deutschland. Ein Wintermärchen«
zitiert:

Sie predigten öffentlich Wasser,
und heimlich tranken sie Wein.

Denkt lieber daran, daß der vierte Evangelist – leider als einziger! – be-
richtet, wie Jesus in Kana Wasser in Wein verwandelt hat.

Spaghetti con aglio, olio e peperoncino
(mit Knoblauch, Olivenöl und Pfefferschote)

Obwohl es sich hier um ein italienisches Standardgericht handelt, gibt es
doch Unterschiede in der Zubereitung. Meine Gäste schätzen vor allem die
folgende Variante, die ich im Lauf der Jahre entwickelt habe. Da man die Zu-
taten stets im Haus hat und die Zubereitung ein Minimum an Aufwand erfor-

dert, eignet sich dieses Gericht auch als Kateressen für Gäste, die einen Abend lang beim Wein diskutiert haben und nun, um zwei oder drei Uhr in der Frühe, ein wenig Appetit auf etwas Deftig-Kräftiges verspüren.

400–500 g Spaghetti
100 ml Olivenöl (oder Knoblauchöl)
6 Knoblauchzehen
$^1/_2$ Peperoncino (scharfe Pfefferschote)
1 Bund Petersilie
Salz

Die Spaghetti im Salzwasser *al dente* kochen. Vier von den geschälten Knoblauchzehen mit einer Gabel zerdrücken, die übrigen zwei feinhacken. Den Peperoncino entkernen und quer in ganz feine Streifchen schneiden. Das Öl in einer Pfanne erhitzen und den zerdrückten Knoblauch hineingeben. Wenn er schwarz geworden ist, herausnehmen. Das Öl hat nun den richtigen Geschmack. Jetzt kommt der Peperoncino, zusammen mit den beiden feingehackten Knoblauchzehen ins heiße Öl. Sobald diese glasig geworden sind, werden die abgetropften Spaghetti und die feingehackte Petersilie dazugegeben. Alles gut miteinander vermischen und sofort auf vorgewärmten Tellern servieren.

Auf den Parmesan, den manche Verfasser und Verfasserinnen von Kochbüchern dazu reichen, verzichte ich. Meine Knoblauch-Öl-Sauce spricht nämlich für sich.

Falls es sich um ein Kateressen handelt und die Lebensmittelläden noch geschlossen sind, behilft man sich ausnahmsweise *mit getrockneter Petersilie.*

Nudeln an Tomaten-Thunfisch-Sauce
500 g Nudeln (gleich welcher Art)
3 EL Olivenöl
1 Zwiebel
200 ml trockener Weißwein
2 kleine Dosen geschälte Tomaten (Pelati, zu je 400 g)
250 g Thunfisch aus der Dose
4 Sardellen oder 2 EL Sardellenpaste
1 großer Bund (oder 3 EL getrocknete) Petersilie
3 EL Kapern
$^1/_2$ Zitrone, Saft
3 Brühwürfel, Salz, weißer Pfeffer, Maggiwürze

Das Olivenöl erhitzen, die feingehackte Zwiebel darin andünsten und mit dem Weißwein ablöschen. Die Tomaten hinzufügen und alles kurz aufkochen lassen. Den Thunfisch, Sardellen, Petersilie und Kapern kleinhacken und zusammen mit dem Zitronensaft und den Gewürzen hinzugeben. Die Sauce unter gelegentlichem Umrühren zwei Stunden vor sich hinköcheln lassen. Eventuell nachwürzen und mit den *al dente* gekochten Nudeln vermischen.

Spaghetti al salmone (Lachsspaghetti)

Diese Spezialität trage ich nur zu ganz besonderen Anlässen auf. Dabei steht der geringe Arbeitsaufwand in keinem Verhältnis zu dem geradezu traumhaften Ergebnis. Die hier angegebenen Zutaten sind für einen Zwischengang berechnet. Für eine Hauptmahlzeit nimmt man entsprechend größere Mengen.

300 g Spaghetti
2 Tranchen frischer Lachs (300 g)
etwas Zitronensaft
50 ml Sahne
50 ml Cognac
30 g Butter
weißer Pfeffer, Salz

Die Spaghetti in reichlich Salzwasser *al dente* kochen. Inzwischen die Lachsscheiben entgräten, enthäuten, mit etwas Zitronensaft säuern und in ganz kleine Stücke zerpflücken. In einer großen Bratpfanne die Butter erhitzen und die Lachsstückchen kurz anbraten. Die Sahne dazugießen. Würzen und die Flüssigkeit etwas verdunsten lassen. Den Cognac beifügen und nochmals aufköcheln. Sobald die Sauce leicht sämig wird, die gekochten und abgetropften Spaghetti dazugeben und alles gut vermischen. *Unbedingt auf vorgewärmte Teller verteilen und sofort servieren.*

Um jemandem einen Vorgeschmack dieses Gerichts zu vermitteln, kann man im äußersten Notfall auch Räucherlachs verwenden (von dem im Tiefkühlfach sicher noch ein paar Päckchen liegen).

Zu unseren Lachsspaghetti trinken wir eine Flasche Est Est Est, *die ich aus Italien mitgebracht habe. Sie können diesen Weißwein auch im deutschen Sprachraum in jeder guten Weinhandlung bekommen. Achten Sie aber darauf, daß auf dem Etikett nicht* amabile *steht, was soviel wie ›leicht süßlich‹ bedeutet. Vielmehr empfehle ich Ihnen die trockene Variante.*

Woher dieser Wein aus der Gegend des in der Provinz Viterbo gelegenen Städtchens Montefiascone seinen Namen hat, ist eine Geschichte für sich, welche ihrerseits ein wenig Licht wirft auf die verschlungenen Beziehungen zwischen Eß- beziehungsweise Trinkkultur und Kirche (auf die wir noch mehrmals zurückkommen werden). Im Jahre 1111, das Datum ist leicht zu merken, machte sich der bayrische Bischof Johann de Fuk auf die Socken; er wollte dem Papst in Rom einen Besuch abstatten. Da besagter Prälat einen guten Tropfen durchaus zu schätzen wußte, schickte er seinen Diener Martin jeweils voraus mit der Anweisung, sich in den Ortschaften längs des Weges zu erkundigen, wo der beste Wein ausgeschenkt werde. In jener Herberge, für welche dies zutraf, mußte der Diener jeweils das lateinische Hilfsverb Est *(hier ist's, oder: hier gibt's ihn) gut sichtbar auf den Türpfosten malen. Wenn der Bischof dann im Städtchen eintraf, sah er sich um. Wo ein* Est *hingepinselt war, nahm er Quartier.*

In Montefiascone nun, seine Exzellenz traute ihren Augen nicht, prangte am Torflügel einer Herberge die Inschrift Est Est Est!!! *Nach heutigen Kriterien sind das drei Sterne.*

Der Rest ist schnell erzählt. Johann de Fuk fand, daß sein Diener recht habe. Er fand den Wein ausgezeichnet. Und trank davon so viel, daß er den Tod fand.

Wenn Sie's nicht glauben, meine Lieben, können Sie ja selber einmal nach Montefiascone fahren, um die Sache zu überprüfen. Zuerst werden Sie wahrscheinlich von dem sagenhaften Wein kosten wollen. Verlangen Sie in der erstbesten Trattoria einfach eine Flasche Est Est Est. *Auf dem Etikett steht außerdem:* Il vino del vescovo – *welcher Bischof gemeint ist, wissen Sie nun. Aber bitte, ahmen Sie sein Beispiel nicht nach! Vielmehr sei er Ihnen ein warnendes Exempel! Halten Sie Maß! Wahrscheinlich wollen Sie ja der romanischen Kirche S. Flaviano in Montefiascone noch einen kurzen Besuch abstatten und ein paar Augenblicke vor dem berühmten Grabstein des Bischofs Johann de Fuk verweilen (er befindet sich hinten, rechts vom Eingang). Die Inschrift auf dem Epitaph, das sein guter Diener ihm zur Erinnerung und uns zur Lehre gestiftet hat, können Sie leicht entziffern:* »Est Est Est – pr(opter) nim(ium) ›est‹ hic Jo(annes) De Fuk do(minus) meus mortuus est.« *Zu deutsch:* »Est Est Est – wegen zuviel ›Est‹ (im Klartext: wegen seines übermäßigen Weingenusses) ist mein Herr, Johann de Fuk, hier verstorben.«

Dankbar wollen wir seiner gedenken. Letztlich ist es ja sein Verdienst, daß wir jetzt zu unseren Lachsspaghetti eine Flasche von diesem vorzüglichen Weißwein genießen können.

Nudeln an Gorgonzolasauce

In keiner der wenigen Gaststätten, die dieses Nudelgericht auf ihrer Karte führen, hat es mir je wieder so wunderbar geschmeckt wie bei meinen Freunden Daniela und Roberto, wo ich es zum ersten Mal gekostet habe. In Italien wird es (wie alle Teigwaren) vor dem Hauptgericht als primo piatto, *als erster Gang, aufgetragen. Wenn ich Gäste zu einem »kleinen Abendessen« einlade, serviere ich es, entsprechend den nordischen Gebräuchen, als Hauptmahlzeit. Vorher (nicht dazu!) gibt's dann einen gemischten Salat.*

*Überdies habe ich die Menge der Zutaten etwas vergrößert, nachdem meine
Gäste schon mehrmals bedauert haben, »daß die Schüssel schon leer ist«.*
500 g Nudeln
250–300 g Gorgonzolakäse
25 g Butter
400 ml Sahne
Salz, grobgemahlener schwarzer Pfeffer aus der Mühle

*Kenner nehmen für dieses Gericht Teigwaren, die nicht zu lang und innen
hohl sind, also* penne *(Federn), deren Name sich von den spitzen Gänsekie-
len herleitet, die den Schriftkundigen unter unseren Vorfahren zum Schreiben
dienten. Diese kleinen, etwa 2,5 cm langen Nudelröhrchen haben den Vorteil, daß die delikate Gorgonzolasauce in die Öffnungen dringt. Sind keine*
penne *zur Hand, behilft man sich mit* rigatoni, chifferi rigati *(›Hörnchen‹)
oder mit* maccheroni *(die, weil zu lang, in diesem Fall vor dem Kochen gebrochen werden).*

*In diesem Zusammenhang, meine sehr verehrten Damen und Herren, darf
ich vielleicht zur Allgemeinbildung einen – wenn auch nur sehr bescheide-
nen – Beitrag leisten. Der Ausdruck* Küchenlatein *ist Ihnen ja nicht unbekannt. In Italien meint man das gleiche, wenn von* latino maccheronico *die
Rede ist.*

Während die Penne (oder die Makkaroni; im Deutschen mit zwei k und zwei a; im Italienischen mit zwei c, einem a und einem e!) in reichlich Salzwasser kochen, bis sie *al dente* sind, schneide ich den (nicht zu reifen!) Gorgonzolakäse in kleine Würfel. Dann greife ich mir einen großen Topf, in dem nachher die Nudeln noch Platz haben müssen, und schmelze die Butter und die Käsewürfelchen bei niedriger Hitze. Gegen Ende gieße ich unter Rühren etwa drei Viertel der Sahne hinzu, würze die Sauce mit Salz und reichlich Pfeffer und lasse sie etwas eindicken. Dann schütte ich die abgetropften Nudeln in den Topf, gieße die restliche Sahne darüber und mische alles mit einer Gabel gut durch. Serviert wird diese *pasta* aus dem Topf; denn erstens handelt es sich ja um ein »kleines Abendessen«, und zweitens hält der Topf die Wärme besser als jede vorgewärmte Schüssel. Vorgewärmt sind jedoch die Teller. Und eines, meine lieben Köche und Köchinnen, dürft ihr nicht vergessen: Die Pfeffermühle bleibt nicht in der Küche, sondern kommt ebenfalls auf den Tisch.

Tortelloni an Zitronen-Basilikum-Sauce

Dies ist eines von Imeldas Wunderrezepten. Oder soll ich eher von einem Rezeptwunder sprechen? Denn es war gar nicht so leicht, meine sonst doch recht gesprächige Bekannte zum Reden zu bringen. Schließlich konnte ich sie aber doch davon überzeugen, daß man die Welt nicht nur mit Predigten, sondern vielleicht auch mit guten Kochanleitungen ein wenig verbessern kann. Dies um so eher, wenn man für das folgende Gericht nicht die kleinen Tortellini verwendet, sondern die größeren Tortelloni, die man frisch kaufen kann (sie halten sich im Kühlschrank ein paar Tage). Die Kochzeit im Salzwasser allerdings beschränkt sich dann auf etwa 3–4 Minuten.

500 g Tortelloni mit Fleisch- oder Käsefüllung (oder gemischt)
1 EL Mehl
30 g Butter
200 ml kräftige Gemüsebrühe
1 Becher Sahne
1 Zitrone, Saft
1 Bund frischer Basilikum
Salz (oder Streuwürze), Zitronenpfeffer

Während die Tortelloni in reichlich Salzwasser kochen, wird die Butter in einem Topf erhitzt, das Mehl zugefügt und kurz geröstet. Die Gemüsebrühe zu der Mehlschwitze hinzugeben; dabei mit dem Schneebesen rühren, damit sich keine Klümpchen bilden. Die Sahne dazugießen und alles kurz aufkochen. Die Sauce mit dem Zitronensaft und dem Zitronenpfeffer abschmecken und allenfalls etwas Salz oder Streuwürze hinzufügen. Die Teigwaren in einer vorgewärmten Schüssel anrichten, den in grobe Streifen geschnittenen Basilikum darüberstreuen, die Sauce hinzugießen und alles gut vermischen.

Tortellini alla papalina

In italienischen Kochbüchern habe ich lange – und vergeblich! – nach dem Rezept für dieses Gericht gesucht, das ich in der hübschen Trattoria Er tartufo (Der Trüffel) kennen und schätzen lernte, die sich in Rom, zwischen der Via del Corso und der Piazza Sciarra befand. Inzwischen haben die Besitzer gewechselt, das Lokal trägt einen anderen Namen, und die Küche ist auch nicht mehr, was sie einmal war.

Wenn mich früher Freunde in Rom besuchten, haben wir uns meist im Tartufo zum Abendessen verabredet. Es handelte sich um einen kleinen Familienbetrieb, in welchem gleich drei Padroni, und zwar leibliche Brüder, ihre Gäste wahrhaft königlich bewirteten. Zwei von ihnen arbeiteten als Kellner, der dritte als Küchenchef.

Das Rezept habe ich den dreien erst nach wiederholten Besuchen und nicht ohne große Überredungskunst entlocken können. Sie konnten mir sogar Auskunft darüber geben, nach welchem Nachfolger des heiligen Petrus dieses Gericht benannt ist (Tortellini alla papalina *bedeutet: Tortellini, wie der Papst sie mag), nämlich nach Pius XII. Als Kardinal war dieser hin und wieder zu Gast in der römischen Trattoria* La Cisterna *und aß dort gerne die besagten Tortellini. Als Kardinal Pacelli dann unter dem Namen Pius XII. zum Papst aufgerückt war, gab man dem Gericht zu seinen Ehren den Namen* alla papalina. *Manche behaupten allerdings, daß Kardinal Pacelli gar nicht auf* tortellini, *sondern auf* tagliatelle, *also auf die an der entsprechenden Sauce angerichteten Nudeln, scharf gewesen sei.*

Wie auch immer, sicher ist jedenfalls, daß diese Anekdote einem Bereich zuzuordnen ist, der bisher noch kaum erforscht wurde, und auf den wir in diesem Buch unser Augenmerk noch ein paarmal richten werden. Die Rede ist von der traditionsreichen Allianz zwischen Kirche und Küche.

Wer weiß denn schon, daß die nouvelle cuisine – *und damit meine ich die moderne Art zu kochen – keineswegs in Frankreich, sondern im Vatikan ihren Ursprung hat? Denn dort haben die Köche schon im 15. Jahrhundert eine Kochkunst erprobt, die auf die im Mittelalter üblichen Fleischkeulen und Eintöpfe verzichtete. Als Initiator dieser neuen* Ars coquinaria *gilt der Theologe und Humanist Bartolomeo Sacchi, besser bekannt unter dem Pseudonym Platina, der als päpstlicher Bibliothekar und Historienschreiber Karriere machte. Ob Sixtus IV., ein Franziskaner, der es im Jahre 1471 zum Papst brachte, Platina auch seiner Kochkünste wegen an den päpstlichen Hof holte, muß offenbleiben. Tatsache ist, daß dieser im Jahr des Heils 1474 unter dem lateinischen Titel »De honesta voluptate et valetudine« einen Küchen-*

*Bestseller landete, der nicht nur ins Italienische und Französische übersetzt wurde, sondern im Jahre 1542 in der Fuggerstadt Augsburg auch auf Deutsch erschien, und zwar unter der trostreichen Überschrift »*Von der eerlichen, zimlichen, auch erlaubten Wollust des Leibs«.

Die Kirche ist also gar nicht so leibfeindlich, wie oft behauptet wird. Ein Indiz dafür sind auch die Tortellini alla papalina, *die halten, was der Name verspricht. Ich brauche dazu:*

400 g Tortellini

Salz

20 g getrocknete Steinpilze

1 kleine Schalotte

250 ml Sahne

Salz, Pfeffer

etwas Butter

2 Eigelb

geriebenen Parmesan

(4 Scheiben gekochten Schinken)

Die getrockneten Steinpilze eine Stunde in lauwarmem Wasser einweichen, dann in ein Sieb geben und gut durchspülen. Große Stücke werden geteilt. Inzwischen die Tortellini in reichlich Salzwasser *al dente* kochen. Die feingehackte Schalotte zusammen mit den Steinpilzen in einem Topf in der heißen Butter kurz anschwitzen, die Sahne dazugießen, salzen und pfeffern und alles kurz aufköcheln. 2–3 EL Parmesan unterziehen und die abgetropften Tortellini dazugeben. Den Topf vom Feuer nehmen und das verquirlte Eigelb daruntermischen; es darf nicht stocken, sondern soll die Sauce nur binden. Sofort auf angewärmten Tellern servieren; frisch geriebener Parmesan steht auf dem Tisch.

Wie Sie vielleicht wissen, gehen die Ansichten der Theologen in einigen Fragen manchmal etwas auseinander. Was aber den Gottesgelehrten recht ist, halte ich auch in der Küche für billig. Deshalb wollen wir uns jetzt nicht darüber streiten, ob wir den Tortellini alla papalina *nicht doch noch etwas Schinken hinzufügen sollten. Vom Standpunkt der sogenannten Situationsethik aus betrachtet scheint es mir nämlich nicht nur erlaubt, sondern geradezu geboten, das Rezept etwas zu modifizieren, falls die Gäste (wie Goethe in einem etwas anderen Zusammenhang sagt) »einen großen Magen« haben. In diesem Fall schneide ich noch vier nicht zu dünne Scheiben Schinken in kleine Stücke und gebe sie, zusammen mit der Schalotte und den Steinpilzen, in die heiße Butter – vor allem dann, wenn ich die* Tortellini alla papalina *nicht vor dem Hauptgang, sondern als Hauptgericht serviere.*

Lasagne al forno

Wer nicht weiß, was man unter einer Lasagne *versteht, kann sich in jedem Supermarkt informieren; ein Blick in die Tiefkühltruhe genügt. Dabei sollte man es dann aber wirklich bewenden lassen. Statt eine von diesen dubiosen Packungen in den Einkaufswagen zu legen, begibt man sich besser auf dem direktesten Weg zur Nudelabteilung, wo die grünen und weißen Teigblätter zu finden sind, die man zur Herstellung einer achtbaren Lasagne benötigt.*

Erfahrungsgemäß können die meisten Nudelliebhaber und -liebhaberinnen nie genug davon bekommen. Deshalb ist das folgende Rezept, entgegen einem ersten Anschein, nicht etwa für sechs, sondern wie die meisten in diesem Buch, für vier Personen berechnet. Dazu benötige ich

meine Tomaten-Hackfleisch-Sauce (Rezept Seite 51)

200 g grüne und 200 g weiße Lasagne. Bitte beachten Sie die Anweisung auf der Packung; einige Sorten müssen nämlich vorher in reichlich Salzwasser gekocht werden. Die auf den Packungen angegebenen Rezepte jedoch können Sie in der Regel vergessen.

1 Mozarella, in Würfelchen

4 EL geriebener Parmesan

Dazu kommt eine

Béchamelsauce

für die ich folgende Zutaten benötige:

25 g Butter

1 mittelgroße Zwiebel

3 EL Mehl

300 ml Milch

200 ml heiße Fleischbrühe

Salz, Pfeffer

3 EL geriebenen Parmesan

In einem Topf die Butter erhitzen und die feingehackte Zwiebel darin glasig dünsten. Das Mehl dazugeben und leicht anschwitzen lassen. Langsam die Milch hinzufügen und dabei kräftig mit dem Schneebesen rühren, damit keine Klümpchen entstehen. Die heiße Fleischbrühe, die Gewürze und den geriebenen Parmesan beifügen und die Sauce leicht aufkochen. Falls sie zu dick geraten ist, mit etwas Milch verdünnen.

Nun gibt man in eine Gratinform zunächst etwas Béchamelsauce, legt darüber eine Schicht Lasagne, bestreicht diese mit Tomaten-Hackfleisch-Sauce und streut ein paar Würfelchen Mozarella darüber. Das Ganze wiederholen, bis diese Zutaten aufgebraucht sind. Die letzte Nudelschicht wird mit Béchamelsauce bestrichen, auf welcher reichlich geriebener Parmesan und einige Butterflöckchen verteilt werden. Im vorgeheizten Ofen bei 200 Grad etwa 35–40 Minuten (je nach Höhe der Lasagne) backen.

Zu Beginn der Backzeit bedecke ich die Gratinform mit einer Alufolie, die ich nach etwa 25 Minuten entferne, damit sich oben eine herrlich goldbraune Kruste bildet.

Da man das Gericht einfrieren kann, bereite ich gleich die doppelte Menge zu und fülle eine zweite Gratinform, für den vorhersehbaren Fall, daß einmal unvorhergesehener Besuch eintrifft. Weil sich durch das Einfrieren die Backzeit um eine knappe Viertelstunde verlängert, bleibt dann hinreichend Zeit für einen Aperitif – beispielsweise für einen Schluck Sambucca. Diesen serviere ich in kleinen Gläschen, deren Rand ich zuvor mit Wasser angefeuchtet und in Zucker getaucht habe und die ich für solche Gelegenheiten im Tiefkühlfach des Kühlschrankes aufbewahre.

Nudelteig

Natürlich kann man den Teig für die Lasagne (und andere Nudeln) auch selber herstellen. Das ist nicht einmal so aufwendig und hat zudem den Vorteil, daß man die Blätter in der Größe der Gratinform zuschneiden kann. Hier das Rezept:

300g Mehl

3 Eier

1 gestrichener TL Salz

3 EL Olivenöl

Das Mehl in eine Schüssel geben, in die Mitte eine Mulde drücken. Die verklopften Eier hineingeben und das Salz und das Olivenöl hinzufügen. Das Mehl von außen nach innen zusammenschieben und mit der Eimasse vermengen. Den Teig aus der Schüssel nehmen und so lange kneten, bis er glatt ist. Falls er zu fest ist, ganz wenig Wasser hinzufügen. In eine Folie wickeln oder einfach unter der umgekehrten Teigschüssel mindestens $1^1/_2$ Stunden ruhen lassen.

Den Teig in 4 Teile schneiden und mit dem Nudelholz dünn ausrollen. Dabei immer wieder von der Arbeitsfläche lösen, kurz antrocknen lassen und bemehlen. Die Lasagneblätter auf einem Tuch trocknen lassen.

Für einen grünen Nudelteig benötigt man:

250 g Mehl

2 Eier

1 gestrichenen TL Salz

100 g gehackten, tiefgekühlten Spinat.

Den aufgetauten Spinat in einem Sieb gut ausdrücken. Statt des Olivenöls zu den Eiern und dem Mehl geben. Weitere Zubereitung nach dem Grundrezept.

Pizza

600 g Pizza- oder Brotteig vom Bäcker

Tomatensauce (Rezept für Tomaten-Hackfleisch-Sauce zu Beginn dieses Kapitels; das Hackfleisch wird natürlich weggelassen!)

etwas Oregano oder Basilikum (frisch gehackt oder getrocknet); Pfeffer

Bei den meisten Pizzas ist die Teigunterlage zu dick, und oben ist zu wenig drauf. Also welle ich meinen Teig sehr dünn aus, lege ihn auf ein großes mit Mehl bestäubtes Kuchenblech und steche ihn mit der Gabel mehrmals ein. Dann backe ich den Teig vor, damit er, wenn die übrigen Zutaten darauf verteilt werden, nicht pappig wird. Dazu schiebe ich das Kuchenblech für etwa 8 Minuten in den auf 250 Grad vorgeheizten Ofen, nehme es anschließend wieder heraus, verbrenne mir dabei nicht wieder die Finger, wie voriges Mal, und bestreiche den angebackenen Teig mit meiner Tomatensauce.

Alles übrige hängt bloß noch von der Phantasie ab, der lediglich durch die Jahreszeit und durch den Inhalt des Kühlschranks gewisse Grenzen gesetzt sind.

Als Belag passen Zwiebelringe, Champignons und in Streifen geschnittene Paprika (alles leicht gedünstet), Broccoli (vorher blanchieren!), ein paar Oliven (wenn immer möglich, nehme ich die schwarzen), Kapern, Schinkenwürfelchen, ein in Scheiben geschnittenes gekochtes Ei (das Eigelb mit zwei Tropfen Öl beträufeln, da es sonst hart wird!), Essigzwiebelchen, halbierte Artischockenherzen, Maiskölbchen, ein paar Sardellen oder einige Tupfer Sardellenpaste, Crevetten (die Fischprodukte nicht über die ganze Pizza hin verteilen, weil sie nicht jedermanns Sache sind!), einige Scheibchen Salami, ein übriggebliebenes in dünne Rädchen geschnittenes Wienerwürstchen vom Vortag…

Bevor ich die Pizza in den Ofen schiebe, habe ich die Hitze auf 200 Grad reduziert. Aber erst nach etwa 20 Minuten Backzeit streue ich etwa 150 g in Würfelchen geschnittene Mozarella darüber, und nach weiteren zehn Minuten, wenn die Pizza endlich auf den Tisch kommt, sagen meine Gäste, daß sie herrlich dufte, nach einer Viertelstunde meinen sie, eine so herrliche Pizza hätten sie noch nie gegessen (aber das sagen sie überall, weil Pizza immer schmeckt), und nach weiteren fünf Minuten zählen sie auf, was man noch alles auf den Teig legen könnte: Spargelstückchen, eingelegte Zucchini (Rezept im 1. Kapitel), Meeresfrüchte, Thunfisch, Steinpilze, geriebenen Parmesan…

Und ich erkläre ihnen anschließend, wie ich die allereinfachste Pizza zubereite, die ich selber am allerbesten finde: auf die Tomatensauce gebe ich lediglich etwas Basilikum, Oregano und Pfeffer. Und zehn Minuten, bevor ich sie aus dem Ofen hole, streue ich eine Handvoll Mozarellawürfelchen darüber, die dann schön dahinschmelzen und wunderbare Fäden ziehen.

Risotto alla milanese (nach Mailänder Art)

Dieses klassische Rezept scheint in der Lombardei bereits etwa um 1500 unter der Bezeichnung *riso giallo*, gelber Reis, bekannt und beliebt gewesen zu sein. Falls man diese Spezialität nicht vor, sondern als Hauptgang serviert, harmoniert sie bestens mit einem *ossobuco*, wie die Italiener die Kalbshaxe nennen (Rezept Seite 148).

350 g Risottoreis (Vialone, Arborio)
80 g Butter
1 mittelgroße Zwiebel
1 Stück Markknochen vom Rind (= etwa 40 g Mark)
200 ml trockener Weißwein
800 ml kräftige Fleisch- oder Gemüsebrühe
1 Messerspitze Safran
100 g geriebener Parmesan

50 g Butter in einem Topf erhitzen und die mittelfein gehackte Zwiebel glasig dünsten. Den Reis dazugeben und zwei bis drei Minuten darin wenden. Den Wein dazugießen und zur Hälfte verdampfen lassen. Etwa drei Viertel von der heißen Fleischbrühe langsam dazuschütten. Den Reis im offenen Topf langsam köcheln. Falls die Flüssigkeit aufgesogen ist, bevor der Reis gar ist (und dazu benötigt er etwa 20 Minuten), etwas von der Brühe nachschütten. Kurz vor Ende der Kochzeit den Safran sowie die restliche Butter und 3–4 EL Parmesan darunterrühren; den restlichen Käse in einem Schälchen auf den Tisch stellen.

Risotto al limone (Zitronenrisotto)

350 g Risottoreis (Vialone, Arborio)
1 feingehackte Zwiebel
2 EL Olivenöl
400 ml trockener Weißwein
800 ml heiße Fleischbrühe
50 ml Sahne
1 geriebene Zitronenschale
70 g geriebener Parmesan

Eine mittelgroße feingeschnittene Zwiebel in etwas Olivenöl glasig dünsten; den Reis hinzufügen und darin wenden. Langsam den Weißwein hinzugießen und zur Hälfte verdunsten lassen. Die heiße Fleischbrühe darübergießen und bei niedriger Temperatur köcheln. Nach einer guten Viertelstunde hat der Reis die Flüssigkeit aufgesogen. Die Sahne und dann den Parmesan sowie die geriebene Schale einer Zitrone darunterziehen. Anrichten.

Natürlich wird die Zwiebel nach dem Schälen mit kaltem Wasser gewaschen, was bewirkt, daß der Tränenfluß beim Schneiden sich in Grenzen hält.

Nach dem Schneiden wasche ich die Hände weder mit Seife noch mit heißem Wasser, sondern unter dem kalten Wasserstrahl. *Auf diese Weise verhindere ich, daß der Zwiebelgeruch sich für zwei Tage in der Haut festsetzt.*

Reis »Stromboli«

Stromboli gehört zu jenen kleinen Liparischen Vulkaninseln, die im Norden von Sizilien liegen. Elsbeth war vor anderthalb Jahrzehnten dort in Urlaub und hat mir bei dieser Gelegenheit während ihrer Durchreise in Rom einen kurzen Besuch abgestattet. Vom Vulkan auf Stromboli selber war sie so begeistert, daß sie ein von ihr kreiertes Reisrezept nach dieser Insel benannte. Da sie (nach heutigen Begriffen) für eine Großfamilie zu kochen hatte, ist ihr Rezept für sechs bis acht Personen berechnet.

450 g Reis
1 l Fleischbrühe
1 große Zwiebel
2 Knoblauchzehen
20 g Butter
1 rote Paprika
3 Tomaten
1 Beutel Chili-Sauce (40 g)
2 EL Tomatenkonzentrat
50 ml trockener Rotwein
120 g Korinthen
400 g geschnetzeltes Rindfleisch
3 EL Olivenöl
2 kleine Gläser Vongole (Muscheln, zu je 100 g)
50 ml Sahne
italienische Kräutermischung, Streuwürze, Salz
2–3 Feigen, einige schwarze Oliven

Den Reis in die kochende Fleischbrühe geben und auf kleiner Flamme zugedeckt während 20 Minuten köcheln.

Inzwischen die Zwiebel und den Knoblauch feinhacken und in einem Topf in der heißen Butter dünsten. Die in Streifen geschnittene Paprika und die Tomaten dazugeben. Die Hitze reduzieren. Die Chili-Sauce in einem halben Liter Wasser auflösen und beigeben, anschließend das Tomatenkonzentrat, den Rotwein und die Korinthen hinzufügen und alles während 30 Minuten zugedeckt köcheln.

Das Rindfleisch in etwas Olivenöl braten und dieses zusammen mit den Vongole in die Sauce geben; allenfalls etwas Wasser nachschütten. Mit der Kräutermischung, der Streuwürze und dem Salz würzen und die Sahne unterrühren.

Den Reis in Form eines Vulkanberges (Stromboli!) auf einer runden Schüssel anrichten. Rundherum das Saucenfleisch verteilen. Die Kraterspitze mit einigen roten Paprikastreifen garnieren und den Reisberg einseitig mit etwas Sauce übergießen (Lava!); die restliche Sauce separat reichen. Garniert wird das Gericht mit den Oliven und den geviertelten Feigen, die an die schwarzen Steine an den Hängen des Vulkanbergs erinnern.

Reis mit Hackfleisch

Dieses Reisgericht habe ich zufällig ›entdeckt‹, als ich an einem Samstagabend nach der Eucharistiefeier Alfred und Annemarie ins Pfarrhaus zu einem Glas Wein einladen wollte. Dabei stellte sich heraus, daß die beiden außer dem Frühstück (das allerdings eher ein Spätstück war) noch nichts gegessen hatten. Also haben wir uns zuerst in die Küche gesetzt; Alfred durfte die Weinflasche entkorken, Annemarie durfte ein Zwiebelchen schneiden, und beide miteinander durften den Tisch decken, während ich mich an den Kochherd stellen durfte.

Ich hatte wenig im Haus, etwas Reis und ein bißchen Hackfleisch vom Rind, das ich eigentlich für den Sonntag zu einem Hackbraten verarbeiten wollte. Und so ist, im Schatten der Kirche und in dem eher schwachen Lichtschein der Pfarrhausküche, ein ebenso einfaches wie gediegenes Gericht entstanden, das ich später auch bei anderen Gelegenheiten erprobt habe und welches heute zu den Standardrezepten einiger meiner Bekannten gehört.

Die Zutaten:

350 g Reis
1 feingehackte Zwiebel
20 g Butter
200 ml trockener Weißwein
800 ml heiße Fleischbrühe
350 g Hackfleisch vom Rind
3 EL Öl
100 ml trockener Rotwein
Salz, Streuwürze, Pfeffer
60 g geriebener Parmesan

Die Zwiebel in der Butter glasig dünsten; den Reis hinzufügen und darin wenden. Langsam den Weißwein hinzugießen und kurz aufkochen lassen. Die heiße Fleischbrühe dazugeben. Zugedeckt auf kleiner Flamme köcheln.

Währenddessen das Hackfleisch in einer Bratpfanne in etwas Öl braten und mit Streuwürze, Salz und Pfeffer würzen. Den Rotwein hinzufügen und verdampfen lassen.

Nach einer guten Viertelstunde, wenn der Reis gar ist, gebe ich das Fleisch dazu, mische alles gut durcheinander und ziehe den Parmesan unter.

Statt mit Hackfleisch läßt sich dieser Reis auch mit Champignons, Stein-pilzen oder einer in kleine Würfelchen geschnittenen Paprika zubereiten. Allerdings sollte man diese Zutaten in etwas Öl dünsten, bevor man sie mit dem Reis vermischt.

Risotto mit Erdbeeren oder mit Melone

Zutaten und Zubereitung wie beim vorhergehenden Rezept – außer daß statt der Zitronenschale etwa zehn Minuten nach Kochbeginn 200 g gehälf-tete Erdbeeren *oder* eine nicht zu große in Würfelchen geschnittene Melone hinzugefügt werden. Die Sahne und den Parmesan (in dieser Reihenfolge!) hingegen erst am Schluß unterrühren.

Aus Erfahrung weiß ich, daß man auf der Nordseite der Alpen diesen zwei Risottorezepten etwas argwöhnisch begegnet. Sobald man aber einmal da-von gekostet hat, schlägt das Mißtrauen in der Regel in helle Begeisterung um.

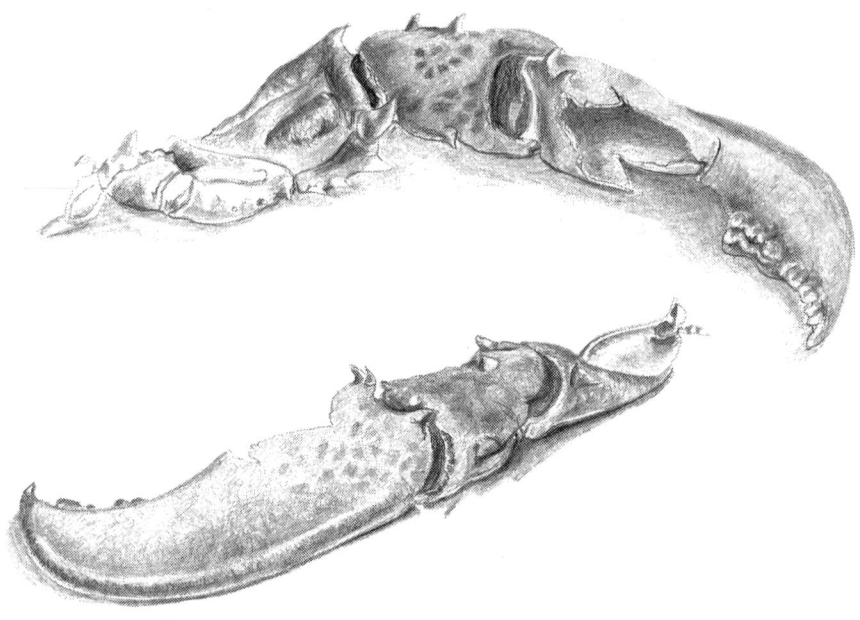

Paella nach meiner Art

Am Schluß dieses Kapitels machen wir einen kleinen Abstecher nach Spanien. Das Nationalgericht, welches wir dort kosten, hat seinen Namen von der »Pfanne« (paella), und nicht die Kunst der Köche, sondern die Kreativität der Hausfrauen hat es in der ganzen Welt bekannt gemacht.

Dabei gibt es eigentlich gar kein ›klassisches‹ Rezept. Oder vielmehr: jede Gegend in Spanien beansprucht für sich, die Paella auf die klassische Art zuzubereiten. Tatsache ist, daß Reis, Olivenöl und Safran zur Paella gehören wie das weiße Gewand zum Papst. Ansonsten findet man in einer Pfanne fast alles, was der Markt gerade bietet und die Phantasie sich vorzustellen vermag: Erbsen, Paprika, Zucchini, Tomaten, Zwiebeln, Knoblauch, aber auch Stücke vom Schwein, vom Kalb oder Rind und allerlei Würste, sowie Geflügel- und Kaninchenfleisch – und natürlich Fisch, Meeresfrüchte, Hummer ...

Im folgenden schlage ich eine Version vor, welche in unseren Gegenden die Geduld beim Einkaufen nicht allzusehr strapazieren dürfte. Für die Zubereitung der Paella gibt es im Handel eigene Pfannen; notfalls komme ich aber auch mit einer sehr großen Teflon-Bratpfanne zurecht.

350 g Reis
700 ml Fleisch- oder Hühnerbrühe
200 ml trockener Weißwein
2 Messerspitzen Safran
3 EL hochwertiges (kaltgepreßtes) Olivenöl
etwas Bratfett
2 Hühnerschenkel (die ich in Ober- und Unterschenkel zerteile)
4 kleine Schweins- oder Kalbsbratwürste
4 kleine Stücke vom Kaninchen
4 Fischfilets (z. B. Rotbarsch oder Dorsch)
250 g Crevetten (Krabben)
8 große Garnelen (die auch unter der Bezeichnung Riesencrevetten oder Hummerkrabbenschwänze angeboten werden und die man in jedem besseren Fischgeschäft bereits gekocht erhält; sie haben dann eine rötliche Farbe)
1 rote, 1 gelbe und 1 grüne Paprika
100 g frische Champignons
1 große Zwiebel
1 Knoblauchzehe
2 Zitronen
Salz, Pfeffer, Paprikagewürz

Zunächst dünste ich die gesäuberten und in Streifen geschnittenen Paprika und die in Scheiben geschnittenen Champignons in etwas Olivenöl, wobei ich ein wenig Streuwürze dazugebe. Dann reibe ich die Hühnerschenkel mit Salz, Pfeffer und Paprika ein, die Stücke vom Kaninchen mit Salz und Pfeffer. Beides zusammen mit den Würsten etwa 15–20 Minuten gut durchbraten und zusammen mit den Paprika warmstellen. Pfanne säubern.

Nun schneide ich die Zwiebel und die Knoblauchzehe in kleine Stücke und dünste sie im Olivenöl glasig. Dann füge ich den Reis zum Rösten hinzu, anschließend den Weißwein und die heiße Fleisch- oder Hühnerbrühe. Auf kleiner Flamme lasse ich den Reis 10 Minuten vor sich hinköcheln und gebe den Safran dazu. Weil ich die Flüssigkeit eher knapp bemessen habe, kommt ein Deckel auf die Pfanne, damit sie nicht verdampft, sondern vom Reis aufgesogen wird.

Währenddessen säuere ich die Fischfilets mit dem Saft einer halben Zitrone und bestreue sie mit etwas Salz. Dann lege ich sie, zusammen mit den Crevetten und den Garnelen in den Reis. Diese letzteren habe ich zuvor mit einem spitzen Messer am Rücken leicht eingeschnitten, um die dunklen Darmstränge zu entfernen. Nach weiteren zehn Minuten hat der Reis die Flüssigkeit vollends aufgesogen; ich brauche nur noch das Hühner- und das Kaninchenfleisch und die Bratwürste dazu- und ein paar Zitronenschnitze daraufzulegen und kann meine Paella auftragen, natürlich in der Pfanne.

Dazu reiche ich einen Rioja; auf die Vorspeise und den Salat verzichten meine Gäste gerne; genügend Gemüse befindet sich ja bereits in der Pfanne.

Einen Nachtisch verkraftet ihr nicht mehr? Dachte ich mir schon. Dafür gibt's dann zum Kaffee einen Carlos Primero.

Zuvor aber will ich euch eine kurze Geschichte vorlesen, die sich in der Welt des Schtetls und des chassidischen Judentums zugetragen hat und die, wie ich meine, recht gut zu einem Carlos Primero paßt (aus: Weißt du, wo Gott zu finden ist? Geschichten aus dem chassidischen Judentum. Hrsg. von P. Kuhn, Verlag Butzon & Bercker, Kevelaer 1984, S. 75):

»Der Jehudi (ein berühmter Rabbi, und Zaddik, d.h. ein ›Gerechter‹, der von 1765 bis 1814 lebte) war einmal gefährlich krank. So riefen die Einwohner seiner Stadt ein allgemeines Fasten und Gebet aus, welches die baldige Genesung ihres Rabbi herbeiführen sollte. Es kam nun ein Mann aus einem Dorf in diese Stadt und kehrte in einer Schenke ein, um dort einen Branntwein zu trinken. Doch sagte man ihm dort, daß es für diesen Tag nicht erlaubt sei, etwas zu sich zu nehmen.

Da ging der Dorfbewohner zur Synagoge und sprach dort in seiner Einfalt folgendes Gebet: ›Lieber Gott, mach doch bitte den heiligen Rabbi gesund, damit ich mein Gläschen Branntwein trinken darf, auf das ich mich die ganze Woche über gefreut habe!‹ Gleich danach begann der Rabbi sich wohler zu fühlen. Er sprach zu seiner Umgebung: ›Das Gebet dieses Dorfbewohners hatte mehr Kraft als all euer Fasten und alle eure Gebete zusammen. Er hatte von allen die größte Sehnsucht nach meiner Genesung.‹ «

3. Kapitel

Leckere Mahlzeiten aus dem Backofen

Drittes Zwischenstück

Von Visionen und von der Völlerei oder warum ich mich verpflichtet fühlte, über die Hölle zu predigen

Die Theologen wissen nämlich die Zustände in der Hölle auffallend genau zu schildern; man meint geradezu, sie hätten schon eine Reihe von Jahren in diesem Reich geweilt.

Erasmus von Rotterdam, Das Lob der Narrheit

Welche Beziehung besteht zwischen dem Essen und der Hölle? Die meisten werden hier spontan an Völlerei denken und an die dafür angedrohten Höllenstrafen. Die Erinnerung an die Geschichte vom reichen Prasser und vom armen Lazarus mag dabei eine gewisse Rolle spielen.

Neben der Mahnung des Paulus, daß Fressern und Säufern der Zutritt zum Reich Gottes verwehrt ist (Brief an die Galater, Kapitel 5, Verse 19–21), scheint gerade diese Geschichte Anlaß zu mancherlei Jenseitsspekulationen gegeben zu haben. Jedenfalls haben sich nicht nur die Theologen, sondern immer wieder – und mit weit größerer Begeisterung – auch Visionäre und Visionärinnen des Themas bemächtigt.

Einer von ihnen ist Adam von Kendall, welcher von 1212 bis 1223 dem schottischen Zisterzienserkloster von Holme Cultram als Abt vorstand. Da er Gelder seines Konvents für Bestechungen verwendete, um sich den Weg zum Bischofsamt zu ebnen, setzte man ihn ab und zwang ihn, das Leben eines Büßers zu führen. Eine Vision, die er in der Folge gehabt haben soll, wurde allerdings erst kurz vor Mitte des 15. Jahrhunderts aufgeschrieben. Sie setzt damit ein, daß der ehemalige Abt Adam von Kendall im Geist ins Jenseits versetzt wird, wo ihn ein Begleiter erwartet:

Dieser führte mich in ein sehr großes und schönes Haus hinein, das überall wie in einem Refektorium zubereitete Tische aufwies, reinlichst mit besten Speisen angefüllt. Von diesen allen verbreitete sich ein sehr süßer Duft und erfüllte meine Nase so wunderbar, daß mir schon vom bloßen Wohlgeruch solcher Süße schien, ohne weiteres Kosten in Ewigkeit leben zu können. Davon auf wunderbare Weise erfreut, fragte ich ihn, was für ein Haus dies sei und zu wessen Gebrauch so herrlich ausgestattet. »Das Haus ist das Refektorium der Klosterleute und der armen Konversen, die das Joch innerer Disziplin und äußeren Gehorsams geduldig und beständig trugen; sie empfangen täglich unschätzbare Tröstungen an solchem Ort.« Und als ich ein wenig verweilen und mich an so großer Süße ergötzen wollte, erlaubte es mein Führer nicht und sagte, daß ich keinen Anteil an jenem Haus hätte. Und er führte mich sogleich in ein anderes, sehr großes und stinkendes Haus, und ich sah die Tische allenthalben mit schmutzigen Gerichten dichtest vollgestopft; die Gerichte waren nämlich vom Fleisch schrecklich stinkender Kadaver, so daß ich es, obwohl die Nase zuhaltend, nicht ertragen konnte. Als ich meinen Führer fragte, was das für ein Haus sei, antwortete er und sagte: »Dies ist das Refektorium der Kellermeister, nämlich für ihn und seine Genossen vorbereitet. (...) Da sie unter Mißachtung der Armut ihrer Brüder und des Klosterlebens, der Völlerei und Zecherei ergeben, das Laster der Eigenliebe mit dem Vorwand nötiger Geschäfte und allgemeinen Nutzens bemäntelten, deswegen, damit die Strafe der Schuld entspreche, werden sie in täglichen Peinen gezwungen, sich Tag für Tag an solchen Speisen vollzufressen. Aber komm weiter«, sagte er, »und ich werde dir zeigen, was übrig ist.« Und wir betraten ein drittes, sehr weites, aber in der Art einer Krypta oder eines Kellers unter der Erde liegendes Haus. Und er sagte zu mir: »Was immer du siehst, betrachte genau und behalte alles gut im Gedächtnis!« Und hinschauend sah ich unter dem Gewölbe des Hauses Fleischstücke dicht nebeneinander herabhängen, die wir mit dem volkstümlichen Namen Speckseiten nennen. Sie waren aber alle mit schauderbarem und schwefeligem Feuer in Brand gesetzt, so sehr, daß ihr Fett in heftigem Fluß nach unten ablief. Unter den Speckseiten gab es aber in die Erde, also in den Hausboden, gehöhlte Gruben nach Maß und Umfang des menschlichen Körpers. Und in diesen Gruben lagen rücklings Menschen, und alle verschlangen mit offenem Mund und gierigen Kehlen mit widerlicher Gier das schwefelige Fett, das schnell herabfloß. Und da ich mit großem Erstaunen und Schrecken fragte, was das für ein Haus sei, antwortete er, daß dieser Raum den Äbten bereitet sei, die gerne für sich in Stuben wohnten, deren Lieblingsbeschäftigung es war, fett zu essen und viel zu trinken.

Nachdem Adam von Kendall diese Vision erzählt hatte, schnappte er über. Die Mönche legten ihn in Ketten, aber er entkam ihnen, stürzte in die Kirche, umklammerte den Priester, der dort gerade seine Messe las, und verstarb unter schrecklichem Geschrei.

Auch wer nicht viel von Literaturkritik versteht, vermag aus diesem Text eine klösterlich-moralische Zweckbestimmung herauszuhören. Was den Inhalt betrifft, bieten sich heute medizinische, psychologische und auch tiefenpsychologische Erklärungen an.

Mir jedoch geht es hier um etwas anderes, nämlich um die Tatsache, daß die Prediger jahrhundertelang aus solchen trüben Quellen schöpften, um die Leute zum Beten zu bringen. Und sie statt dessen das Fürchten lehrten.

Daran erinnerte mich vor einiger Zeit die über achtzigjährige Hulda, die ich zusammen mit ihrer Schwester Lina zu einem Kartoffel-Zucchini-Gratin eingeladen hatte. Ich holte das Gefäß aus dem Ofen, stellte es auf den Tisch und mahnte zur Vorsicht: Daß sich niemand verbrennt, es ist höllisch heiß! Worauf die sonst eher sanfte Hulda mit energischer Stimme entgegnete: *Höllisch* heiß? Ich habe nur einen Wunsch: Predige bitte nie über die Hölle; damit hat man uns nun wirklich lange genug Angst gemacht. Eben, sagte ich darauf, gerade deshalb muß ich wohl am kommenden Sonntag wieder einmal über die Hölle predigen!

Weil der Weg zur Hölle mit lauter guten Vorsätzen gepflastert ist, habe ich es nicht beim bloßen Vorhaben bewenden lassen, sondern die Predigt tatsächlich gehalten. Hulda allerdings hat sie verpaßt, da sie sich ausgerechnet an jenem Sonntag nicht gut fühlte. Deshalb bekommt sie die Predigt jetzt nicht nur schriftlich, sondern sogar gedruckt. Und wer immer sich sonst noch dafür interessiert, darf sie ebenfalls lesen:

Gott ist unendlich gut. Dieses Grundthema seiner Verkündigung variiert Jesus in zahlreichen Gleichniserzählungen. Allerdings läßt sich nicht übersehen, daß er auch ein paar Geschichten erfindet, die bös ausgehen. Zumindest scheinen sie anzudeuten, daß der sich sorgende Vater des verlorenen Sohnes zeitweise doch die Geduld verliert. In diesen Geschichten ist die Rede von Verurteilung und von Verwerfung, von Verdammnis und vom höllischen Feuer.

Ein Mann hatte in seinem Weinberg einen Feigenbaum; und als er kam und nachsah, ob er Früchte trug, fand er keine. Da sagte er zu seinem Weingärtner: Jetzt komme ich schon drei Jahre und sehe nach, ob dieser Feigenbaum Früchte trägt, und finde nichts. Hau ihn um! Was soll er weiter dem Boden seine Kraft nehmen? Der Weingärtner erwiderte: Herr, laß ihn dieses Jahr noch stehen; ich will den Boden um ihn herum aufgraben und düngen. Vielleicht trägt er doch noch Früchte; wenn nicht, dann laß ihn umhauen. (Lukasevangelium, Kapitel 13, Verse 6–9)

Der Weinbergbesitzer steht für Gott; ob Jesus mit dem Gärtner sich selber meint, muß dahingestellt bleiben. Sicher ist, daß er mit dieser Geschichte seine Landsleute beschwört umzukehren; nur so können sie dem drohenden Strafgericht entgehen. Noch gewährt Gott eine letzte Gnadenfrist; noch besteht die Möglichkeit, alles zum Guten zu wenden. Sogar mit Dünger soll dem Feigenbaum nachgeholfen werden, damit er Früchte trägt, obwohl das ganz und gar unüblich ist. Ohne Bild: An Gott kann es nicht liegen, wenn die Menschen uneinsichtig bleiben.

Gottes Langmut steht außer Frage. Das ist den Schwachen zum Trost gesagt, und den Verzweifelten, daß sie wieder Hoffnung schöpfen. Unüberhörbar aber ist auch die Warnung davor, sich vom Gedanken an Gottes Güte zum Leichtsinn verleiten zu lassen.

Die gleiche Aussage liegt einem weiteren Gleichnis Jesu zugrunde:

Mit dem Himmelreich ist es wie mit einem Netz, das man ins Meer warf, um Fische aller Art zu fangen. Als es voll war, zogen es die Fischer ans Ufer; sie setzten sich, lasen die guten Fische aus und legten sie in die Körbe, die schlechten aber warfen sie weg. So wird es auch am Ende der Welt sein: Die Engel werden kommen und die Bösen von den Gerechten trennen und in den Ofen werfen, in dem das Feuer brennt. Dort werden die Bösen heulen und mit den Zähnen knirschen. (Matthäusevangelium, Kapitel 13, Verse 47-50)

Jesus benützt ein seinen galiläischen Landsleuten vertrautes Bild aus dem Fischerleben zur Beschreibung des Gerichts, das am ›Ende der Zeiten‹ stattfinden wird. Zum Fischfang spannte man ein großes Schleppnetz zwischen zwei Boote, an dessen unterem Rand Steine befestigt waren. Auf der Fahrt zum Ufer kamen sich die beiden Boote allmählich näher. Schließlich zogen die Fischer das Netz gänzlich zusammen und schafften es an den Strand, wo nach den Vorschriften des Reinheitsgesetzes die »schlechten Fische« ausgesondert wurden. Zu diesen zählte »alles Kleingetier des Wassers«, beispielsweise Krabben, sowie jene Fischarten, »die keine Flossen oder Schuppen haben« (Levitikus, Kapitel 11, Vers 11).

Die beiden geschilderten Vorgänge, nämlich das Einfangen und das Aussortieren der Fische (wobei die ›unreinen‹ vernichtet wurden), beziehen sich auf zwei Momente der Heilsgeschichte.

Die erste, gegenwärtige Phase ist die Zeit der Sammlung. Jesus sieht seine Sendung darin, das alte Gottesvolk Israel zu Jahwe zurückzuführen. Dabei macht er die Erfahrung, daß sich seine Gefolgschaft eben nicht nur aus lauter erlösungshungrigen Gottsuchern zusammensetzt, sondern daß sich ihm auch allerlei Tagediebe, Müßiggänger und Herumtreiber angeschlossen haben, zwielichtige Gestalten eben, denen der Gedanke an das Reich Gottes so fremd ist wie einer Ziege das Fliegen. Aber noch ist nicht die Stunde der Scheidung; noch steht das Gericht aus. Noch besteht die Möglichkeit, sich zu besinnen und umzukehren.

Wahrscheinlich war sich Jesus nicht bewußt, daß sein Vergleich hier ein bißchen hinkt. Im Gegensatz zu den guten und den schlechten Fischen im Netz vermögen die Menschen sich zu ändern.

Tatsächlich rechnet Jesus ja damit, daß nicht nur die Gleichgültigen, sondern auch die Verblendeten zur Umkehr fähig sind. Darauf jedenfalls verweist sein Gleichnis vom Gang zu den Richtern:

Schließ ohne Zögern Frieden mit deinem Gegner, solange du mit ihm noch auf dem Weg zum Gericht bist. Sonst wird dich dein Gegner vor den Richter bringen, und der Richter wird dich dem Gerichtsdiener übergeben, und du wirst ins Gefängnis geworfen. Amen, das sage ich dir: Du kommst von dort nicht heraus, bis du den letzten Pfennig bezahlt hast. (Matthäusevangelium, Kapitel 5, Verse 25–26; vgl. Lukasevangelium, Kapitel 12, Verse 58–59)

In allen drei Gleichnissen wendet sich Jesus an die Gleichgültigen und an die Unentschlossenen, an die Verblendeten und an die Verirrten. Sie alle werden ermahnt, ihr Leben von Grund auf zu ändern, weil sie sonst nicht bestehen werden vor Gottes Gericht.

Damit stellt sich unausweichlich eine Frage: Ist Gottes Güte also doch nicht so unbegrenzt, wie andere Gleichnisse vorauszusetzen scheinen? Verkündet Jesus nicht einen doppelgesichtigen Gott, dessen milder Blick von rachsüchtigen Gedanken getrübt wird, sobald er nur sieht, daß ein Mensch sich seinem Willen und seiner Weisung widersetzt? Schürt er am Ende gar die Höllenangst unter den Menschen, um ihren Himmelsglauben zu festigen?

Gegenfrage: Können wir einen Menschen achten, der zu uns sagt: Mir ist völlig egal, wie du zu mir stehst; es interessiert mich eigentlich nicht? Ich selber möchte mit einem solchen Menschen lieber nichts zu tun haben. Im Grunde meint der doch: Du interessierst mich überhaupt nicht. Da höre ich es schon lieber, wenn einer mich anschreit und sagt: Ich stehe zu dir, daß du das weißt! Letztlich kannst du dennoch machen, was du willst. Aber wenn du so weitermachst, dann bin ich verdammt wütend auf dich; das mußt du dann auch begreifen.

So ähnlich, denke ich, ist das mit Gott. Jesu Rede vom gütigen, langmütigen und unendlich barmherzigen Gott wird gründlich mißverstanden, wenn sie dazu führt, aus Gott einen guten Kumpel zu machen, der verständnisvoll mit den Augen zwinkert, wenn der Mensch fremdgeht, will sagen, sein ganzes Leben auf die leichte Schulter nimmt und sich aus jeder Verantwortung stiehlt. Gott tritt sehr entschieden auf, wenn Entscheidendes auf dem Spiel steht.

Gerade weil ihm so viel liegt am Wohl der Menschen, schlägt Jesus manchmal einen äußerst harten Ton an. Er gibt ihnen zu verstehen, daß sie Gefahr laufen, am Leben vorbeizuleben und so ihr Ziel zu verfehlen. Diese Absicht verfolgt er, wenn er im Gleichnis vom Fischnetz daran erinnert, daß bei der Aussonderung die schlechten Fische weggeworfen werden. In der Interpretation des Evangelisten wird dieser Gedanke noch verdeutlicht: »So wird es auch am Ende der Welt sein: Die Engel werden kommen und die Bösen von den Gerechten trennen und in den Ofen werfen, in dem das Feuer brennt. Dort werden die Bösen heulen und mit den Zähnen knirschen« (Matthäusevangelium, Kapitel 13, Verse 49–50).

Außerdem ist zu bedenken, daß Jesu Rede von der Hölle zu dem von ihm verkündeten *Evangelium* gehört. Das bedeutet, daß seine Höllenpredigt nicht darauf zielt, die Frohbotschaft zu verdunkeln, sondern daß seine Aussagen über die Hölle vielmehr von seiner Frohbotschaft her zu gewichten und zu interpretieren sind. Auch so wird ersichtlich, welche Funktion die Rede von der Hölle im Munde Jesu *eigentlich* hat. Er erinnert uns daran: Du kannst alles gewinnen oder alles verlieren – und alles, das heißt: Gott. Damit sagt Jesus, daß unser Leben nicht im Beliebigen und im Unverbindlichen verlaufen darf, und ruft uns so unsere Verantwortung und unsere *Würde* in Erinnerung. Hier wäre auch daran zu erinnern, daß die Kirche zwar immer wieder Menschen heiliggesprochen hat; aber sie hat nie erklärt, daß ein bestimmter Mensch zur Hölle verdammt worden sei. Das Äußerste, was sie sich in dieser Hinsicht erlaubte, war die Exkommunikation und, als höchstes der Gefühle, allenfalls eine damit verbundene kräftige Verfluchung des Exkommunizierten – wodurch sie ihre Schlüsselgewalt allerdings über die Maßen strapazierte.

Jesu Rede von der Hölle ist nicht einfach eine Fiktion, die nur dazu dient, die Menschen zu einem halbwegs christlichen Leben zu bewegen. Sie ist aber auch keine absolute Wirklichkeit, insofern wir einfach nicht behaupten können, daß auch nur ein einziger Mensch ›in der Hölle‹ sei.

Vielmehr handelt es sich um eine wirkliche Möglichkeit, mit der jeder einzelne Mensch lebenslang konfrontiert ist. Konkret ausgedrückt: Es besteht tatsächlich die Möglichkeit, daß ich mich Gott und den Mitmenschen derart verweigere, daß von mir nichts mehr übrigbleibt als mein Egoismus. Jesu Frohbotschaft und sein erlösendes Handeln berechtigen zu der Hoffnung, daß niemand je von dieser schrecklichsten aller Möglichkeiten Gebrauch macht. Tatsächlich will Gott ja, »daß alle Menschen gerettet werden« (Erster Timotheusbrief, Kapitel 2, Vers 4). Und diese Hoffnung auf das Heil müßte stets größer sein als alle Angst vor der Hölle.

Sprüche klopfen war meines Vaters Sache nicht. Aber Sprichwörter gingen ihm leicht von der Zunge. Als ich wieder einmal von der Schule verspätet nach Hause kam und eine meiner leicht durchschaubaren Notlügen vorbrachte, erfolgte die Urteilsverkündung sprichwörtlich und in Form eines Reims: »Wer einmal lügt, dem glaubt man nicht, und wenn er auch die Wahrheit spricht.« Worauf ich meinerseits mit einem gereimten Sprichwort aufwartete: »Einmal ist keinmal.« Daß ich damals das letzte Wort behielt, verschaffte mir eine gewisse Genugtuung. Weit größer aber war meine Verwunderung über die Verblüffung und Sprachlosigkeit meines Vaters, die ich, wohl nicht zu Unrecht, meinem Sprichwort zugute hielt.

Martin Luther zufolge beinhalten die Sprichwörter allesamt bewährte Weisheitslehren und gelten daher als »starckhe beweissung« uralten menschlichen Erfahrungswissens.

Ich selber denke, zumindest in dieser Sache, nicht lutherisch. Denn jedem Sprichwort haftet etwas Sektiererisches, zumindest etwas Sektoriales an. Das lateinische secta *bedeutet soviel wie (Splitter-)Partei. Und die Erfahrungen, die sich in den Sprichwörtern widerspiegeln, sind zu situationsbezogen, als daß man ihnen Allgemeingültigkeit zuschreiben dürfte.*

Ein oft zitiertes Sprichwort besagt: »Es wird nichts so heiß gegessen, wie es gekocht wird.« Für Suppen und Glühwein mag das zutreffen. Aber sicher nicht für Spaghetti alla carbonara, für Tortellini alla papalina, auch nicht fürs Lachspfännchen oder für die Lammfilets an Orangensauce, und schon gar nicht für die Gratins, die ich Ihnen in diesem Kapitel ans Herz oder auf die Zunge legen möchte. Sie können ja selber einmal nachzählen, wie oft ich Ihnen in diesem Buch ins Ohr flüstere: Bitte sofort servieren!

P.S. Weitere leckere Gerichte aus dem Backofen finden Sie im
   1. Kapitel: Paprika mit Thunfischfüllung
   2. Kapitel: Lasagne al forno
   4. Kapitel: Backofenkartoffeln; Gefüllter Fenchel; Gefüllte Tomaten
   5. Kapitel: Filet Wellington; Hackbraten mit Gemüse im Römertopf; Gänsebrust mit glasierten Kastanien; Pouletbrüstchen an Estragonsauce; Lachsterrine; Seelachs mit Gemüse; Fischfilets nach Großvaters Art; Schollenfilets an Käsesauce
   6. Kapitel: Omelettkuchen mit Kalbsbrät
   7. Kapitel: Gratinierte Ananas; Heiße Bananen in Orangensaft

P.P.S. Vergessen Sie nicht, die Gratinform innen jeweils mit etwas Butter einzureiben!

Lauch-Kartoffelgratin
800 g Kartoffeln
1–2 Stangen Lauch
Pfeffer, Salz, Muskat
1 Handvoll Schinkenwürfelchen
25 g Butter
100 ml Weißwein
1 Brühwürfel
200 ml Sahne
80 g geriebener Greyerzer
Die Kartoffeln im siedenden Salzwasser so lange kochen, bis man beim Einstechen mit der Gabel noch ein wenig Widerstand spürt. Schälen, in Scheiben schneiden und ziegelförmig in eine feuerfeste Form legen. Pfeffer, Salz und einen Hauch Muskat und anschließend eine Handvoll Schinkenwürfelchen darüberstreuen. Ein bis zwei Stangen Lauch in Scheibchen

schneiden, in Butter dünsten und den Weißwein dazugeben, mit einem zerbröselten Brühwürfel und etwas Muskat würzen. Den Wein verdunsten lassen und, wenn das Gemüse noch etwas Biß hat, die Sahne hinzufügen. Das Ganze über die Kartoffeln verteilen. Mit Greyerzer bestreuen und bei 220 Grad etwa 35 Minuten überbacken.

Kartoffel-Zucchinigratin
600–700 g Kartoffeln
2–3 Zucchini (etwa 200 g)
100 g Hüttenkäse (Cottage Cheese)
Salz, weißer Pfeffer, etwas Rosmarinpulver, Muskat
3 EL Parmesan
20 g Butter
Zucchini und Kartoffeln im heißen Wasser kochen. Letztere schälen und dachziegelartig in einer Gratinform aufschichten. Mit etwas Salz und Muskat würzen.

Zucchini, Salz, weißen Pfeffer, Rosmarinpulver und den Hüttenkäse pürieren und die dickliche Sauce über die Kartoffeln verteilen. Den Parmesan darüberstreuen, ein paar Butterflöckchen darübergeben und in dem auf 200 Grad vorgeheizten Ofen etwa 25 Minuten gratinieren.

Wie ihr merkt, meine Lieben, bin ich mit dem Salz etwas sparsam umgegangen; nachsalzen könnt ihr immer, deshalb steht das Gefäß ja auf dem Tisch. Aber, bitte, nichts danebenschütten. Nein, nicht weil es – um Gotteswillen …! Sowenig wie der Anblick eines Pfarrers den Tod bringt, steht ein Unglück ins Haus, wenn jemand Salz verschüttet. Wenn jemand trotzdem daran glaubt, so besagt das natürlich nichts über den Intelligenzquotienten dieses Menschen; das zeigt lediglich, wie anfällig die menschliche Psyche ist für das Irrationale. Und daß manche Menschen bei weitem nicht so aufgeklärt sind, wie sie sich geben.

Entgegen einer weitverbreiteten Annahme ist der Aberglaube in unserer Gesellschaft noch längst nicht ausgerottet; im Gegenteil. Was mit Aberglaube gemeint ist, verstehen wir übrigens am besten, wenn wir auf den lateinischen Begriff dafür, superstitio, zurückgreifen. Der bedeutet wörtlich Überrest oder Überbleibsel, nämlich heidnischer Gebräuche, die sich ins Christentum Eingang verschafft haben, und zwar bei weitem nicht immer durch den Dienstboteneingang! So ist uns beispielsweise von den Mönchen des um 940 gegründeten Klosters Flixton in Yorkshire überliefert, daß sie mittels der geheimnisvollen Heilkräfte der Alraune böswillige ›Elfen‹ verscheuchten, die man damals für mancherlei Krankheiten verantwortlich machte.

Natürlich weiß man heute längst, daß auf dem Abort (der früher abseits vom Wohnbereich lag) keine Teufel und Totengeister hausen. Was aber kaum bekannt sein dürfte: daß in manchen mittelalterlichen Klöstern Segensformeln im Umlauf waren, um solche Gefahren zu bannen.

Gerade im kirchlichen Bereich ist längst nicht immer ersichtlich, wo der Glaube aufhört und der Aberglaube anfängt. Jedenfalls gibt es kein einziges christliches Hochfest, an dem es nicht in irgendwelchen Gegenden wie verhext zuginge.

Noch heute raunt man sich mancherorts zu, daß ein Unglück bevorstehe, wenn eine Glaskugel vom Weihnachtsbaum herunterfalle; daß die Reste des Ostermahls das Vieh gesund hielten, wenn sie im Stall verteilt würden; daß die erste Leiche nach Pfingsten aus jener Richtung zur Kirche getragen würde, in welche eine an diesem Festtag während der Messe freigelassene Pfingsttaube nach ihrer Landung blicke...

Richtig ist, daß die Kirche den Aberglauben immer wieder bekämpft hat. Aber ebenso wahr ist, daß das, was kirchenamtlich als verbindliche Lehre galt, kein Aberglaube sein konnte. Hexerei, Zauberei und Magie beispielsweise wurden in der Regel aufs schärfste geahndet. Die Existenz von Hexen jedoch gehörte zum allgemeinen Glaubensgut, und dieser Aberglaube erst ermöglichte die grausamen Hexenverfolgungen von der Mitte des 14. bis ins beginnende 18. Jahrhundert hinein.

Schon ein flüchtiger Blick auf die Religionsgeschichte zeigt, daß der Aberglaube eben nicht nur neben, sondern auch in der Religion sein klammheimliches Dasein fristet. Der religiöse Aberglaube kommt stets da zustande, wo das magische Element sich mit dem Glauben vermischt. Das Gebet gerät dann zum Zauberspruch, der Ritus entartet zum Ritual, das Symbol wird zum Amulett – und von all diesen Dingen erwartet man sich dann eine unfehlbare Wirkung (an der gemessen die päpstliche Unfehlbarkeit eine quantité négligeable darstellt).

Ich erinnere hier nur an die sogenannten ›Schluckbildchen‹, welche früher bogenweise, ähnlich wie unsere Briefmarken, an manchen marianischen Wallfahrtsorten (pars pro toto: Mariazell) verkauft wurden. Die Pilger schluckten die vorher pillenartig zusammengeknüllten Papierchen und gaben sie auch dem kranken Vieh. Die römische Ritenkongregation billigte noch im Jahre 1903 diese Praxis, sofern sie nicht in »abergläubischer Absicht« gepflegt würde – was doch wohl den Gedanken nahelegt, daß zumindest der Verdacht auf Magie bestand.

Mancher forsche Atheist, der jeden Glauben als Aberglauben qualifiziert, hat zwar keine Ehrfurcht vor Gott, aber dafür um so größere Angst vor schwarzen Katzen. Aufgeklärte Christen dürfen sich darüber ruhig mokieren. Allerdings sollten sie dabei nicht vergessen, daß auch ihr Glaube ständig der kritischen Rückbesinnung und damit der Reinigung von abergläubischen Elementen bedarf, damit sein Wesen nicht zum Unwesen entartet.

Also, meine Lieben, wenn ihr einmal etwas Salz verschüttet, braucht ihr keine Angst zu haben, es stehe ein Unglück ins Haus. Wenn euch ein solches Mißgeschick widerfährt, solltet ihr euch vielmehr daran erinnern, was Jesus im Matthäusevangelium (Kapitel 5, Vers 13) von euch hält: »Ihr seid das Salz der Erde.« Gewiß kann es nicht schaden, wenn ihr euch bei dieser Gelegenheit auch noch den folgenden Satz zu Gemüte führt: »Wenn das Salz seinen Geschmack verliert, womit kann man es wieder salzig machen? Es taugt zu nichts mehr; es wird weggeworfen und von den Leuten zertreten.«

Zucchinigratin
1 kg Zucchini
4 Knoblauchzehen
3 Eier
200 ml saure Sahne
Salz, Pfeffer, Paprika
200 g geriebener Parmesan
15 g Butter
Die Zucchini waschen, in Salzwasser 10 Minuten blanchieren, etwas verkühlen lassen, in dünne runde Scheibchen schneiden und diese in eine Gratinform legen. Den Knoblauch durch die Presse drücken und darauf verteilen.
Die Eier, die Sahne und die Hälfte des Parmesans mit dem Schneebesen verrühren und mit Salz, Pfeffer und Paprika würzen. Den Guß über die Zucchini verteilen, den restlichen Parmesan darüber streuen und ein paar Butterflöckchen daraufgeben. Etwa 35 Minuten in dem auf 200 Grad vorgeheizten Ofen backen.

Kürbisgratin
1 kg Kürbis
50 g Butter
100 g geriebener Greyerzer
50 ml Sahne
Salz, Pfeffer
Kürbis schälen, entkernen, in Würfel schneiden und in der Butter auf mittlerer Hitze dünsten (er soll aber noch Konsistenz haben). Salzen, pfeffern und in eine Gratinform geben. Mit dem Greyerzer bestreuen und die Sahne darübergeben. In dem auf 200 Grad vorgeheizten Backofen während einer knappen Viertelstunde gratinieren.

Blumenkohlgratin
1 kg Blumenkohl
200 g Schinken
250 ml Béchamelsauce
80 g geriebener Parmesan
Salz, Pfeffer
$1/2$ Zitrone, Saft
1 kleiner Bund gehackter Petersilie
Den Blumenkohl etwa 15 Minuten in kaltes Salzwasser einlegen, damit die Insekten herauskommnen. Spülen, in Röschen zerteilen und nochmals gründlich waschen. Die Röschen einige Minuten in heißem Salzwasser kochen, abtropfen lassen und in eine Gratinform geben. Den in Streifen oder Würfelchen geschnittenen Schinken und die Petersilie daruntermischen. Wer die Béchamelsauce nicht fertig kauft, findet das Rezept im 2. Kapitel (Seite 64). Die Sauce aufköcheln, den Zitronensaft und etwas Muskat darunterrühren und den geriebenen Parmesan unterziehen. Über den Blumenkohl gießen und diesen im dem auf 200 Grad vorgeheizten Backofen während 25 Minuten gratinieren.

Ach du meine Güte!
Laß es gut sein, Margrit, weder dir noch deinem Bruder Hans soll es peinlich sein, daß du ein bißchen Rotwein verschüttet hast. Das kriegt sich wieder. Ich streue jetzt ein wenig Salz darüber, das zieht die Farbe heraus, und dann bleiben nach dem Waschen keine Flecken im Tischtuch. Den Tip habe ich von der Großmutter – sie hätte allerdings nicht von einem Tip, sondern eher von einem Hinweis, wenn nicht gar von einem Geheimnis gesprochen.
Oder seid ihr etwa abergläubisch? Ihr meint, man dürfe kein Salz verschütten? Was es damit auf sich hat, habe ich letzthin schon mit ein paar Gästen diskutiert; ich mag das jetzt nicht wiederholen. Außerdem schreibe ich gerade an einem Kochbuch, und dort könnt ihr's dann nachlesen.
Von wegen Salz: Vor einiger Zeit war ich in Aquila, im Val Blenio, das sich von Biasca bis zum Lukmanier erstreckt, am Sonntag in der Kirche. Am Schluß der Messe (man sagt in diesem etwas abseits gelegenen Tal noch immer Messe und nicht Eucharistiefeier) teilte der Pfarrer mit, daß alle Anwesenden in dem kleinen Dorfladen ein Kilo Salz abholen könnten, gestiftet von der Familie des Verstorbenen, der die Woche zuvor begraben worden sei.
Auf dem Kirchplatz draußen habe ich mich dann bei einer alten Frau erkundigt, was es damit für eine Bewandtnis habe.
Bei Todesfällen waren früher Kondolenzbesuche üblich. Wer etwas auf sich hielt, bedankte sich dafür in der Regel mit ein paar Unzen Salz, das damals sehr kostbar war. Dieser alte Brauch hat sich bis heute erhalten. Nur daß jetzt die Trauerfamilie das Salz nicht mehr persönlich überreicht, son-

dern den Inhaber des kleinen Ladens beauftragt, jeder Familie im Dorf beim nächsten Einkauf ein Kilogramm Salz auszuhändigen.

Überbackene Auberginen

Auberginen (oder *melanzane*, wie diese ›Eierfrüchte‹ in Italien genannt werden), haben fast keinen Eigengeschmack. Aber man kann einiges daraus machen. Ich mag sie am liebsten mit Käse überbacken, sei es nun als Hauptgericht oder aber als Beilage. Das Rezept, das ich hier vorlege, ist als Hauptgang für vier Personen berechnet.

300–400 ml von meiner Tomaten-Hackfleisch-Sauce (Rezept Seite 51)
4–5 EL Knoblauchöl (Rezept Seite 23)
5–6 Auberginen
Salz
20 g Butter
1 Zweig frischer Basilikum
150 g geriebener Parmesan
2–3 Mozarelle (zu je 150 g)

Die Auberginen waschen und in nicht ganz 1 cm dicke Scheiben schneiden. Diese nebeneinander auf eine Schüssel legen, beidseitig mit etwas Salz bestreuen und *mindestens* eine halbe Stunde ruhen lassen. Den bitteren Fruchtsaft, der herausgetreten ist, mit dem Messerrücken abstreifen.

Ein paar Tropfen Knoblauchöl in einer Teflonpfanne erhitzen und die einzelnen Scheiben beidseitig ›grillieren‹. (Jedesmal bevor ich wieder eine Portion von den Auberginenscheiben in die Pfanne lege, gebe ich erneut ein paar Tropfen von dem Knoblauchöl in die Pfanne; wenn man alles Öl gleich zu Beginn erhitzt, wird dieses fast vollständig schon von den ersten zu grillierenden Scheiben aufgesogen.) Eine Schicht grillierte Auberginen in eine Gratinform legen, dann eine Schicht von der Sauce auftragen und diese mit Parmesan und einigen Basilikumblättern bestreuen. Auf die nächste Auberginenschicht folgt eine Lage Mozarellascheiben und wenig Sauce – und in diesem Rhythmus geht's weiter, bis alle Zutaten aufgebraucht sind. Auf die letzte Schicht Auberginen streicht man nur sehr wenig Sauce, streut aber sehr viel Parmesan darüber und legt noch ein paar Butterflöckchen darauf.

Die Form in den auf 220 Grad vorgeheizten Ofen schieben und den Inhalt etwa 30–35 Minuten backen. Von der Mozarella behalte ich jeweils noch ein paar Würfelchen zurück, die ich erst 7–8 Minuten vor Ende der Backzeit darüberstreue (und die dann nicht austrocknen, sondern schön weichflüssig bleiben).

Natürlich kann man für dieses Gericht auch eine einfache Tomatensauce ohne Hackfleisch verwenden; es schmeckt nicht minder köstlich.

Hier darf ich vielleicht einmal daran erinnern, daß jedes Essen erst dann richtig schmeckt, wenn man in gelöster Stimmung ist, so daß man im Gespräch mit den anderen nicht jedes Wort abwägen muß, sondern entspannt und heiter und fröhlich und vielleicht auch einmal auf ausgelassene Weise man selber sein darf. Diese Ansicht jedenfalls vertritt ein Gelehrter, der sich nicht nur auf dem Gebiet der Textkritik, sondern auch auf dem weit unsichereren Boden der Theologie einen Namen gemacht hat und den die Geschichtsschreiber nicht nur als Mitbegründer der modernen Philologie, sondern auch als einen der größten Humanisten überhaupt betrachten. Die Rede ist von Erasmus von Rotterdam, der von 1466 (nach anderen Forschern von 1469) bis 1536 lebte und der im Jahre 1509 unter dem Titel »Lob der Narrheit« eine satirische Schrift veröffentlichte, die wir heute allenfalls als geistreiches Feuerwerk betrachten, während sie in Wirklichkeit zu den hintergründigsten Pamphleten gehört, die je verfaßt wurden. Dabei bedient sich Erasmus eines literarischen Kunstgriffs. Indem er die Narrheit selber auftreten und reden läßt, kann er von seiner eigenen Narrenfreiheit Gebrauch machen und seinen Zeitgenossen unverblümt erklären, was es mit der Eßkultur tatsächlich auf sich hat:

»Freilich gibt es auch einige, besonders unter den Alten, die mehr dem Trunk ergeben sind als dem Weib, die das höchste Vergnügen im Zechen sehen. Aber es mögen andere darüber entscheiden, ob man sich überhaupt ein richtiges Gastmahl vorstellen kann ohne die Gegenwart von Frauen; sicher ist jedenfalls das eine, daß es überhaupt keinen feinen Genuß gibt ohne die Würze der Narrheit. Ist also bei einer Gasterei niemand da, der durch echte oder auch nur durch erheuchelte Narrheit die Leute zum Lachen bringt, dann bleibt nichts anderes übrig, als einen Spaßmacher zu mieten oder irgendeinen komischen Schmarotzer an den Tisch zu holen, daß er durch seine Späße, das heißt also: durch sein törichtes Geschwätz, das kopfhängerische Schweigen der anwesenden Gäste breche. Denn was wäre es schon, wollte man sich den Bauch voll Leckereien stopfen, ohne auch für Auge und Ohr und für den Geist das Lachen, den Witz, die Heiterkeit aufzutischen? Doch ich allein, die Narrheit, bin es, die für solchen Nachtisch zu sorgen weiß; alles nämlich, was bei derlei Gelagen üblich ist: einen Zecherkönig durchs Los bestimmen, mit den Würfeln spielen, auf die Freundschaft trinken, den Becher unter Gesang rundum gehen lassen, tanzen, die Glieder recht spaßig verrenken, alles dies haben nicht etwa die sieben Weisen Griechenlands eingeführt, nein, ich, die Narrheit, habe es zum Heil des Menschengeschlechts erfunden. Ja, alle diese Dinge sind von der Art, daß sie mit den höheren Graden der Narrheit auch dem menschlichen Leben in gesteigertem Maße nützen, das in seiner traurigen Form den Namen ›Leben‹ nicht verdiente. Und in Trauer müßten eure Tage vergehen, wenn ihr die Trauer, die euch in die Wiege gelegt ist, nicht durch diese Art von Freuden abtun könntet.«

Gratinierter Spargel
1 kg weißer Spargel
1 TL Butter
1 TL Zucker
2 TL Salz
1 Becher Crème fraîche
1 Eigelb
1 Eiweiß
4 EL geriebenen Parmesan
Salz, Cayennepfeffer, Streuwürze

Den Spargel schälen, das holzige Ende wegschneiden. Einen großen Topf voll Wasser unter Zugabe von Butter, Salz und Zucker aufkochen. Erst die dicken Spargelstengel, dann die dünneren hineingeben. Knapp garkochen und herausnehmen.

Den Spargel in eine Gratinform legen. Die Crème fraîche mit dem Eigelb vermischen, Salz, Streuwürze und Cayennepfeffer beifügen. Das Eiweiß steif schlagen und darunterziehen. Den Guß über den Spargel verteilen und mit dem Parmesan bestreuen. Im Ofen bei 200 Grad auf der unteren Schiene etwa 20 Minuten überbacken.

Besonders gediegen nimmt sich dieses Gratin aus, wenn man zur Hälfte grünen Spargel verwendet, der aber nicht geschält zu werden braucht. Allenfalls muß man die Stengel am unteren Ende etwas abschaben.

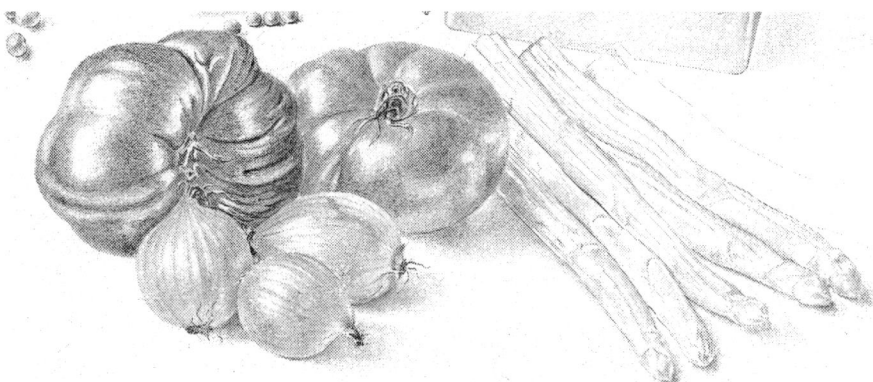

Spargelsuppe
Statt im Salzwasser kann man den Spargel auch in einer kräftigen Gemüsebrühe kochen. Dazu röstet man 3 EL Mehl in etwas Butter, bis es eine goldgelbe Farbe annimmt, gibt die Gemüsebrühe langsam hinzu, wobei man mit dem Schneebesen dafür sorgt, daß keine Knöllchen entstehen, hilft allenfalls noch mit Maizena nach, verfeinert das Ganze mit etwas Sahne und fügt eine Handvoll Spargelstückchen hinzu. An Fest- und Feiertagen verwende ich selbstverständlich Spargelköpfe.

Käse-Brot-Gratin
für 2 Personen
8 Scheiben Weißbrot (etwa 1 cm dick)
1 Glas trockener Weißwein
8 Scheiben Raclettekäse
1 Essiggurke
1 Tomate
1 Ei
150 ml Sahne (oder Kaffeesahne)
Muskat, grobgemahlener schwarzer Pfeffer, Streuwürze (oder, falls vorhanden, Raclettegewürz), Paprika, etwas Butter

Bevor ich die Brotscheiben zusammen mit dem Käse (je eine Scheibe Brot, je eine Scheibe Käse ...) dachziegelartig in eine Gratinform lege, wende ich sie kurz in Weißwein. Dann schneide ich die Essiggurke in kleine Stücke und die Tomate in Scheiben und fülle damit die Vertiefungen aus. Nun brauche ich nur noch das Ei mit der Sahne zu verquirlen, die Gewürze darunterzurühren und die Masse über die Brot- und Käsescheiben zu gießen. Mit dem Duft, der nach einer guten halben Stunde aus dem auf 220 Grad vorgeheizten Ofen strömt, könnte man sogar einen Münchner aus dem Hofbräuhaus locken. Und ganz sicher würde der begreifen, daß zu diesem Gericht kein Bier paßt, sondern einzig ein trockener Weißwein aus der Westschweiz, ein Fendant vielleicht oder ein Johannisberg, oder ein Aigle. Oder ein Domherrenwein.

Über den passenden Wein ließe sich diskutieren. Aber darf man beim Essen über das Essen reden? Die Ansichten gehen hier etwas auseinander.

Ich selber höre es natürlich immer gern, wenn meine Gäste mir sagen, daß es ihnen geschmeckt hat. Anderseits bin ich keineswegs beleidigt, wenn jemand sich nicht darauf beschränkt, einfach alles zu schlucken, und mir ab und zu einen Tip gibt, damit ein bestimmtes Gericht etwas mehr Pfiff kriegt. Reden wir also während des Essens weiterhin über das Essen, obwohl die Verfasser und Verfasserinnen der gängigen Benimm-dich-richtig-Bücher da ganz anderer Ansicht sind! Ihr Bemühen zielt ja ohnehin nicht darauf, einen Beitrag für eine angenehm menschliche Atmosphäre zu leisten. Sie rufen bloß ein paar Regeln in Erinnerung, an die ›man‹ (wer ist das eigentlich?) sich zu halten hat, weil ›man‹ sich sonst angeblich eine Blöße gibt. Ich persönlich fühle mich allerdings nicht sehr wohl unter Menschen, die andere einzig und allein danach beurteilen, ob sie die konventionelle Etikette und die korrekten Umgangsformen beherrschen, hinter denen sie sich selber verstecken. Ich unterhalte mich nämlich lieber mit Menschen als mit Masken.

Statt an die teilweise doch recht banalen Tischregeln in den gängigen Ratgebern für manierliches Verhalten (welche mich als Linkshänder ohnehin nicht berücksichtigen) halte ich mich lieber an den gesunden Menschenverstand. Und an ein paar Sentenzen, die wahrscheinlich im 5. vorchristlichen Jahrhundert zusammengestellt wurden; nachzulesen sind sie in der Bibel, im 23. Kapitel jenes Buches, welches unter dem Titel »Sprichwörter« bekannt ist. Darf ich Ihnen eine kleine Kostprobe zumuten?

Wenn du zu Tisch sitzt bei einem Herrscher,
so achte nur auf das, was vor dir steht.
Setz ein Messer an deine Kehle,
wenn du ein gieriger Mensch bist.
Sei nicht begierig auf seine Leckerbissen;
sie sind eine trügerische Speise.
Iß nicht das Brot des Geizigen,
sei nicht begierig auf seine Leckerbissen!

Denn sie schmecken in der Kehle wie etwas Ekliges.
Er sagt zu dir: Iß und trink!,
doch sein Herz ist dir nicht zugetan.
Den Bissen, den du gegessen hast, mußt du erbrechen,
und deine freundlichen Worte hast du vergeudet.
Geselle dich nicht zu den Weinsäufern,
zu solchen, die im Fleischgenuß schlemmen;
denn Säufer und Schlemmer werden arm,
Schläfrigkeit kleidet in Lumpen.
Wer hat Ach? Wer hat Weh?
Wer Gezänk, wer Klage?
Wer hat Wunden wegen nichts?
Wer trübe Augen?
Jene, die bis tief in die Nacht beim Wein sitzen,
die kommen, um den Mischwein zu probieren.
Schau nicht nach dem Wein,
wie er rötlich schimmert,
wie er funkelt im Becher:
Er trinkt sich so leicht!
Zuletzt beißt er wie eine Schlange,
verspritzt Gift gleich einer Viper.
Deine Augen sehen seltsame Dinge,
dein Herz redet wirres Zeug.

Hier geht es nicht einfach um ein paar gute Manieren, die der Mann oder die Frau von Welt kennen sollten, wenn sie sich Zugang verschaffen wollen zu ›besseren Kreisen‹ (besser in welcher Hinsicht?). Der Herausgeber dieser Sprichwörtersammlung verfolgt ein ganz anderes Ziel; er legt seiner Leserschaft einfach ein paar Einsichten vor, welche auf eigenen Erfahrungen beruhen. Und die mir gerade deswegen überdenkenswert erscheinen.

Nudelauflauf
600 g Nudelreste (Hörnchen, Bandnudeln, Rigatoni…)
2 Wienerwürstchen
150 g in kleine Würfel geschnittene Käsereste
30 g Butter
200 ml Sahne
2 Eier
Salz, Pfeffer
4 EL Semmelbrösel
Die Wienerwürstchen in Scheiben schneiden und mit den Nudelresten und den Käsewürfelchen vermischen. Die Mischung in eine feuerfeste Form ge-

ben. Die Sahne und die Eier miteinander verquirlen, mit Salz und Pfeffer würzen und über die Nudeln gießen. Die Semmelbrösel darüberstreuen und reichlich Butterflöckchen darauf verteilen. In dem auf 230 Grad vorgeheizten Ofen 35–40 Minuten backen.

Statt der Wienerwürstchen kann man auch Schinken- oder Speckwürfelchen oder Champignons aus der Dose verwenden.

Focaccia al formaggio (Käsetasche)

Das Telefon klingelt, ein Signor Selva ruft an; vor fast zwei Jahrzehnten war er noch Ministrant in meiner ›Aushilfspfarrei‹. Jetzt meldet er sein zweites Kind zur Taufe an.

Wenn eine Taufe fällig ist, besuche ich vorher die Eltern des Täuflings, um sie bei dieser Gelegenheit zu fragen, was sie veranlaßt, ihr Kind zur Taufe zu bringen. Meist kommt es dann zu sehr guten Gesprächen. Bei einer solchen Gelegenheit redet man ja nicht nur über Gott und die Welt, sondern häufig auch über die Schwierigkeiten, welche heutzutage viele Menschen mit der Kirche haben. Manchmal erlaube ich mir auch zu fragen, wie das Neugeborene zu seinem Namen gekommen sei.

Gewöhnlich kriege ich bei solchen Taufbesuchen einen Kaffee oder ein Bier oder ein Glas Wein vorgesetzt. Wenn mir der Wein schmeckt (ich bin da etwas heikel), lasse ich mir gerne ein zweites Mal nachschenken.

Die Familie Selva stammt aus dem Tessin. Das bedeutet, daß beide Elternteile italienisch sprechen – und daß der Padre anläßlich seines Besuchs nicht bloß zu einem Glas Wein, sondern zu einem regelrechten kleinen Abendessen eingeladen ist. Worüber er sich natürlich mächtig freut.

Weil's so heiß ist, gibt's zuerst einmal ein Bier. Wie das Kind denn heiße? Andrea. Aber es handle sich doch um einen Jungen? Natürlich, Andrea ist doch die italienische Form für Andreas.

Eine ganze Weile diskutieren wir über Namen. Ich selber erzähle von meinen Eltern, welche ein paar Wochen, bevor mein jüngster Bruder geboren wurde, die Kompetenzen gerecht verteilend, nach einem passenden Namen suchten. Der väterliche Vorschlag lautete auf Elisabeth, während die Mutter für Othmar plädierte. Warum aus dem Othmar bei der Taufe dann plötzlich ein Othmar-Emil wurde, ist mir ein Rätsel.

Laut Taufregister trage auch ich zwei Namen: Josef-Jakob. Der Rufname ist unterstrichen, damit niemand bei der Anrede den etwas aristokratisch anmutenden Bindestrich miteinbezieht. Außerdem weiß ich bis heute nicht, ob meine Eltern beim Zweitnamen an den jüngeren oder an den älteren Jakobus gedacht haben, die ja beide hoch verehrt werden.

Doppelnamen wirken heute etwas übertrieben; vor fast einem halben Jahrhundert waren sie offenbar üblich – und in den damaligen nicht ganz leichten Zeiten hat man wohl gut daran getan, dem Schutzengel noch mindestens zwei weitere Schutzpatrone zuzugesellen. Mag sein, daß da noch andere Überlegungen mit im Spiel waren. Der soziale Status spiegelte sich ja auch in der Anzahl der Vornamen wider. Schon ein ganz gewöhnlicher Erbprinz aus irgendeinem maroden Adelsgeschlecht konnte es da leicht auf ein halbes Dutzend bringen, so daß der Hausprälat bei der Taufe mindestens dreimal Wasser nachschöpfen mußte.

Alle meine Geschwister (außer dem Jüngsten) wurden nach Heiligen benannt, die in bäuerlich-bodenständigen Kreisen etwas galten: Hans-Anton, Franz-Xaver, Ida-Anna-Maria. Alles ganz und gar gewöhnliche Namen? Aber wo! Die Tatsache, daß sie in der ganzen Verwandtschaft verbreitet waren, beweist doch gerade, daß es sich damals um Modenamen handelte. Das sei all jenen ins Stammbuch geschrieben, die heute gegen die sogenannten Modenamen wettern.

Diese brauchen ja nicht dermaßen ausgesucht zu sein, daß man den Eindruck bekommt, die Eltern wollten ihre Kinder fürs ganze Leben strafen. Beispiele? Sputnik, Kartoffel, Fiat, Klarinette, Pumuckl ... Einem Bericht des Spiegel zufolge scheiterten diese und ähnliche sadistische Benennungsversuche – zum Glück für die wehrlosen Täuflinge – an den einschränkenden Vorschriften der Standesämter.

Haben Namen überhaupt eine Bedeutung, die über das Philologische hinausreicht?

In den dreißiger Jahren hat der damalige Ordensgeneral der Franziskaner-Konventualen seinen slawischen Namen Orlić‹ in Orlini italianisiert. Mussolini hat danach des öfteren mit ihm konferiert, aber sein Vater hat kein Wort mehr mit ihm gewechselt. Er wollte eben seinen guten Namen nicht in den faschistischen Sumpf stampfen lassen.

»Name ist Schall und Rauch« – so ausgerechnet Goethe, der seinen Namen mit einem von verzieren ließ. Daß man auch heute noch von ihm spricht, beweist, daß es sich bei seiner Faust-Sentenz um gut formulierten Unsinn handelt.

Auch in einer demokratischen Gesellschaft schaffen Namen Unterschiede.

Mich indessen läßt es völlig kalt, ob einer nun Hans Meier oder Johannes von Meyerling heißt – sie kochen ihre Suppe beide mit Wasser, auch wenn beim zweiten vermutlich ein paar Fettaugen mehr obenauf schwimmen. Ich bin gerne bereit, mich zu beiden an den Tisch zu setzen. Mir geht es ja weder um die Suppe noch um die Fettaugen, sondern einzig darum, daß ein Mensch sich so verhält, daß man ihn achten und seinen Namen deshalb in Ehren halten kann.

Inzwischen ist mein Bierglas leer und die Nase voller Küchendüfte. Und die Signora sagt, es sei jetzt doch wohl Zeit zum Essen. Zuerst serviert sie uns einen Tomatensalat mit reichlich Basilikum, anschließend eine Focaccia al formaggio, *zubereitet von ihrem Mann, sie habe sie lediglich in den Ofen geschoben.*

Das Rezept hat sie mir liebenswürdigerweise aufgeschrieben. Und das möchte ich Ihnen, meine lieben Leserinnen und Leser, nicht vorenthalten. Es könnte ja sein, daß Sie einmal Nachwuchs bekommen und den Pfarrer anläßlich des Taufgesprächs zu einem kleinen Abendessen einladen möchten. Dann brauchen Sie

500 g Blätterteig
150 g Schafkäse
150 g Ricotta (Quark)
1 Ei
2 EL Joghurt
1 Bund gehackten Basilikum
etwas Milch

Den Teig auswellen und zu zwei Rechtecken schneiden, das eine Rechteck auf ein mit etwas Butter eingeriebenes und mit Mehl bestäubtes Kuchenblech legen und mit der Gabel mehrmals einstechen. Die übrigen Zutaten (die Hälfte des Eigelbs in einer Tasse zurückbehalten!) mit dem Mixer pürieren und auf den Teigboden streichen, wobei ein kleiner Außenrand frei bleiben soll. Das zweite Teigrechteck als Deckel darüberlegen, ohne die Ränder anzudrücken, damit die Luft entweichen kann. Das halbe Eigelb mit etwas Milch verdünnen und die Teigdecke damit bestreichen. Das Blech für 25 Minuten in den auf 200 Grad vorgeheizten Backofen schieben.

Käsekuchen
500 g Blätterteig
120 g Roquefort
120 g Greyerzer
30 ml Sahne
2 Eier
1 große oder 2 kleine gekochte Kartoffeln
Salz, weißer Pfeffer, Muskat, Kümmel

Den Teig dünn ausrollen und in einem mit Butter eingeriebenen und bemehlten Kuchenblech von etwa 30 cm Durchmesser auslegen. Mit der Gabel mehrmals einstechen, damit sich keine Luftblasen bilden. Den Teigboden etwa 8 Minuten in dem auf 250 Grad vorgeheizten Backofen anbacken. In der Zwischenzeit den Roquefort in sehr kleine Würfel schneiden und den Greyerzer sowie die Kartoffeln mit einer Röstiraffel reiben. Alles gut miteinander vermengen und auf dem inzwischen angebackenen Teigboden verteilen. Die übrigen Zutaten (ausgenommen den Kümmel) mit dem Schneebesen zu einem Guß verrühren und diesen über dem Käse verteilen. Weil nicht alle von meinen Freunden Kümmel mögen, bestreue ich nur die eine Hälfte des Käsekuchens damit.

Die Hitze im Ofen auf 200 Grad reduzieren und den Kuchen etwa 30 Minuten backen.

Käsekuchen nach meiner Art

Das folgende Rezept verdankt sich der Tatsache, daß sich einmal in meinem Kühlschrank noch ein Rest Hüttenkäse befand, der gerade daran war, das Verfallsdatum zu überschreiten. Weil ich außerdem noch ein Reststück Lötschentaler Käse (den jemand mir aus dem Wallis mitgebracht hatte) sowie drei gekochte Kartoffeln zur Verfügung hatte, habe ich ein Rezept für einen Käsekuchen kreiert, der sich sowohl als Vorspeise wie als leichte Hauptmahlzeit eignet. Dazu benötige ich:

250 g Lötschentaler Käse (oder, notfalls, eine Mischung aus Emmentaler und Greyerzer)

100 g Hüttenkäse (Cottage Cheese)

3 kleine gekochte Kartoffeln

2 Eier

250 ml Sahne

Salz, Pfeffer, Muskat

500 g Blätter- oder Kuchenteig

Den Blätterteig kaufe ich gebrauchsfertig; den *Kuchenteig* bereite ich selber zu, und zwar aus:

250 g Mehl

1 TL Salz

120 g Butter

100 ml Wasser

Mehl, Salz und Butter werden in einer Schüssel mit kühlen Händen rasch miteinander feingerieben (weshalb meine Mutter diesen Teig immer als ›geriebenen Teig‹ bezeichnete). Die Masse mit dem Wasser anrühren und durchkneten, bis sich der Teig von den Händen zu lösen beginnt. Vor Gebrauch muß der Teigballen mindestens eine knappe halbe Stunde an einem kühlen Ort ruhen.

Der fertige Teig wiegt nicht ganz ein Pfund und reicht für zwei runde Kuchenbleche mit einem Durchmesser von 26 cm.

Den Teig auswellen und auf ein mit Mehl bestäubtes Kuchenblech legen. Mit der Gabel mehrmals einstechen und im vorgeheizten Ofen bei 250 Grad acht bis zehn Minuten anbacken. Das Blech herausnehmen.

Inzwischen habe ich den Lötschentaler Käse grob gerieben und streue ihn, nachdem der angebackene Teig etwas ausgekühlt ist, darüber.

Für den Guß püriere ich die gekochten und geschälten Kartoffeln zusammen mit dem Hüttenkäse im Mixer; dann ziehe ich die leicht schaumig geschlagenen Eier und die Sahne darunter und füge etwas Salz, Pfeffer und Muskat hinzu, gieße alles über den Käse, schiebe das Kuchenblech für dreißig Minuten in den Ofen und vergesse nicht, die Hitze auf 200 Grad zu reduzieren.

Zwiebelkuchen
400 g Mürbeteig
800 g Zwiebeln
30 g Butter
150 g Speckwürfel
250 ml Crème fraîche
2 Eier
Salz, Streuwürze

Den Mürbeteig kaufe ich gebrauchsfertig. Auswellen und ein mit Butter eingeriebenes und mit Mehl bestäubtes Kuchenblech damit belegen und mit einer Gabel ein paarmal einstechen. Die Zwiebeln schälen, waschen, kleinhacken und in der Butter glasig dünsten. Auf dem Teig verteilen und die Speckwürfelchen darüberstreuen. Die Crème fraîche und die Eier mit dem

Schneebesen gut verrühren, Salz und Streuwürze dazugeben und die Masse über die Zwiebeln gießen. Das Blech für etwa 35 Minuten auf die unterste Schiene des auf 220 Grad vorgeheizten Ofens schieben.

Für diesen Zwiebelkuchen eignet sich auch der ›geriebene Teig‹ (siehe vorhergehendes Rezept).

Manche meiner Bekannten neigen zu der Ansicht, daß Kochen etwas mit Kunst zu tun habe. Ich mag dem nicht widersprechen, möchte aber hinzufügen: Und Essen hat mit Kultur zu tun. Und die hört da auf, wo man das Maß verliert. Darauf verweist übrigens schon Robert Burton in seinem epochalen Werk »Anatomie der Melancholie«, das erstmals im Jahre 1621 in englischer Sprache erschien und seither zu den philosophischen Klassikern gehört. Und das auf der Überzeugung des Verfassers beruht: »Wir sind allesamt verrückt, nicht sporadisch, sondern immer.«

Von Robert Burton selbst wissen wir wenig. Bekannt ist sein Geburtsjahr, 1577, und daß er von 1593–1599 Theologie belegte und seine Examen alle etwas verspätet ablegte, sei es aus Krankheitsgründen, sei es, weil er seine Studienzeit verbummelte. Für beide Annahmen gibt es ein paar klägliche Anhaltspunkte. Sicher ist, daß er seine ganzen übrigen Lebensjahre, bis zu seinem Tod im Jahre 1640, am Christ Church College der Universität Oxford verbrachte, ein stiller Gelehrter und duldsamer Hungerleider (wie er in seiner »Anatomie« durchblicken läßt), und ein einsamer Stubenhocker und lebendiger Zettelkasten voller Zitate (wie seine Kollegen bezeugen). Geschrieben hat er noch ein paar lateinische Gelegenheitsgedichte und ein langweiliges Lustspiel. Außerdem war er Mitautor einer Komödie, von der weiter nichts bekannt ist, als daß anläßlich der Uraufführung im Jahre 1605 einzig das Zureden der College-Rektoren König Jakob I. vom Davonlaufen abzuhalten vermochte.

Robert Burton zählt gerade 24 Jahre, als die erste Ausgabe seiner über tausendseitigen »Anatomie der Melancholie« erscheint (die er im Lauf seines Lebens immer neu überarbeiten und erweitern wird). Der Titel des Werkes und der geistliche Stand des Verfassers konnten bei der Leserschaft leicht falsche Erwartungen wecken. Trotz der wissenschaftlich anmutenden Überschrift handelt es sich weder um ein psychologisches noch um ein medizinisches Werk, sondern um eine Ursachenbeschreibung der Melancholie in Form einer Sittengeschichte, gespickt nicht nur vom Witz des Verfassers, sondern auch mit jeder Menge Anekdoten, Schwänke und Fabeln.

Natürlich finden sich in diesem Riesenwerk auch Ratschläge bezüglich der Ernährung, Erwägungen über die Kochkunst und Anmerkungen hinsichtlich der Eßkultur: »Die Ernährung verursacht Melancholie bei substantiellen sowie akzidentellen Verstößen gegen das rechte Maß«; das »kräftige und herzhafte Rindfleisch erzeugt stark schwarzgalliges Blut; es eignet sich deshalb nur für gesunde Menschen von kräftiger Konstitution und solche, die schwer arbeiten.« Oder: »Alles Wildbret macht melancholisch und erzeugt schlechtes Blut. Von frisch erlegtem Wild ist es ab und zu gestattet, aber der häufige Genuß ist schädlich.« Ähnliches gilt von Milch und Milchprodukten; diese »steigern die Schwarzgalligkeit, mit Ausnahme der äußerst gesunden Molke. Manche halten auch Eselsmilch für einen Sonderfall.« Angesichts dieser eher düsteren Sachlage behauptet Burton, daß »uns diejenigen, die uns zum Essen einladen, eigentlich an den Rand des Grabes befördern«.

Die heutigen Ernährungswissenschaftler urteilen da wohl etwas differenzierter. Was jedoch seine ethischen Überlegungen betrifft, hat Burton gut daran getan, sich in der Gegenwartsform zu äußern – so etwa, wenn er mit recht spitzer Feder seine (wie es scheint, zeitlos gültige) Auffassung über Unmäßigkeit und Völlerei aufs Papier kratzt:

»Frauen und Trinken betrachtet man als eine Art Leistungssport. Ständig verfällt man auf neue Kniffe wie scharfe Würstchen, Sardellen, Tabak, Kaviar, eingelegte Austern, Heringe, geräucherte Sardinen und die verschiedensten Sorten Pökelfleisch, um den Appetit anzuregen, und ruiniert sich eifrig mit Mitteln, die die Folgen des Alkoholkonsums mildern sollen. Wenn nichts mehr hilft, stolpern sie ins Freie oder lassen sich hinaustragen, um sich zu übergeben und dann von neuem anzusetzen. Irrwitzige Gesetze richten sich gegen diejenigen, die nicht mithalten wollen, und man brüstet sich mit seinen Leistungen, krönt nach trunkener Väter Sitte den ersten Hingesunkenen. Wenn sie gestorben sind, lassen sie sich einen Weinkrug auf ihren Grabstein meißeln. So setzen sie ihren Schurkereien die Krone auf und rechtfertigen ihre Verruchtheit, indem sie mit Rabelais behaupten, Trunkenheit sei dem Körper zuträglicher als alle Arznei, denn es gebe mehr alte Trunkenbolde als alte Ärzte. Mit solchen argumentativen Schaumschlägereien verführen und ermutigen sie andere dazu, es ihnen gleichzutun, und drücken sie an ihr Herz, denn es gibt keinen besseren Klebstoff als solche Kumpanei. Wenn ein Fürst trinkt, bis daß seine Augen stier werden, und er doch bis zum Schluß nicht absetzt, ertönen Pauken und Trompeten, die Zuschauer applaudieren, und sogar der Bischof und sein Kaplan spenden dieser edlen Tat Beifall. Die Holländer bewirten ihre Gäste gleich eimerweise, so daß ihre Leiber zu Fässern aufquellen, und einer ihrer Landsleute beklagt sich über die unglaublichen Alkoholmengen, die dieses Volk in sich hineingießt. So inniglich sie einen Zechkumpanen lieben, ihn krönen und hochleben lassen, so abgrundtief hassen sie den, der ihnen nicht zuprostet; wer sich ausschließt, wird für dieses unverzeihliche Vergehen erstochen und umgebracht. Auch für die Sachsen ist der Nüchterne ein Todfeind; und bei den Polen gilt als bester Gefolgsmann und grundanständiger Kerl, wer am häufigsten auf das Wohl seines Herrn anstößt. Der wird für seine treuen Dienste belohnt und allge-

mein geachtet, der am meisten verträgt, obwohl doch jedes Brauereipferd darin dem stärksten Trinker über ist. Trotzdem verdankt man solchen Heldentaten den Ruf, ein wackerer Recke zu sein, denn Tapferkeit zeigt sich ebenso vor dem Faß wie vor dem Feind, wie einige unserer Stadthauptleute und Bankettritter zur Genüge bewiesen haben. Dabei zerrütten sie vorsätzlich ihre körperliche Konstitution, ersticken ihren Geist und sinken auf das Niveau von Tieren herab.«

Nichts Neues unter der Sonne? Statt Burtons Moralpredigt mit diesem Bibelspruch vom Tisch zu fegen, tun wir vielleicht gut daran, seine Ermahnung nicht nur zur Kenntnis zu nehmen, sondern sie uns auch zu Gemüte zu führen. Es wäre dies wohl die beste Art, seine bereits zitierte Ansicht zu widerlegen, nach welcher »wir allesamt verrückt sind, nicht sporadisch, sondern immer«.

4. Kapitel

Köstliche Gerichte aus dem Garten

Viertes Zwischenstück

Vom Mehrwert des Wortes oder warum der Mensch nicht vom Brot allein lebt

Se non è vero è ben trovato, sagen die Italiener, wenn sie eine Anekdote zwar lustig, aber nicht so ganz glaubwürdig finden. Ob die folgende Geschichte sich wirklich zugetragen hat, vermag ich nicht zu sagen. Im Grunde hat es auch gar keine Bedeutung; wenn sie nicht wahr ist, ist sie doch ›gut erfunden‹.

Sie handelt von einem Pfarrer, der über die wunderbare Brotvermehrung predigt. Im Eifer des Gefechts unterläuft ihm ein kleiner Versprecher: Mit fünftausend Broten hat Jesus fünf Menschen sattgekriegt, ruft der Pfarrer triumphierend aus. Das soll ihm einmal einer nachmachen! Der Küster, der ausnahmsweise zugehört hat, murmelt vernehmlich vor sich hin: Das kann jeder! Souverän fährt der Pfarrer in seiner Predigt fort. Am folgenden Sonntag entschließt er sich dann doch, das Mißverständnis auszuräumen, und präzisiert: Natürlich habe ich mich in der letzten Predigt versprochen. Es waren fünftausend Menschen, die Jesus mit nur fünf Broten gesättigt hat, und das macht ihm nun wirklich keiner nach! Auch diesmal kann sich der Küster eines Kommentars nicht enthalten: Aber, Herr Pfarrer, natürlich kann das jeder; Sie vergessen wohl die Reste vom letzten Sonntag!

Die Episode, auf die sich der Prediger bezieht, findet sich in ihrer ältesten auf uns gekommenen Fassung im Markusevangelium (Kapitel 6, Verse 30–44); die übrigen Evangelisten haben sie von dort übernommen.

Die Apostel versammelten sich wieder bei Jesus und berichteten ihm alles, was sie getan und gelehrt hatten. Da sagte er zu ihnen: Kommt mit an einen einsamen Ort, wo wir allein sind, und ruht ein wenig aus. Denn sie fanden nicht einmal Zeit zum Essen, so zahlreich waren die Leute, die kamen und gingen. Sie fuhren also mit dem Boot in eine einsame Gegend, um allein zu sein. Aber man sah sie abfahren, und viele erfuhren davon; sie liefen zu Fuß aus allen Städten dorthin und kamen noch vor ihnen an. Als er ausstieg und die vielen Menschen sah, hatte er Mitleid mit ihnen; denn sie waren wie Schafe, die keinen Hirten haben. Und er lehrte sie lange.

Gegen Abend kamen seine Jünger zu ihm und sagten: Der Ort ist abgelegen, und es ist schon spät. Schick sie weg, damit sie in die umliegenden Gehöfte und Dörfer gehen und sich etwas zu essen kaufen können. Er erwiderte: Gebt ihr ihnen zu essen! Sie sagten zu ihm: Sollen wir weggehen, für zweihundert Denare Brot kaufen und es ihnen geben, damit sie zu essen haben? Er sagte zu ihnen: Wie viele Brote habt ihr? Geht und seht nach! Sie sahen nach und berichteten: Fünf Brote und außerdem zwei Fische. Da befahl er ihnen, den Leuten zu sagen, sie sollten sich in Gruppen ins grüne Gras setzen. Und sie setzten sich in Gruppen zu hundert und zu fünfzig. Darauf nahm er die fünf Brote und die zwei Fische, blickte zum Himmel auf, sprach den Lobpreis, brach die Brote und gab sie den Jüngern, damit sie sie an die Leute austeilten. Auch die zwei Fische ließ er unter allen verteilen. Und alle aßen und wurden satt.

Als die Jünger die Reste der Brote und auch der Fische einsammelten, wurden zwölf Körbe voll. Es waren fünftausend Männer, die von den Broten gegessen hatten.

Diejenigen, welche diese Geschichte als erste zu hören bekamen, werden sich darüber nicht allzu sehr gewundert haben. Ähnliche Vorkommnisse waren ihnen ja bereits aus der Hebräischen Bibel bekannt.

So kannten wohl fast alle Angehörigen des jüdischen Volkes die Geschichte vom Propheten Elischa, vom dem außer einem Öl- auch ein Brotwunder überliefert wurde.

Einmal kam ein Mann von Baal-Schalischa und brachte dem Gottesmann Brot von Erstlingsfrüchten, zwanzig Gerstenbrote, und frische Körner in einem Beutel. Elischa befahl seinem Diener: Gib es den Leuten zu essen! Doch dieser sagte: Wie soll ich das hundert Männern vorsetzen? Elischa aber sagte: Gib es den Leuten zu essen! Denn so spricht der Herr: Man wird essen und noch übriglassen. Nun setzte er es ihnen vor; und sie aßen und ließen noch übrig, wie der Herr gesagt hatte. (2. Buch der Könige, Kapitel 4, Verse 42–44)

Die Ähnlichkeit dieser Erzählung mit der von Markus überlieferten Wundergeschichte ist derart frappierend, daß sich der Gedanke an eine Abhängigkeit von selbst aufdrängt. Während jedoch Elischa hundert Männer mit zwanzig Gerstenbroten sättigt, heißt es von Jesus, daß er mit nur fünf Broten und zwei Fischen fünftausend Menschen verpflegt. Auch weniger bibelfeste Leserinnen und Leser verstehen die nur dürftig verklausulierte Botschaft auf Anhieb: Jesus ist größer als Elischa! Offensichtlich handelt es sich bei der im Markusevangelium überlieferten Geschichte um ein sogenanntes Überbietungswunder.

Dennoch läßt sich nicht übersehen, daß Markus nicht einfach eine bereits vorgegebene Geschichte auf Jesus überträgt. Zwar folgt diese dem Erzählmuster der Vorlage. Wenn man aber den Text genau liest, stößt man auf ein paar Kleinigkeiten, die für ein angemessenes Verständnis nicht ganz unerheblich sind.

Da ist zunächst die Tatsache, daß die Menschen offenbar alles stehen- und liegenlassen, um Jesus zu hören. Keine Mühe ist ihnen zu groß, kein Weg zu weit. Sie ziehen nicht nur hinter Jesus her, sondern eilen ihm sogar voraus an einen »abgelegenen Ort« in einer »einsamen Gegend«. Die Frage, wie sie, die ja im Gegensatz zu Jesus nicht den Schiffsweg benutzen, noch vor ihm dort ankommen, wäre falsch gestellt. Dem Evangelisten geht es ja gerade darum zu zeigen, welch geradezu unglaublichen Erwartungen diese Menschen Jesus gegenüber hegen. Sie haben, wie es beim Propheten Amos einmal heißt, »*Hunger* nach einem Wort des Herrn« (Kapitel 8, Vers 11).

Nicht zufällig verlegt der Evangelist die Unterweisung Jesu in eine abgelegene Gegend. Das erinnert an die Wüstenwanderung des Volkes Israel. Da gibt es keine Straßen mehr, die in einer bestimmten Richtung verlaufen und an ein bestimmtes Ziel führen. Hier muß sich jeder seinen Weg *suchen*. Und plötzlich gibt man sich Rechenschaft, daß man die Orientierung verloren hat.

Menschen, die nichts mehr trägt, suchen nach einem Halt. Und zwar möchten sie sich nicht an *etwas*, sie möchten sich an *jemanden* halten.

Eben dies trifft offenbar für die Landsleute Jesu zu, welche ihm sogar zu Fuß vorauseilen in die einsame Gegend, in der er sich zusammen mit den Aposteln ausruhen will. Jesus mag die Erwartungen dieser Menschen nicht enttäuschen. »Er hatte Mitleid mit ihnen, denn sie waren wie Schafe, die keinen Hirten haben.«

Das Wort von der unbehüteten Herde weckt Assoziationen an die Eingangsverse des 23. Psalms: »Der Herr [Jahwe!] ist mein Hirte, nichts wird mir fehlen. Er läßt mich lagern auf *grünen Auen*.« Und damit auch die Begriffsstutzigen die Anspielung auf diese Schriftstelle verstehen, vermerkt der Evangelist ausdrücklich, daß Jesus die Leute auffordert, sich *ins grüne Gras* zu setzen. Auf diese Weise unterstreicht er gleichzeitig, worauf es Jesus ankommt; er will seine Landsleute zu ihrem eigentlichen Hirten, nämlich zu Jahwe, zurückführen. Denn dieser ist der »Herr«, der es den Seinen an nichts fehlen läßt.

Nun lebt aber der Mensch bekanntlich nicht nur vom Wort Gottes; er bedarf auch des täglichen Brotes. Und zwar sind es ausgerechnet die Apostel, die als erste ans Essen denken; begreiflicherweise, sie sind ja noch ganz erschöpft von ihrer eigenen Predigttätigkeit, zu der Jesus sie ausgesandt hatte (Markusevangelium, Kapitel 6, Verse 6–13). Dennoch stünde es ihnen schlecht an, wenn sie das vor aller Welt eingestehen würden. Also finden sie einen Vorwand: »Es ist schon spät; schick *die Leute* weg, damit sie sich etwas zu essen kaufen können!« Jesus versteht den Wink mit dem Zaunpfahl; die Apostel wollen ihm eine Lehre erteilen. Doch er belehrt sie eines Besseren: »Gebt *ihr* ihnen zu essen!«

Jesus verkündet den Menschen das ewige Heil; die Apostel werden beauftragt, für ihr leibliches Wohl zu sorgen? Kein Gottesdienst ohne Weltdienst? Einsatz im Diesseits als Kriterium für den Glauben ans Jenseits?

Zweifellos gehören all diese Dinge ebenfalls zum Kernbestand der von Jesus verkündeten Frohbotschaft. Die Geschichte von der Speisung der Fünftausend freilich zielt in eine ganz andere Richtung.

Zur Erinnerung: Die Menschen folgen Jesus, weil sie nach dem *Wort Gottes* hungern. Einzig darauf richten sich ihre Gedanken. Und mit der gleichen Selbstverständlichkeit, mit der sie das Wort Gottes aus Jesu Mund in sich aufnehmen, nehmen sie nun auch die Speisen entgegen, die er ihnen schenkt.

Im Anschluß an die von Jesus überlieferten Wunderzeichen verweisen die Evangelisten häufig auf die erstaunte oder begeisterte Reaktion der Umstehenden. Eine solche würde man eigentlich auch am Ende der Episode von der Speisung der Fünftausend erwarten. Wenn man jedoch den Text genau liest, erkennt man leicht, daß gar kein Grund dafür vorhanden ist. Nirgends heißt es, daß die Anwesenden sich darüber Rechenschaft geben, was wirklich vor sich geht. Sie setzen sich ins Gras, sie erhalten ein Stück Brot und als Zugabe etwas getrockneten Fisch. Worüber sollen sie sich also wundern?

Markus hegt hier nicht die Absicht, mit Hilfe einer Wundergeschichte Jesu Macht und Größe herauszustellen. Er begnügt sich lediglich mit dem (für die damalige Leserschaft sofort verständlichen) Hinweis, daß Jesus Elischa bei weitem überbietet.

Worauf es ihm ankommt, begreifen wir, sobald wir ein wenig auf die Zahlensymbolik achten. Warum gerade fünf Brote, zwei Fische, zwölf Körbe?

Zweimal verweist Markus in diesem kurzen Abschnitt darauf, daß die Apostel fünf Brote und zwei Fische als Vorrat haben – also sieben Teile. Beim Volk Israel galt die Sieben schon von alters her als heilige Zahl; sie war gewissermaßen ein Symbol Gottes. Offensichtlich will der Evangelist die Leserinnen und Leser dieses Abschnitts daran erinnern, daß der Mensch sich zuallererst von jener Speise ernähren muß, die »vom Himmel herabgekommen ist« und die *ewiges Leben* schenkt. Tatsächlich lebt der Mensch ja nicht vom Brot allein, sondern, letztlich, von dem, »was der Mund des Herrn spricht«. So steht's schon in der Hebräischen Bibel, im Buch Deuteronomium (Kapitel 8, Vers 3). Und wenn Jesus zu Beginn der Mahlzeit zum Himmel aufblickt, tut er das nicht, um von Gott ein Wunder zu erbitten. Es handelt sich ganz einfach um das übliche Lob- und Dankgebet, um den Tischsegen, wie wir heute sagen würden.

Aber damit haben wir die dieser Wundergeschichte zugrunde liegende Symbolik erst teilweise entschlüsselt. Nach damaligem jüdischem Verständnis umfaßt das in der Schrift enthaltene Wort Gottes drei Textgruppen, nämlich die *Tora* (die fünf Bücher Mose), die Bücher der *Propheten* und die übrigen *Schriften* (Psalmen, Klagelieder, Weisheitsliteratur, Geschichtsschreibung).

Wir haben gute Gründe, anzunehmen, daß die fünf Brote in unserer Geschichte auf die fünf Bücher Mose verweisen. Jedenfalls besitzen wir mehrere Zeugnisse aus dem ersten Jahrhundert, nach welchen die Rabbinen die Tora mit dem Brot, welches ja die Hauptnahrung bildete, vergleichen. Die zwei Fische hingegen versinnbilden die beiden anderen Textsammlungen, die Bücher der Propheten und die übrigen Schriften. *Damit* wird die anwesende Menschenmenge gespeist, und *diese* Speise schenkt Jesus allen, die sich ihm zuwenden.

So gering der Vorrat an Broten und Fischen auch ist – er wird nicht weniger! Zwölf Körbe bleiben davon übrig. Wie die Sieben ist auch die Zwölf für die Juden eine heilige Zahl; sie ist Ausdruck der *göttlichen Fülle*. Der Vorrat der von Jesus dargebotenen Speise, d.h. Gottes Wort, ist unerschöpflich; die ganze Menschheit kann damit gesättigt werden.

Die Erkenntnis, daß die Geschichte von der Speisung der Fünftausend stark symbolisch geprägt ist, ebnet uns den Weg zu einem angemessenen Verständnis: Nur wenn der Mensch sich leiten läßt von Gottes Wort und Weisung, findet er hin zu einem erfüllten Leben.

Diese Aussage jedoch erfährt nun eine wichtige Ergänzung. Nachdem die Apostel sich darüber Rechenschaft geben, daß die Leute den ganzen Tag kaum etwas gegessen haben, wollen sie sie in die umliegenden Dörfer schicken, damit sie sich dort etwas Nahrung besorgen können. Jesus jedoch überhört den Vorschlag der Apostel und fordert sie auf eine geradezu provozierende Weise heraus: »Gebt *ihr* ihnen zu essen!«

Es handelt sich um einen Auftrag. Denn was die Apostel den Leuten geben sollen, sind nicht Brote, sondern Gottes lebendigmachendes Wort – und dieses können die Menschen sich nicht kaufen! Sie können es nur dankbar entgegennehmen von denen, die im Grunde selber nichts in ihren Händen haben – und sich dessen bewußt sind.

»Gebt *ihr* ihnen zu essen!« Diese Aufforderung beinhaltet gleichzeitig eine massive Kritik an jenen Amtsträgern, welche vergessen, daß sie selber gar nichts zu sagen und damit auch nicht das Sagen haben, sondern nur weiterreichen können, was sie ihrerseits vorher empfangen haben aus Jesu Händen. Sie sind Gesandte, Beauftragte und nur in diesem Sinn Bevollmächtigte – was sie eben gerade nicht berechtigt, im eigenen Namen eine Macht auszuüben, die allein Christus zukommt.

Immer wieder besteht die Gefahr, daß Amtsträger sich in Selbstdarstellung üben. Statt schlicht und einfach Jesu Auftrag zu erfüllen, maßen sie sich eine Autorität an, die unvereinbar ist mit dem von Jesus verkündeten Evangelium. Es mag in diesem Zusammenhang der Hinweis auf die ganze Skala von Ehrentiteln und Rangbezeichnungen genügen, die sich in gewissen kirchlichen Kreisen noch immer höchster Wertschätzung erfreuen. Jesus zufolge aber basiert die Autorität im Reich Gottes nicht auf irgendwelchen Würdetiteln, sondern allein in der barmherzigen und demütigen Ausführung seines Auftrags: »Gebt *ihr* ihnen zu essen!«

In dieser Anweisung gipfelt die Geschichte von der Speisung der Fünftausend. Natürlich hat der Evangelist bei der Niederschrift seine *damalige* Leserschaft im Auge, insbesondere jene, die mit der Glaubensverkündigung beauftragt sind. Dennoch ist seine Aussage von zeitloser Gültigkeit. Wer in der Kirche ein besonderes Amt innehat, wird ständig versucht sein, dieses eifersüchtig zu hüten, auf seine (Amts-)Autorität zu pochen und darüber zu vergessen, daß jede ›Sonderstellung‹ zu einem speziellen *Dienst* innerhalb der Glaubensgemeinschaft verpflichtet. Und die ›einfachen Gläubigen‹ werden immer wieder dazu neigen, ihre Verantwortung in Sachen Glaubensverkündigung auf die Amtsträger abzuwälzen.

Das Wunder der Speisung aber ereignet sich immer neu und stets nur da, wo Amtsträger ihre Aufgabe treu erfüllen, ohne nach Anerkennung und Lohn zu schielen; da also, wo sie anderen nicht den Kopf, sondern die Füße waschen; da auch, wo sie sich nicht nach kirchenfürstlicher Manier bedienen lassen, sondern ihren *Dienst* versehen an der Glaubensgemeinschaft in dem Bewußtsein, daß sie letztlich nichts anderes sind als unnütze Knechte. Das gleiche Wunder geschieht da, wo die einzelnen Gläubigen sich nicht den Kopf zerbrechen über die Grenzen ihrer Fähigkeiten und die Begrenztheit ihrer Kräfte, sondern sich konkret einsetzen für die Ausbreitung des Gottesreiches, und das heißt zuallererst einmal für das Wohl der anderen – für Gerechtigkeit, für Frieden, für die Bewahrung der Schöpfung…

Wo immer dies zutrifft, fällt das Mißverhältnis zwischen der eigenen Beschränktheit und dem angestrebten Ziel überhaupt nicht mehr ins Gewicht. Vielmehr setzt der Glaube daran, daß die Saat aufgeht und dreißig-, sechzig-, ja hundertfache Frucht trägt (Markusevangelium, Kapitel 4, Vers 8), neue Kräfte frei, so daß plötzlich aus Wenigem viel wird. Das Wenige, das die Apostel in die Hände Jesu legen und aus seinen Händen neu entgegennehmen, reicht bestimmt – *wenn sie es nur weiterreichen.*

Eines der bekanntesten Beispiele dafür ist jener arme und einfältige Priester, der sich, seinen eigenen Worten zufolge, im Vergleich zum übrigen Klerus »wie ein Dorftrottel vorkam«. Die Rede ist von Jean-Baptiste Marie Vianney (1786–1859), dem 1929 von Papst Pius XI. heiliggesprochenen Pfarrer von Ars. Die von ihm erhaltenen fünfundachtzig Predigtskizzen sind lediglich mühsam erarbeitete Auszüge aus Predigtbüchern, die dem Klerus jener Zeit als Orientierung und zumeist auch als Vorlage dienten. Und doch brachte Vianney es fertig, ein gottverlassenes Nest, dessen Bewohner sich dem Vernehmen eines Vorgängers nach nur durch die Taufe von den Tieren unterschieden, in eine Musterpfarrei zu verwandeln.

Dabei war er alles andere als ein hervorragender Rhetoriker. Nicht durch wortgewaltige Predigten, sondern durch sein beredtes Zeugnis hat er die Menschen bewogen, ihre Herzen zu öffnen für Gottes Wort.

Im Grunde war Jean-Baptiste Marie Vianney bloß ein armseliger Landpfarrer, der seinem grenzenlosen Mangel an Bildung und Wissen nichts entgegenzusetzen hatte als ein unbegrenztes Gottvertrauen. Einzig deshalb konnte er, trotz seiner dürftigen Kenntnisse, mit vollen Händen hintreten vor seine Mitmenschen.

Das erinnert an den Völkerapostel Paulus: »Wir sind arm und machen doch viele reich; wir haben nichts und haben doch alles« (Zweiter Korintherbrief, Kapitel 6, Vers 10). Paulus bezieht sich hier nicht nur auf seine eigenen Erfahrungen, sondern auf die Situation der Gläubigen schlechthin, die lebenslang hin und her gerissen werden zwischen dem Wunsch nach Heiligkeit und dem Hang zur Sünde. Aber nicht das Zutrauen zu sich selbst, sondern einzig das unerschütterliche Vertrauen auf Gottes Hilfe bewirkt, daß Jesu Aufforderung nicht als Überforderung empfunden wird.

Für den Fall, daß dieses Kochbuch einem angehenden Dichter in die Hände fallen sollte, möchte ich ihm eine Mahnung mitgeben, die ein Meisterkoch in Hugo Lötschers Erzählung »Das Leichenmahl« (in: Die Papiere des Immunen, Diogenes Verlag, Zürich 1986) einem Schriftsteller ans Herz legt: »Sie sollten zuerst Kochrezepte verfassen; da lernt man, nichts Wichtiges zu vergessen und nichts Überflüssiges zu notieren; so zu schreiben, daß man nichts kürzen kann, oder können Sie sich vorstellen, daß man bei einem Rezept die letzte Zeile streicht?«

Leider spielt in der zeitgenössischen deutschen Literatur die Kochkunst nur eine sehr untergeordnete Rolle. Eine löbliche Ausnahme bildet (neben Lötschers Meistererzählung) das Werk von Friedrich Dürrenmatt, der seiner Leserschaft mit einem geradezu sinnlichen Vergnügen jede nur mögliche Art von Mahlzeiten vor Augen führt, angefangen vom einfachem Imbiß (»Der Richter und sein Henker«) bis zum gepflegten Essen (»Die Physiker«), ja bis hin zur Orgie (»Es steht geschrieben«) und gar zum Henkersmahl (»Die Panne«). Wenn Sie jedoch während der Lektüre eines literarischen Textes die Küchengeräusche wirklich hören möchten, dann empfehle ich Ihnen Günter Grass' Roman »Der Butt« – da zischt es aus Tiegeln, dampft aus Pfannen, blubbert in Töpfen, und vorgesetzt bekommen Sie – lassen Sie sich überraschen...

Weitere Rezepte für Gemüse finden Sie im
1. Kapitel: Salate; Vorspeisen auf Gemüsebasis
3. Kapitel: Lauch-Kartoffelgratin; Kürbisgratin; Blumenkohlgratin; Überbackene Auberginen; Gratinierter Spargel

Gefüllte Kartoffeln
10 große Kartoffeln
1 Becher Crème fraîche
1 Ei
120 g geriebener Greyerzer
120 g gehackter Schinken
1 Bund feingehackte Petersilie
Salz, Pfeffer, Streuwürze

Die Kartoffeln sorgfältig mit einer Bürste waschen und nur so lange kochen, daß man noch etwas Widerstand spürt, wenn man mit dem Messer hineinsticht. Bekanntlich benötigen nicht alle Kartoffelsorten die gleiche Kochzeit – aber gegen 20 Minuten wird man in jedem Fall rechnen müssen. Das Wasser abschütten, die Kartoffeln leicht auskühlen lassen und ungeschält der Länge nach halbieren. Die Hälften mit einem Löffel oder mit einem gezackten Grapefruitlöffel sorgfältig aushöhlen und mit der Öffnung nach oben auf ein ausgebuttertes Kuchenblech legen. Die ausgehöhlte Kartoffelmasse mit den übrigen Zutaten gut vermischen und damit die Hälften füllen. In dem auf 230 Grad vorgeheizten Ofen eine gute Viertelstunde backen.

Statt Schinken kann man für die Füllung auch feingeschnittene und in etwas Butter gedünstete Champignons (oder Champignons aus der Dose) verwenden.

Oder man vermischt die ausgehöhlte Kartoffelmasse mit der Crème fraîche, fügt etwas Salz und Paprika hinzu, legt auf diese Füllung eine dünne Scheibe Raclettekäse und, falls gerade vorhanden, eine der Länge nach halbierte kleine Essiggurke.

Als Kind war ich einmal bei einer Tante zu Besuch. Was sie außer den Salzkartoffeln sonst gekocht hat, weiß ich nicht mehr. Sehr genau aber erinnere ich mich, wie sie mich darüber belehrte, daß man Kartoffeln nicht mit dem Messer zerschneidet, sondern mit der Gabel zerteilt. Warum das so sein müsse? Weil es so im »Knigge« steht!

Daß davon überhaupt nichts im Knigge steht, habe ich erst etwa zwei Jahrzehnte später herausgefunden, nachdem ich mir einen Knigge gekauft hatte, und zwar einen richtigen, der es nicht nötig hat, daß man ihn in Anführungszeichen setzt. Wie hätte wohl Adolph Freiherr von Knigge zu Lebzeiten reagiert, wenn ihm jemand vorausgesagt hätte, daß man seinen adeligen Namen dereinst mit dem sachgerechten Zerteilen von Salzkartoffeln in Verbindung bringen würde?!

Tatsächlich denkt man, wenn heutzutage vom »Knigge« die Rede ist, in erster Linie an feines Benehmen, an sicheres Auftreten und an perfekte Umgangsformen. Und natürlich auch an gute Tischmanieren. Der gewitzte Freiherr von Knigge jedoch hatte ganz andres im Sinn.

Zum Beispiel belehrt er uns, wie wir uns Verliebten gegenüber verhalten sollen. In den gängigen Ratgebern für gutes Benehmen wird diese Frage gar nicht erst gestellt. Im ursprünglichen *Knigge (ohne Anführungszeichen!) kann man den Grund dafür nachlesen:* »Mit Verliebten ist vernünftigerweise gar nicht umzugehen; sie sind, sowenig wie andere Betrunkene, zur Geselligkeit geschickt; außer ihrem Abgotte ist die ganze Welt tot für sie.«

Nicht weniger hoffnungslos erscheint die Lage, was das Verhalten unter Verliebten selbst betrifft. Originalton Knigge: »Diesen Menschen selbst Regeln über ihren Umgang miteinander zu geben, das würde verlorene Mühe sein; denn da diese Menschen selten bei gesunder Vernunft sind, so wäre es ebenso unsinnig, zu verlangen, daß sie sich dabei gewissen Vorschriften unterwerfen sollen, wie wenn man einem Rasenden zumuten wollte, in Versen zu phantasieren, oder einem, der die Kolik hat, nach Noten zu schreien. Doch ließe sich einiges sagen, das gut zu beobachten wäre, wenn man hoffen dürfte, daß solche Menschen der Vernunft Gehör geben.« *Im Klartext: Solange sie in den Wolken schweben, sind sie einfach nicht ansprechbar und schon gar nicht zugänglich für Argumente...*

Diese und jede Menge ähnlicher Ratschläge finden sich in Knigges im Jahre 1788 erschienener Schrift mit dem Titel »Über den Umgang mit Menschen«, *welche seinen Nachruhm begründen sollte. Vor der Veröffentlichung dieses Buches war Adolph Freiherr von Knigge vor allem als Verfasser von Romanen und Erzählungen und einiger satirischer und gesellschaftskritischer Schriften bekannt. Geboren wurde er am 16. Oktober 1752 im hannoverschen Brendenbeck. Er entstammte einer Familie, die 1655 in den Freiherrenstand erhoben worden war. Im Jahre 1766 verlor der Knabe seinen Vater. Von Hauslehrern erzogen, ging er 1769 an die Universität Göttingen, wo er während einiger Semester juristische Vorlesungen besuchte. 1791 wurde er auf die Vermittlung eines Verwandten hin Hofjunker in Kassel, wo er sich mit einer Hofdame der Herzogin verheiratete. Zeitweilig bewirtschaftete er seine Güter. Später fand er eine Anstellung als Kammerherr am Fürstenhof von Hanau; anschließend führte er ein Wanderleben, dessen wichtigste Stationen Frankfurt, Heidelberg und Hannover waren. Neben seiner literarischen Tätigkeit beschäftigte er sich mit dem Theater, mit Mystik, Alchimie und kabbalistischen Zauberkünsten und pflegte Kontakte zu allerlei obskuren Geheimzirkeln. In seinen letzten Jahren – er starb 1796 – lebte er immer ausschließlicher von seiner Feder. Er gilt als einer der ersten freien Schriftsteller Deutschlands.*

Leider ist heutzutage bloß noch sein Name bekannt, den man in der Regel mit Büchern in Verbindung bringt, die darüber belehren, was zum ›guten Ton‹ gehört, welchen Anzug man beim Opernbesuch trägt, daß man zum Geburtstag keine Socken schenkt und wie man das Papier vom Blumenstrauß diskret entfernt, den man der Dame des Hauses mitgebracht hat.

Vermutlich würde Adolph Knigge auch den letzten Rest seiner freiherrlichen Contenance verloren haben, wenn er geahnt hätte, daß die »Pinsel« (dies sein Lieblingsausdruck für unbelehrbare Dummköpfe) seinen adeligen Namen dereinst mit solchen Lächerlichkeiten in Verbindung bringen würden.

Knigge ging es vorwiegend um zwischenmenschliche Beziehungen und nur indirekt auch um gesellschaftliche Umgangsformen. Sein Grundanliegen bestand nicht darin, seinen Zeitgenossen einige banale Benimm-dich-richtig-Regeln und den einen oder anderen brauchbaren Fingerzeig gegen situationsbedingte Errötungsängste zu geben.

Knigge war überzeugt, daß es auf das Sein ankommt und nicht auf den Schein. Obwohl (oder gerade weil) selber dem Adelsstande zugehörend, betrachtete er die geltende Etikette und die herrschenden Konventionen als Feigenblatt, mit dem die Aristokratie vergeblich versuchte, ihre moralischen Blößen zu verdecken. Er begeisterte sich für die Französische Revolution und die Menschenrechte. Diese letzteren propagierte er auch in seiner Heimat, allerdings in der Hoffnung, daß eine Veränderung in Deutschland nicht auf dem Weg einer blutigen Revolution, sondern auf jenem der notwendigen Reformen erfolgen würde. Seiner freiheitlichen Ideen wegen wurde er im Mai 1795 sogar für kurze Zeit inhaftiert.

Vor diesem Hintergrund ist seine Schrift »Über den Umgang mit Menschen« zu interpretieren, und in diesem Zusammenhang erst wird sie verständlich.

Gleich im ersten Teil kommt Knigge nach einigen allgemeinen Bemerkungen auf das Wesentliche zu sprechen, nämlich auf den Umgang der Menschen mit sich selber. Da finden sich Ratschläge wie: »Sei nicht gar zu sehr ein Sklave der Meinungen anderer von dir! Vor allen Dingen wache über dich, daß du nie die innere Zuversicht zu dir selber, das Vertrauen auf Gott, auf gute Menschen und auf das Schicksal verlierst!«

Der zweite Teil des Buches enthält Hinweise für den Umgang mit Menschen verschiedenen Alters und unterschiedlicher Herkunft, er bietet Anregungen über das Verhalten gegenüber Freunden, Frauen, Nachbarn und behandelt außerdem die Beziehungen zwischen Eltern und Kindern, Herren und Dienern, Gläubigern und Schuldnern, Wohltätern und Beschenkten, Wirten und Gästen.

Auch vom Umgang unter Eheleuten ist die Rede. Knigge fordert die Gleichberechtigung von Mann und Frau; er kann nicht billigen, daß der Mann über jeden Taler Rechenschaft von seiner Frau verlangt: »Findest du, daß zuviel ausgegeben worden ist, so laß dir die Rechnung zeigen! Überlege mit deiner Frau gemeinschaftlich, auf welcher Seite gespart werden könne! Mache ihr kein Geheimnis aus deinen Vermögensumständen; allein bestimme ihr auch eine kleine Summe zu ihren unschuldigen Vergnügungen und fordere darüber keine Rechenschaft!«

Da findet sich also nicht die geringste Spur von dem, wonach man in einem heutigen »Knigge« suchen würde!

Lediglich im dritten Teil des Werkes meint man zunächst, auf eine Reihe von Anregungen zu stoßen, welche dem persönlichen Ansehen und dem gesellschaftlichen Aufstieg dienlich sind. Hier nämlich läßt sich der Freiherr von Knigge darüber aus, wie man sich zu Leuten aus allerlei Ständen verhalten soll, um bei ihnen an- und im Leben voranzukommen. Dabei gilt: Man redet am besten einem jeden nach dem Munde. »In Prälaturen und Klöstern beispielsweise muß man den Ton der Herren und Patres anzunehmen verstehen, wenn man bei ihnen willkommen sein will. Ein guter, gesunder Appetit; ein Witz, der nicht zu fein, sondern ein wenig materiell sein muß; zuweilen ein Wortspielchen, ein lateinisches Rätsel, eine Anspielung auf eine scholastische Spitzfindigkeit; einige Bekanntschaft mit Legenden und Kirchenvätern! Beifall an den Tag gelegt, wenn der Pater Spaßmacher – dies Amt pflegt selten unbesetzt zu sein – einen Schwank hervorbringt...«

Wer hier einen karrierefördernden Fingerzeig zu bemerken glaubt, irrt. Vielmehr beabsichtigt Knigge bloß, die Schwächen der einzelnen Stände bloßzustellen: »Selbst dann, wenn die Schriftsteller uns um ihre Meinung fragen, ist dies immer so auszulegen, als bäten sie uns um ein Lob. Alle riechen den Weihrauch gern, der ihnen gestreut wird, aber nicht jeden darf man auf gleich grobe Art einräuchern. Der eine nimmt vorlieb, wenn du es ihm gerade in den Bart sagst, er sei ein großer Mann; der andere ist zufrieden, wenn du nur ohne Widerspruch erlaubst, daß er dies selbst von sich sagt; der Dritte verlangt nichts von dir als Hiobs Geduld, wenn er dir seine elenden Produkte vorliest...«

Knigge belehrt seine Leserschaft also nicht über das richtige Verhalten gegenüber Fürsten, Hofschranzen und Geistlichen, gegenüber Künstlern, Schriftstellern und Gelehrten; vielmehr informiert er über die diesen eigenen Untugenden.

Selten wurden die Absichten eines Schriftstellers dermaßen verdreht wie jene des hannoverschen Freiherrn. Aus dem manchmal strengtönenden und manchmal ironischen Sittenrichter hat man einen augenzwinkernden Komplizen angehender Gesellschaftslöwen gemacht. Knigges Absicht aber bestand nicht darin, niedrigen Charakteren zu hohen Posten zu verhelfen, sondern charakterfeste Menschen heranzubilden: »Strebe nach Vollkommenheit, aber nicht nach dem Scheine der Vollkommenheit!«

Geäußert hat er sich übrigens auch über »Das Verhältnis zwischen Wirt und Gast«. Und weil wir an diesem Thema ganz besonders interessiert sind, lassen wir ihn hier etwas ausführlicher zu Wort kommen:

»Man reiche das Wenige, das man der Gastfreundschaft opfern kann, im gehörigen Maße, mit guter Art, mit treuem Herzen und mit freundlichem Gesichte dar! Man sehe nicht verlegen aus, wenn uns unerwartet ein Besuch

überrascht! Nichts ist unangenehmer und peinlicher, als wenn wir merken, daß es dem Manne, der uns bewirtet, sauer wird, daß er ungern und nur aus Höflichkeit hergibt, oder daß er mehr Aufwand dabei verschwendet, wie seine Umstände leiden; wenn er ohne Unterlaß seiner Frau oder seinen Bedienten in die Ohren flüstert, oder mit ihnen zankt, sobald eine Schüssel unrecht gestellt oder etwas vergessen worden; wenn er selbst im Haus herumlaufen, alles anordnen muß, und also an den Freuden der Gesellschaft gar nicht teilnimmt; wenn er zwar gern gibt, seine Frau hingegen uns jeden Bissen in den Mund zählt; wenn so wenig in den Schüsseln liegt, daß der, welcher vorlegt, unmöglich herumreichen kann; wenn der Wirt und die Wirtin uns ungestüm zum Essen und Trinken nötigen, oder auf eine Weise geben, die uns zu sagen scheint: ›Es ist nun einmal angeschafft, also füllet Euch den Bauch voll. Werdet recht satt, so habt Ihr auf lange Zeit genug und brauchet so bald nicht wiederzukommen!‹; endlich wenn wir Zeugen von Familienzwist und der Unordnung, die im Hause herrscht, sein müssen. Mit einem Worte: Es gibt eine Art, Gastfreundschaft zu erweisen, die dem wenigsten, das man darreicht, einen höheren Wert gibt, wie große Schmausereien haben. Vieles trägt hierzu die Unterhaltung bei. Man muß daher die Kunst verstehen, mit seinen Gästen nur von solchen Dingen zu reden, die sie gern hören, in einem größeren Zirkel solche Gespräche zu führen, woran alle mit Vergnügen teilnehmen und sich dabei im vorteilhaften Lichte zeigen können. Der Blöde muß ermuntert, der Traurige aufgeheitert werden. Jeder Gast muß Gelegenheit bekommen, von etwas zu reden, wovon er gern redet. Weltklugheit und Menschenkenntnis müssen hier in den besonderen Fällen zum Leitfaden dienen... Man bitte nicht Menschen zusammen, oder setze solche an Tafeln nebeneinander, die sich fremd, oder gar feind sind, sich nicht verstehen, nicht zueinander passen, sich Langeweile machen! Alle diese Aufmerksamkeiten aber müssen auf eine solche Art erwiesen werden, daß sie nicht mehr Zwang auflegen, wie sie Wohltat für den Gast sind. Haben die Bedienten aus Versehen den unrechtem Mann, oder haben sie einen Gast auf den unrechten Tag gebeten, so muß der Fremde doch nicht merken, daß er uns unerwartet kommt, wenigstens nicht, daß er uns in Verlegenheit setzt, uns unwillkommen ist. Jeder, der auf kurze oder lange Zeit in Deinem Hause ist, und wäre er Dein ärgster Feind, muß daselbst von Dir gegen alle Arten der Beleidigung und Verfolgungen anderer, soviel an Dir ist, geschützt sein. Endlich lasse man nicht nach, in Gefälligkeit und Bewirtung, wenn der Freund sich längere Zeit bei uns aufhält, sondern erzeige ihm gleich in den ersten Tagen nicht mehr und nicht weniger, als man in der Folge fortsetzen kann.«

Daß derartige Ermahnungen nicht ganz überflüssig sind, geht aus den schlimmen Erfahrungen hervor, über die der Verfasser des Buches Jesus Sirach *im Zusammenhang mit der Gastfreundschaft am Schluß des 29. Kapitels seiner kleinen Schrift berichtet:*

Das Wichtigste zum Leben sind Brot und Wasser,
Kleidung und Wohnung, um die Blöße zu bedecken.
Besser das Leben eines Armen unter schützendem Dach
als köstliche Leckerbissen in der Fremde.
Ob wenig oder viel, sei zufrieden,
dann hörst du keinen Vorwurf in der Fremde.
Schlimm ist ein Leben von einem Haus zum andern;
wo du fremd bist, darfst du den Mund nicht auftun.
Ohne Dank reichst du Trank und Speise
und mußt noch bittere Worte hören:
Komm, Fremder, deck den Tisch,
und wenn du etwas hast, gib mir zu essen!
Oder: Fort, Fremder, ich habe eine Ehrenpflicht:
Ein Bruder kam zu Gast, ich brauche das Haus.
Für einen Mann mit Bildung ist es hart,
geschmäht zu werden, wenn man in der Fremde lebt.

Kartoffelklöße
$1\frac{1}{2}$ kg Kartoffeln
200 g Butter
4 Eier
Salz, Muskat
4 EL Mehl
2 Scheiben Weißbrot (1 cm dick)
etwas Bratbutter
Die am Vortag gekochten Kartoffeln schälen und raspeln. Das Brot in kleine Würfel schneiden und in etwas Bratbutter rösten.

Die Butter schaumig rühren, die Eier hineinschlagen, mit Salz und etwas Muskat würzen, das Mehl und die geriebenen Kartoffeln und schließlich die Brotwürfel hinzufügen. Alles gut mischen und mit leicht bemehlten Händen Klöße formen und diese in siedendem Salzwasser kochen. Zu Fleischgerichten mit dunklen Saucen servieren.

Besonders gut schmecken diese Kartoffelklöße, wenn man zu der Masse etwa 250 g feingehackten und in Butter gedünsteten Spinat hinzufügt. Oder eine kleine Handvoll gebratene Speckwürfelchen oder feingewiegten Schinken.

Backofenkartoffeln

750 g Kartoffeln

3 EL Öl

1 TL Butter

Rosmarin (Stäbchen oder Pulver), Pfeffer, Salz

Die Kartoffeln mit einer Bürste gründlich waschen, abtrocknen und ungeschält der Länge nach halbieren. Die Schnittflächen großzügig mit Öl bestreichen, salzen, pfeffern und einige Rosmarinstäbchen oder etwas Rosmarinpulver darüberstreuen. Mit der Schnittfläche nach oben auf ein mit Butter bestrichenes Kuchenblech legen und eine gute halbe Stunde in dem auf 240 Grad vorgeheizten Ofen backen. Am besten schmecken die Backofenkartoffeln natürlich, wenn man frischen Rosmarin verwendet.

Bratkartoffeln

750 g Kartoffeln

2 Knoblauchzehen

50 ml Olivenöl

Salz, (wenn möglich frischer) Rosmarin

Die Kartoffeln schälen und in nicht zu dicke Scheiben schneiden. Das Öl in einer Bratpfanne erhitzen, den feingehackten Knoblauch und die Kartoffeln in die Pfanne geben, mit etwas Rosmarin und Salz würzen und bei mittlerer Hitze goldbraun-knusprig braten.

Serviert man zu dieser Beilage noch ein Spiegelei und etwas Spinat (oder Salat), hat man eine ebenso einfache wie feine Hauptmahlzeit.

Gefüllter Fenchel

800 g Fenchel

$^1/_2$ Zitrone, Saft

1 Handvoll Basilikumblätter

$^1/_2$ Bund Petersilie

2 Zweiglein Thymian

1 große Zwiebel

1 Knoblauchzehe

2 EL Olivenöl

2 Eier

100 g geriebener Hartkäse (Parmesan, Emmentaler …)

Salz, Pfeffer

etwas Butter

150 ml Gemüsebrühe

Fenchel waschen und in der Mitte der Länge nach so halbieren, daß möglichst große Schnittflächen entstehen. Die Hälften in Salzwasser eine gute Viertelstunde vorkochen.

Für die Füllung die Zwiebel und den Knoblauch feinhacken und im Öl andünsten. Gegen Schluß auch die feingehackten Kräuter hinzufügen. Erkalten lassen.

Nun den ausgekühlten Fenchel mit einem Messer etwas aushöhlen. Das herausgelöste Fruchtfleisch ebenfalls hacken und zur Füllung geben; salzen, pfeffern. Die Eier verquirlen und zusammen mit der Hälfte des Käses unter die Füllung mischen. Auf den Fenchelhälften verteilen und diese in eine Gratinform geben. Die Fleischbrühe in die Form gießen. Diese mit Alufolie abdecken und für eine knappe halbe Stunde in den auf 200 Grad vorgeheizten Backofen schieben. Dann die Alufolie entfernen, den restlichen Käse über den Fenchel streuen und während 5–10 Minuten bei 230 Grad gratinieren.

Gefüllte Tomaten
4 große Tomaten
400 g gehackten tiefgefrorenen (Rahm-)Spinat
1 Portion Kräuter-Schachtelkäse (ca. 35 g)
80–100 g Boursin (oder ein anderer Frischkäse mit Kräutern)
eventuell 2–3 Zehen Knoblauch.

Die Tomaten der Seite nach halbieren und die Hälften mit einem Löffel aushöhlen. In jede Hälfte kommt zuerst ein kleines Stück von dem Kräuter-Schachtelkäse, dann der aufgetaute (in der Regel schon eßfertig zubereitete) Spinat und zum Schluß 1 TL Boursin. Nun werden die gefüllten Tomatenhälften in eine feuerfeste Form gelegt und in dem auf 200 Grad vorgeheizten Ofen eine halbe Stunde gegart.

Dieses Gericht eignet sich sowohl als Vorspeise wie auch als Beilage. Auch farblich präsentiert es sich herrlich. Wenn ich anderntags keinen Termin beim Zahnarzt habe, mische ich auf jeden Fall zwei bis drei Zehen gehackten und in Butter gedünsteten Knoblauch unter den Spinat.

Das Tomatenmark werfe ich natürlich nicht weg, sondern verwende es für eine feine Tomatensuppe (Rezept Seite 36).

Speckerbsen
500 g Erbsen
100 g Speckwürfelchen
1 alte Semmel, in kleine Würfel geschnitten
Salz, Pfeffer
Wenn ich keine frischen Erbsen bekommen kann, nehme ich tiefgefrorene (weil Erbsen aus der Dose für meinen Geschmack stets zu weich sind).

Die Speckwürfelchen zusammen mit den Semmelwürfeln so lange rösten, bis diese letzteren eine goldbraune Farbe annehmen (das Fett der Speckwürfelchen genügt dazu vollauf). Inzwischen die Erbsen in Salzwasser kochen und im Sieb abtropfen lassen, die Semmel- und Speckwürfelchen daruntermischen und mit Pfeffer, allenfalls auch noch mit einer Prise Salz, würzen.

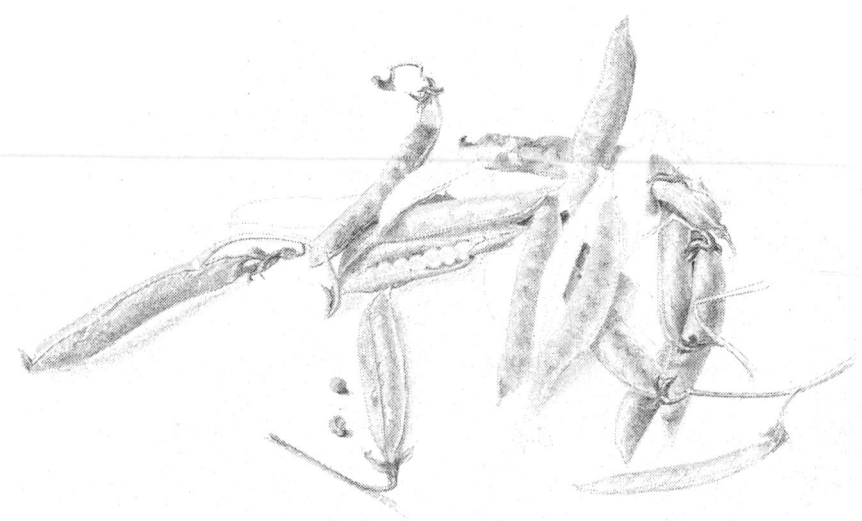

Rustikaler Linsentopf
200 g Linsen
1 großer Brühwürfel
150 g Speckwürfelchen
2 EL Öl
1 grüne
1 rote
1 gelbe Paprika
1 Zwiebel
1 Dose Maiskörner
Salz, Paprikagewürz, Cayennepfeffer
1 kleiner Bund gehackter Petersilie

Die Linsen gemäß der Packungsanweisung einweichen. Von der Einweichflüssigkeit gut $1/2$ Liter aufheben, den Brühwürfel dazugeben und die Linsen darin weichkochen.

Inzwischen die Zwiebel in Scheiben und die Paprika in Streifen schneiden. Dann die Speckwürfelchen in eine Bratpfanne und anschließend das Öl und das Gemüse hinzugeben. Kurz bevor das Gemüse weichgedünstet ist, die Maiskörner dazuschütten und leicht erhitzen. Mit etwas Salz, Paprika und Cayennepfeffer abschmecken und unter die gekochten Linsen mischen. Die Petersilie darüberstreuen und das Linsengericht aus dem Topf servieren.

Panierte Selleriescheiben
1 sehr große Sellerieknolle
1 Zwiebel
2 EL Weißweinessig
1 EL Mehl
2 Eier
6 EL Semmelbrösel
Salz, Pfeffer
100 ml Olivenöl

Die geschälte Knolle in etwa 1 cm dicke Scheiben schneiden. Die Zwiebel vierteln und zusammen mit 250 ml Wasser und dem Essig in einen Topf geben, in welchem die Selleriescheiben eine knappe Viertelstunde zugedeckt gekocht werden, so daß sie noch Biß haben.

Währenddessen die Eier mit einer Gabel verquirlen, salzen, pfeffern. Die leicht ausgekühlten Selleriescheiben im Mehl und dann im Ei und schließlich in den Semmelbröseln wenden. Anschließend in einer Bratpfanne auf mittlerer Hitze goldbraun braten. Dazu paßt gemischter Salat. Oder Kartoffelsalat.

Panierte Kohlrabi- und Rettichscheiben

Für das obige Rezept eignen sich anstelle von Sellerie auch Kohlrabi und Rettich, welche auf die gleiche Weise zubereitet werden. Wenn Sie als Köchin oder als Koch ganz groß in Erscheinung treten wollen, dann servieren Sie alle drei Gemüse zusammen als vegetarische Hauptmahlzeit oder (Zutaten entsprechend reduzieren!) als festliche Beilage zu Fleisch- oder Geflügelgerichten.

Zum erstenmal habe ich von diesem Gericht gekostet, als ich kurz vor Weihnachten einmal zu einem kleinen Abendessen bei einer Familie mit zwei Kindern eingeladen war. Das eine von ihnen wollte weder Sellerie noch Rettich essen; bei dieser Gelegenheit habe ich die Bedeutung des Begriffs ›absolute Verweigerung‹ in seiner ganzen Tragweite erfaßt. Nachdem der kleine Familienstreit (aus dem der sechsjährige Sohn eindeutig als Sieger hervorging) beigelegt war, meinte der Vater, daß ich schon von Berufs wegen zumindest vor derartigen Problemen verschont bliebe. Und, sagte er weiter, am Sonntag nach Weihnachten feiern wir ja wiederum das Fest der Heiligen Familie, und aus diesem Anlaß sagen die Pfarrer uns Eltern mit schöner Regelmäßigkeit, was wir tun und lassen sollen, obwohl sie selber doch gar keine Ahnung davon haben, wie es in unseren Familien heutzutage zu- und hergeht.

Ich versprach ihm, mir gut zu überlegen, was – und ob überhaupt – ich an diesem Festtag predigen würde.

Weil wir nie darüber gesprochen haben, ob er mit dem Ergebnis meines Nachdenkens einverstanden war, stelle ich's nun hier zur Diskussion. Vorausschicken muß ich, daß ich statt der vorgesehenen Lesungen zwei andere ausgesucht habe, in denen, allerdings nur beiläufig, auch vom Essen die Rede ist, nämlich einen Abschnitt aus dem Jakobusbrief (Kapitel 2, Verse 14–20) und einen Text aus dem Markusevangelium (Kapitel 3, Verse 20–21 und 31–35):

»Meine Brüder [die Schwestern sind hier mitgemeint], was nützt es, wenn einer sagt, er habe Glauben, aber es fehlen die Werke? Kann etwa der Glaube ihn retten? Wenn ein Bruder oder eine Schwester ohne Kleidung ist und ohne das tägliche Brot, und einer von euch zu ihnen sagt: Geht in Frieden, wärmt und sättigt euch!, ihr gebt ihnen aber nicht, was sie zum Leben brauchen – was nützt das? So ist auch der Glaube für sich allein tot, wenn er nicht Werke vorzuweisen hat. Nun könnte einer sagen: Du hast Glauben, und ich kann Werke vorweisen; zeig mir deinen Glauben ohne die Werke, und ich zeige dir meinen Glauben aufgrund der Werke. Du glaubst: Es gibt nur den einen Gott. Damit hast du recht; das glauben auch die Dämonen, und sie zittern. Willst du also einsehen, du unvernünftiger Mensch, daß der Glaube ohne Werke nutzlos ist?«

»Jesus ging in ein Haus, und wieder kamen so viele Menschen zusammen, daß er und die Jünger nicht einmal mehr essen konnten. Als seine Angehörigen davon hörten, machten sie sich auf den Weg, um ihn mit Gewalt zurückzuholen; denn sie sagten: Er ist von Sinnen. – Da kamen seine Mutter und seine Brüder; sie blieben vor dem Haus stehen und ließen ihn herausrufen. Es saßen viele Leute um ihn herum, und man sagte zu ihm: Deine Mutter und deine Brüder stehen draußen und fragen nach dir. Er erwiderte: Wer ist meine Mutter, und wer sind meine Brüder? Und er blickte auf die Menschen, die im Kreis um ihn herumsaßen, und sagte: Dies hier sind meine Mutter und meine Brüder. Wer den Willen Gottes erfüllt, der ist für mich Bruder und Schwester und Mutter.«

Das also, meine Lieben, sind die Texte, über welche ich anläßlich des Festes der Heiligen Familie damals gepredigt habe. Die Predigt selber hat nicht sehr lange gedauert. Wenn Sie nicht schon zu müde sind, schaffen Sie es trotz der späten Stunde noch, sie durchzulesen, bevor Sie sich in die Küche begeben, um das Geschirr zu spülen. Darf ich Sie bitten, während der Lektüre den Fernseher ausnahmsweise einmal auszuschalten? Vielen Dank!

Meine lieben Brüder und Schwestern, was kann ein katholischer Priester schon sagen am Fest der Heiligen Familie, da er doch bloß ein paar Erinnerungen an seine Kindheit und Jugendzeit, selber aber keine eigene Familie hat? Wahrscheinlich erwartet man von ihm, daß er die Heilige Familie unseren heutigen Familien als Vorbild hinstellt, weil sie ja aus lauter Heiligen besteht. Dies jedenfalls hat man früher in Hirtenschreiben und Herdenbriefen, die an diesem Festtag (in der Schweiz) vorgelesen wurden, immer wieder zu hören bekommen. Mein Vater hat in diesem Zusammenhang einmal bemerkt, sehr hilfreich sei ihm das nicht, was er da wieder vernommen habe; unsere unheilige Familie bestehe aus sieben Essern und dementsprechend vielen Problemen – da sei der heilige Josef im Vergleich gut weggekommen.

Ob wir es wahrhaben wollen oder nicht, Weihnachten rührt noch immer ans Gemüt, und so neigen wir wohl ein wenig dazu, uns in dieser heiligen Zeit die Heilige Familie in ihren Anfängen vorzustellen: das Jesuskind selig lächelnd in der Krippe, selbstverständlich etwas weniger lebhaft strampelnd als seine Altersgenossen; Maria, die ihm – was denn sonst? – ein paar fromme Psalmen vorsingt; Josef, still und ergeben und etwas ältlich schon im Hintergrund, einer eben, der sich mit seiner Großvaterrolle abgefunden hat, die ihm erst die Kirchenväter und – im Anschluß an sie – die Künstler zugedacht haben, begreiflicherweise. Denn ein etwas jüngerer und womöglich noch gutaussehender heiliger Josef an der Seite Marias hätte bloß zu mancherlei unheiligen Spekulationen Anlaß gegeben.

Ein bißchen realistischer wird das Bild, wenn wir uns vorzustellen ver-

suchen, wie es bei dieser Heiligen Familie ein paar Jahre später zugegangen sein mag. Die Mutter muß die üblichen Listen anwenden, damit das Kind sich bequemt, seinen Brei zu schlucken (noch ein Löffelchen für die Tante Elisabet, noch eins für den Onkel Zacharias und das letzte, schau, es schmeckt dir doch, das letzte also für dich, damit du groß und stark und gescheit wirst). Und dann immer wieder diese schlaflosen Nächte, weil Jesu Eltern sich Hunderte von Malen die gleiche Frage stellen, welche die Eltern aller Zeiten beschäftigt hat und weiterhin beschäftigen wird: Was wird wohl aus unserem Kind einmal werden? Und Josef, der bei aller Gottergebenheit ab und zu nun doch die Geduld verliert und mit der Faust auf den selbstgezimmerten Tisch haut, weil der kleine Jesusknabe ihm schon wieder die Säge kaputtgemacht und die Nägel versteckt hat.

Größere Kinder, größere Sorgen: Irgendwann tut Jesus, was alle normalen Kinder tun; er unternimmt einen Ausbruchsversuch (und um diesen beneide ich ihn noch heute, wahrscheinlich deshalb, weil mein eigener viel weniger dramatisch verlief und eher kläglich endete) – auch Jesus also unternimmt einen Ausbruchsversuch, ungefähr mit zwölf; die Eltern sollen ruhig allein zurückkehren in ihr gottverlassenes Nest. Er hat den Duft der großen weiten Welt gerochen, und die Hauptstadtluft und die Tempelhallen faszinieren ihn weit mehr als das alltägliche Einerlei in dem langweiligen Nazaret.

Und dann löst er sich vollends von zu Hause. Die Eltern wollen es zwar nicht wahrhaben, genau so, wie auch die heutigen Eltern es nicht wahrhaben wollen, daß die Kinder allmählich selbständig werden. Die Gelegenheit ergibt sich in Kana, anläßlich eines Hochzeitsfestes, bei dem offenbar auch ein paar trinkfeste Gesellen anwesend waren. Da sagt Jesus seiner Mutter glatt und unverblümt, daß sie wohl noch immer nicht begriffen hat, daß er jetzt erwachsen ist, daß er seine eigenen Wege gehen will und daß sie sich endlich von ihm lösen muß. In der etwas gestelzten Sprache des Evangelisten: »Frau, was habe ich mit dir zu schaffen?«

Das gefällt mir persönlich schon besser, weil hier die Idylle ein Ende hat und die Wirklichkeit mit einemmal klar durchscheint.

Heilige Familie. Nur zwei der Evangelisten widmen der Kindheit und Jugend Jesu gerade ein paar Zeilen. Mit anderen Worten: Wir wissen viel zuwenig vom Familienleben dieser Heiligen Familie, als daß unsere heutigen Familien sich an ihr ein Beispiel nehmen könnten. Wenn immer man diese Heilige Familie als Vorbild hingestellt hat, wurden die eigenen Vorstellungen von der bürgerlichen, wohlgeordneten Familie in sie hineinprojiziert. Und diese selbsterdachten Wunschvorstellungen waren es dann, die nun wiederum Vorbildcharakter hatten.

Viel mehr gäbe es aufgrund der spärlichen Quellenlage eigentlich nicht zu sagen über die Heilige Familie, wenn da nicht noch ein kleiner Haken wäre, an dem man einiges sehr Gewichtiges aufhängen kann.

Die Frage nämlich, die sich uns stellt und der wir uns heute, am Fest der Heiligen Familie, zu stellen haben, lautet doch: Wer eigentlich gehört zu dieser Heiligen Familie? Was versteht Jesus darunter?

Darüber gibt uns der Evangelientext Auskunft, den wir vorhin gehört haben. Dort ist die Rede davon, daß die Angehörigen Jesu, seine Mutter nämlich und seine Brüder, der Ansicht sind, er sei »von Sinnen«. Vermutlich hat sich der Evangelist in sprachlicher Hinsicht hier etwas Zurückhaltung auferlegt. Was er damit meint, ist klar; Jesu engste Verwandte betrachten ihn als total verrückt. Und so versuchen sie, ihn aus jenem Haus und zur Besinnung zu rufen. Und wie reagiert Jesus auf dieses Ansinnen? »Wer den Willen Gottes erfüllt, der ist für mich Bruder, Schwester und Mutter.«

Im Klartext: Was nützt es, fromm anzubeten, wenn man nicht bereit ist, fröhlich mit anzupacken? Was soll das Händeringen im Tempel, wenn man für die Mitmenschen draußen keine offene Hand hat? Was fruchtet es, Gott mit den Lippen zu ehren, wenn das Herz doch weit weg ist von ihm?

Natürlich haben die neutestamentlichen Schriftsteller nicht zu dem Zweck zur Gänsefeder gegriffen, damit wir es bei einer Textanalyse bewenden lassen, sondern damit wir ihre Vorstellungen von der Heiligen Familie anwenden auf unser Leben (was übrigens schon der Verfasser des Jakobusbriefes getan hat, dem unsere Lesung entnommen ist). Schön reden aber ist leicht, und richtig handeln ist schwer, das wissen nicht nur wir Prediger, das wissen wir alle.

Wenn ich mir überlege, was heute im kirchlichen Raum (oder in kirchlichen Räumlichkeiten) so stattfindet an Diskussionsrunden und Versammlungen und Sitzungen, so denke ich manchmal, ob da nicht ein bißchen zu viel geredet wird – und ob sich das Gewicht der Katholiken nicht allzusehr von den Knien aufs Gesäß verlagert hat.

Vielleicht darf ich Ihnen zum Schluß noch eine kurze Geschichte erzählen. Nein, sie stammt nicht von Eugen Drewermann, der sie auch bloß übernommen hat, sondern von Sören Kierkegaard, einem dänischen Denker und Gottsucher, der im letzten Jahrhundert im Königreich Dänemark, vor allem in klerikalen Kreisen, Ärgernis erregte. Und sie erläutert auf narrative Weise, wer zur Heiligen Familie gehört.

Ein Mann bringt einen Koffer voll Wäsche in einen Laden, in dessen Schaufenster sich ein Schild befindet: Wäscherei. Da tritt er ein und möchte nun seine Sachen abgeben zum Waschen. Aber der Verkäufer sagt ihm: Junger Mann, hier liegt ein Irrtum vor. Wir unterhalten hier keine Wäscherei; wir produzieren nur Ladenschilder.

Die Kirche als Schilderfabrik; das Christentum – ein Schildbürgerstreich? Diese Gefahr hat immer bestanden. Sie wird auch weiterhin bestehen. Das wissen wir. Und noch etwas wissen wir: Jesus wird sich dereinst mit uns nicht über das Evangelium unterhalten; er wird wissen wollen, ob wir uns daran gehalten haben. Denn dies allein entscheidet darüber, ob auch wir einmal dazugezählt werden – zur Heiligen Familie.

Ratatouille

Der Name dieses Gerichtes könnte einem den Appetit verderben. Denn ›Ratatouille‹ übersetzt man am besten mit ›Fraß‹ – nichts anderes nämlich hatten die französischen Soldaten mit dieser Bezeichnung im Sinn, die zu Beginn des Jahrhunderts in den Kolonien stationiert waren und diese Gemüsemischung aus Tomaten, Zwiebeln, Paprika und Zucchini (und manchmal auch Auberginen) vier- bis fünfmal die Woche vorgesetzt bekamen. Tatsächlich jedoch handelt es sich um eine kulinarische Köstlichkeit, und zwar nicht nur für erklärte Vegetarier.

3 EL Olivenöl
2 mittelgroße Zwiebeln
2 Knoblauchzehen
3 Tomaten
2 rote und 2 gelbe Paprika
2 Zucchini
50 ml trockener Rotwein
2 große Brühwürfel, Pfeffer, italienische oder französische (Herbes
    provençales) Kräutermischung

Die eine Zwiebel in sehr kleine, die andere in grobe Stücke schneiden, den Knoblauch durch die Presse geben und beides in dem in einem Topf erhitzten Öl kurz dünsten. Die in Streifen geschnittenen Paprika und die in etwa $1/2$ cm dünne Scheiben geschnittene Zucchini hinzufügen, ebenso die geschälten, in grobe Stücke zerteilten Tomaten. Die Brühwürfel darüber zerbröseln. Mit dem Pfeffer und der Kräutermischung nachwürzen. Den Wein dazugießen und alles auf kleiner Flamme etwa 10 Minuten köcheln. Sobald die Flüssigkeit etwas verdampft ist, den Deckel auf den Topf setzen, die Hitze reduzieren und das Gemüse noch etwa 5–10 Minuten weiterköcheln; es sollte noch etwas Biß haben.

Fast jedesmal, wenn ich ein paar Bekannte oder Freunde einlade, kommt es während des Essens zu lebhaften Diskussionen über die Kirche. Die Kritik, die ich da manchmal zu hören bekomme, scheint mir nur zu berechtigt.

Natürlich kann man die Kirche als ›Haus voll Glorie‹ betrachten, wie es in einem bekannten Kirchenlied heißt, und dabei auf die ganze Kollektion verschiedenformatiger Heiligenscheine verweisen. Nur sollte man darüber den Unrat, der nicht nur in den Winkeln, sondern auch in den Räumen dieses Hauses herumliegt, nicht übersehen. Wenn engagierte Christen sich daran machen, dieses Haus ein bißchen auszuleuchten und auszukehren, versteht es sich von selbst, daß dabei Staub aufgewirbelt wird. Nicht von vornherein auszuschließen ist, daß auch die altehrwürdigen Möbelstücke beim Reinemachen manchmal einen Kratzer abkriegen. Aber was tut's; das Haus ist wichtig, nicht die Möbel. Das Haus wurde von Christus errichtet, aber die Einrichtung stammt von Menschen und muß daher notgedrungenerweise immer wieder einmal erneuert werden.

Dies jedenfalls entspricht dem Selbstverständnis der Kirche. Schließlich konnte sich das Konzil von Trient, welches am 13. Dezember 1545 (und das paßt nun ganz gut in ein Kochbuch) mit einem feierlichen Bankett und einem festlichen Ball eröffnet wurde, nur deshalb allmählich zu einem Reformkonzil entwickeln, weil man im Lauf der Sitzungen immer deutlicher erkannte, daß es eine ganze Menge von Mißständen in der Kirche zu beseitigen gab. Und das Zweite Vatikanische Konzil gibt offen zu, daß die Kirche sich in dieser Weltzeit auf dem Weg befindet, was doch wohl einschließt, daß sie längst noch nicht am Ziel ist und keinesfalls (wie ein alter Katechismus häretisch behauptet) mit dem »Reich Gottes auf Erden« gleichgestellt werden darf.

Tatsächlich ist die Kirche – und ist auch die Kirchenleitung – immer wieder der Versuchung erlegen, Jesu Wort von der Schlangenklugheit und der Taubeneinfalt zum eigenen Vorteil auszulegen. Eben deshalb ist die Kirche nie, was sie eigentlich sein sollte: Licht auf dem Berg und Salz der Erde.

Erfreulicherweise hat heutzutage jedermann die Möglichkeit, sich zu Wort und seine Bedenken anzumelden (sofern man die Konsequenzen nicht scheut). Was mir persönlich nicht gefällt, ist der Ton, in welchem solche Kritik zumeist vorgebracht wird, komme sie nun von oben oder von unten. Immer häufiger habe ich den Eindruck, daß es dabei gar nicht mehr um die Sache geht, sondern um die Festigung von Machtpositionen. Deutlicher ausgedrückt: Auseinandersetzungen um angeblich theologische Fragen reduzieren sich häufig auf reine Machtfragen.

So geschieht es, daß einzelne Christen in Sachen Glaubenslehre nur deshalb eine bestimmte Ansicht verteidigen, weil sie es – eher unbewußt? – unter ihrer Würde finden, sich von anderen informieren zu lassen; daß Bischöfe ausschließlich ihr Haupt als geeigneten Landeplatz für die Taube des Heiligen Geistes betrachten (weshalb sie manchmal dazu neigen, anderen den Kopf und nicht die Füße zu waschen); daß Theologen und Glaubensbehörden in Konfliktfällen so wenig Gesprächsbereitschaft an den Tag legen, weil ihnen angeblich niemand etwas sagen kann, was sie nicht schon wissen; daß römische Instanzen es vorziehen, ein Exempel zu statuieren, statt ein Beispiel zu geben, ein Beispiel nämlich, wie man Auseinandersetzungen mit Geduld und auf geschwisterliche Weise beizulegen vermag.

Was ich in der heutigen Kirche vermisse, ist eine christliche Streitkultur. Daß es die nicht gibt, hängt wohl auch damit zusammen, daß man mit dem Begriff ›Konflikt‹ immer gleich Hader und Haß, Zwietracht und Nieder-

tracht, böses Blut und schlimme Absicht assoziiert, und dies von alters her. So brachte etwa der Streit zwischen Petrus und Paulus (siehe Galaterbrief, Kapitel 2, Verse 1–10, und Apostelgeschichte, Kapitel 15) die beiden berühmten Kirchenmänner Augustinus (354–430) und Hieronymus (um 347–420/21) in größte Verlegenheit; ihr diesbezüglicher Briefwechsel dokumentiert, daß sie sich mit dieser Tatsache einfach nicht abfinden konnten, weswegen sie sich gezwungen sahen, einige auslegerische Salti mortali zu vollziehen.

Streit und Auseinandersetzungen indessen sind unerläßlich, wenn es darum geht, die evangelische Botschaft unter sich wandelnden gesellschaftlichen Bedingungen zu verkünden. Nochmals verweise ich hier auf das 15. Kapitel der Apostelgeschichte. Wenn man jedoch jede ungewohnte Ansicht gleich als Attentat auf das Glaubensgut wertet, entartet der notwendige Streit zu gehässigen Streitereien. Diese werden dann mit dem Besitz der Wahrheit gerechtfertigt, die man angeblich zu verteidigen hat – wo es doch gerade darum ginge, vom Geist des Evangeliums besessen zu sein, was sich zweifelsohne wiederum auf die Art der Auseinandersetzung auswirken würde. Wahrheitsfindung gibt es nur auf dem Weg der Toleranz, des Dialogs, der Versöhnlichkeit und – dies vor allem – des gegenseitigen Respekts. Wo nicht mehr die Begegnung mit dem Mitmenschen, sondern nur noch die Bestätigung seitens Gleichgesinnter gefragt ist, geht es trotz allem äußeren Anschein weder um den Glauben noch um die Kirche und schon gar nicht um das Christentum, sondern lediglich darum, die eigene Haltung von nichts und niemandem in Frage stellen zu lassen.

Doch jetzt darf ich euch, meine lieben Gäste, zu Tisch bitten, damit ihr endlich Gelegenheit bekommt, mein Ratatouille zu kosten. Diskutieren können wir ja auch während des Essens, und wenn jemand so richtig in Fahrt gerät, ist das nicht weiter schlimm, solange die Fairneß gewahrt bleibt. Besser eine streitende als eine schlafende Kirche, findet ihr nicht auch?

Und weil ein zufriedener Magen allfällige Aggressionen erheblich zu dämpfen vermag, habe ich mein Ratatouille noch mit ein paar Kalorien aufgestockt. Wie das vor sich geht, kann ich euch gern verraten:

Wenn ich ein Ratatouille als Hauptgericht serviere, füge ich etwa 5 Minuten, bevor ich den Topf vom Herd nehme, 2–3 durchgebratene und in kleine Stücke geschnittene Schweinsbratwürste oder 400 g gebratenes (mit Salz, Pfeffer und Rotwein gewürztes) Hackfleisch oder auch 400–500 g in Würfel geschnittene Fischfilets (Felchen, Rotbarsch, Seelachs …) hinzu. Dazu paßt frisches Pariserbrot; eine einzige Stange wird wohl nicht reichen.

Zucchini im Bierteig
500–600 g Zucchini
reichlich Bratbutter (oder Öl)

Für den *Bierteig*:
100 g Mehl
30 g Maizena
1 TL Salz, etwas Pfeffer
2 Eier
150 ml helles Bier
Eigelb und Eiweiß trennen und alle Zutaten für den Bierteig, außer dem Eiweiß, gut miteinander verrühren und 20 Minuten ruhen lassen. Das Eiweiß steifschlagen und darunterziehen.

Während der Teig ruht, die Zucchini waschen, abtrocknen, der Länge nach und in höchstens $1/2$ cm dünne Scheiben schneiden.

Diese durch den Teig ziehen, in der in einer Pfanne erhitzten Bratbutter goldbraun fritieren und anschließend auf Küchenkrepp legen, damit das Fett etwas entzogen wird. Warm servieren.

Apfelküchlein im Bierteig
Für Apfelküchlein, die sich anstelle der üblichen Pommes frites auch als Beigabe zu Fleischgerichten (Wiener Schnitzel, Cordon bleu ...) eignen, nehme ich ebenfalls Bierteig (siehe vorangehendes Rezept). Dazu schäle ich etwa 700–800 g knackige Äpfel, entferne das Gehäuse, schneide sie in Scheiben von etwa $1/2$ cm Dicke, ziehe sie durch den Teig und fritiere sie auf die gleiche Art wie die Zucchini.

Wenn ich die Apfelküchlein als Hauptmahlzeit oder zum Nachtisch (dann aber in kleineren Portionen!) reiche, bestreue ich sie mit etwas Zucker.

Wie wir bereits feststellen konnten, bestand das Anliegen des Freiherrn von Knigge nicht darin, seinen Zeitgenossen irgendwelche Tischsitten einzubleuen. Derartige Verhaltensregeln jedoch finden sich im Buch Jesus Sirach. *Weil diese Tatsache selbst zahlreichen Lektoren und Lektorinnen (für Uneingeweihte: damit sind jene Frauen und Männer gemeint, welche am Sonntag in der Kirche die Lesung und meist auch die Fürbitten vortragen) unbekannt ist, erlaube ich mir, aus dem 31. Kapitel dieser eher konventionellen als originellen Schrift ein paar Kostproben zu zitieren.*
Mein Sohn, sitzt du am Tisch eines Großen,
dann reiß den Rachen nicht auf!
Sag nicht: Es ist reichlich da.
Denk daran, wie häßlich ein gieriges Auge ist.

Wohin schon ein anderer blickt,
dahin streck deine Hand nicht aus,
sonst triffst du mit ihm in der Schüssel zusammen.
Iß wie ein gesitteter Mann, was vor dir liegt,
und sei nicht gierig, sonst verabscheut man dich.
Hör als erster auf, wie es der Anstand verlangt,
und schlürfe nicht, sonst erregst du Anstoß.
Auch wenn du unter vielen sitzt,
streck deine Hand nicht vor dem Nachbarn aus!
Hat ein wohlerzogener Mensch nicht mit wenig genug?
So wird es ihm in seinem Bett nicht übel.
Schmerz, Schlaflosigkeit und Qual
und Magendrücken hat der törichte Mensch.
Gesunden Schlaf hat einer, der den Magen nicht überlädt;
steht er am Morgen auf, fühlt er sich wohl.
Hast du dich dennoch von Leckerbissen verführen lassen,
steh auf, erbrich sie, und du hast Ruhe.
Wer bei Tisch anständig ist, wird gelobt,
sein guter Ruf steht fest.
Wer sich bei Tisch schlecht benimmt,
wird öffentlich beschimpft,
sein schlechter Ruf steht fest.

Immerhin scheint der Verfasser dieser Zeilen mit der Tatsache vertraut zu
sein, daß das Essen oft sehr viel besser ist als alle guten Vorsätze – und mit
den möglichen Folgen hat er sich offenbar abgefunden (»Hast du dich den-
noch verführen lassen ...«). Seinen etwas lehrerhaften Tonfall wird man ihm
schon deshalb nicht verübeln, weil es ihm zweifelsohne nicht bloß um das
Wohlverhalten, sondern letztlich eher um das Wohlbefinden seiner Leser
geht. (Von Leserinnen ist hier bewußt nicht die Rede, weil es zu der Zeit, als
das Buch Jesus Sirach *verfaßt wurde, nämlich um 190. v. Chr., zwar jede*
Menge männliche, aber nachweislich keine weiblichen Schriftgelehrten
gab.)

5. Kapitel

Fleisch – Geflügel – Fisch

Fünftes Zwischenstück

Von heiligen Komikern und komischen Heiligen oder warum man Vorbildern gegenüber Zurückhaltung üben muß

Zwei Heilige vor allem haben im Rom des 16. Jahrhunderts von sich reden gemacht: der Kapuzinerbruder und Almosenbettler Felice von Cantalice und der Stadtstreicher und Mystiker Filippo Neri. Beide haben das Licht der Welt im selben Jahr erblickt, anno Domini 1515. Außer dem gemeinsamen Geburtsjahr verbanden die beiden zumindest drei Dinge: erstens die gemeinsame Liebe zur Ewigen Stadt, zweitens eine permanente Fröhlichkeit und, drittens, eine innige Freundschaft. Darüber hinaus standen beide im Ruf – oder, wie man in frommen Kreisen zu sagen pflegt, im Geruch – der Heiligkeit. Eben diese Tatsache machte ihnen so sehr zu schaffen, daß sie, beide schon über siebzig, schließlich beschlossen, etwas dagegen zu tun.

Den etwas penetranten Geruch der Heiligkeit vertreibt man am besten mit einem starken Weinatem. Also haben die beiden Gottesdiener eines Tages einen prallen Schlauch voller Wein miteinander geleert, sind Hand in Hand oder Arm in Arm (die Zeugenaussagen gehen hier etwas auseinander) durch die heilige Stadt gezogen (getorkelt?), Lieder singend, Unfug treibend, Witze reißend, den Tagedieben zur Unterhaltung und den Frommen zum Skandal – selber fest davon überzeugt, daß von jetzt an niemand mehr auf den Gedanken komme, sie als Heilige zu verehren.

Viel hat ihnen ihre Zecherei nicht genützt. Möglicherweise mußte Felice deswegen ein bißchen länger auf seine Heiligsprechung warten; er starb 1587 und wurde erst 125 Jahre später, 1712, kanonisiert. Beim fidelen Filippo hingegen, dem man es einfach nicht abnahm, daß ein Witz ernst gemeint sein könnte, lief alles viel schneller; er starb am 26. Mai 1595, und schon nach 27 Jahren minus vier Tagen, nämlich am 22. Mai 1622, wurde ihm ein fester Platz im Heiligenkalender zugewiesen, und zwar, wie in solchen Fällen üblich, ganz gegen seinen Willen.

Wenn heutzutage einem Papst einmal ein Scherz gelingt, ist das dem *Corriere della sera* eine Schlagzeile wert, in *Newsweek* und *Le Monde* erscheint dazu ein Kommentar, während *Der Spiegel* diesem Ereignis immerhin ein

Kästchen widmet. Zu Zeiten Johannes' XXIII. war es noch selbstverständlich, daß Päpste nicht nur Witze machen, sondern auch lachen konnten – auch über sich selbst. Ihrer Glaubwürdigkeit hat das keinen Abbruch getan, im Gegenteil.

Das trifft auch für einen Philipp Neri zu, der, wie der heilige Papst Johannes, und im Gegensatz zu vielen seiner Zeitgenossen, fest davon überzeugt war, daß ein Tapetenwechsel schon deshalb überfällig sei, weil man den Teufel lange genug an die Wand gemalt hatte.

Im Alter von 15 Jahren wird Filippo von seinem Vater (von Beruf Notar, aus Neigung Alchimist) von Florenz nach San Germano am Fuß des Montecassino zu einem Onkel geschickt; er soll dort den trickreichen Beruf eines Kaufmanns erlernen. Aber statt im Geschäft mitzuarbeiten, drückt der Junge sich meistens in der nahen Benediktinerabtei herum. Drei Jahre später zieht es ihn nach Rom, wo er beim Leiter des florentinischen Zollamtes als Erzieher ein kärgliches Einkommen hat. In seiner freien Zeit pflegt er Kranke, hört sich ein paar theologische Vorlesungen an, verkauft aber schon bald seine Bücher, verschenkt das Geld an die Armen und lungert auf den Straßen herum, wo er die Gassenjungen unterhält, kleine Ladenbesitzer in schwierige Gespräche verwickelt und den Leuten auf dem Markt derb-fröhliche Geschichten erzählt. Dann wieder treibt es ihn hinaus vor die Stadttore, wo er in den Katakomben und in den Vorhallen von Kirchen nächtigt. Mit dem gebührenden Respekt sei es vermerkt: Philipp wird immer mehr zum Stadtstreicher, der sich von den übrigen Pennern nur darin unterscheidet, daß er fromm ist, und dies sozusagen von Natur. Allerdings hat seine Frömmigkeit nichts gemein mit der Beterei jener zahllosen Wirrköpfe und Spinner, die dauernd frommes Zeug daherbrabbeln, in der Meinung, sie würden auf diese Weise Visionen erleben und in Verzückung versetzt werden. Bei Philipp ist das ganz anders; er wartet nicht auf Ekstasen. Er hat einfach welche. Das ist ihm furchtbar peinlich. Aber leider läßt es sich nicht ändern. Und natürlich – Glaubenserfahrungen und religiöse Überzeugungen haben es nun einmal in sich – gerät er immer mehr ins Schwärmen. Auf seinen Streifzügen durch die Stadt ermahnt er alle, ob sie ihn hören wollen oder nicht, die Taugenichtse und Tunichtgute und Nichtsnutze, doch ja nur immer Gutes zu tun. Und weil er das so freundlich sagt und weder mit hundert Dämonen noch mit der ewigen Verdammnis droht und dazu auch noch lacht, lacht man ihn aus. Was tut man in einem solchen Fall? Man lacht mit – und hat plötzlich die Lacher auf seiner Seite.

Sowas spricht sich schneller herum als ein Seitensprung des Stadtpräfekten. Wo immer Philipp auftaucht, drängt man ihn zu predigen, auf Plätzen, auf dem Markt, selbst auf den Straßen. Wenn Philipp dort in Fahrt gerät, kommt der Verkehr ins Stocken.

Obwohl er noch immer ein ganz gewöhnlicher Gammler ist, wird er längst nicht mehr als solcher betrachtet. Denn nach allgemeiner Überzeugung geht von ihm eben jener seltene Geruch aus, von dem bereits die Rede war.

Im übrigen veranstaltet Philipp auch Happenings. Predigt mit einem nur zur Hälfte rasierten Bart. Zieht im Kardinalsornat durch die Straßen, um den Prälaten eins auszuwischen. Setzt Frauen, die vor ihm niederknien, seine Brille auf die Nase: »Damit ihr mich besser sehen könnt.« Bestellt den Barbier in eine Kirche und läßt sich dort die Haare scheren.

Sein Beichtvater macht sich Sorgen. Um den kuriosen Filippo aus dem Verkehr zu ziehen, ist es zu spät. Der gehört inzwischen genauso zum Stadtbild wie der Lateranpalast.

Also verfällt Philipps Beichtvater auf die (wie er meint) glänzende Idee, daß man diesen Narren und Gaukler am ehesten dadurch herumkriegen könne, indem man ihn zum Priester weiht. Der 36jährige willigt ein. Höhere Ausbildung ist nicht vonnöten; daß Philipp predigen kann, weiß jeder Pflasterstein in Rom. Entgegen den Erwartungen seines Beichtvaters aber hat die Priesterweihe, die Philipp Neri im Jahre 1551 empfängt, keinerlei hemmende Auswirkungen auf sein loses Mundwerk. Aber sie bringt es mit sich, daß er jetzt einen festen Wohnsitz nehmen muß.

Das hat wiederum sein Gutes. Das bescheidene Zimmer, das er anmietet, wird schnell zu einem religiösen Mittelpunkt; nur ein paar Leute finden darin Platz, die übrigen versperren die Treppe. Man trifft sich, man diskutiert, man predigt, man singt – und: kein Treffen ohne fröhliches Gelächter. Was dieses letztere betrifft, braucht der Gastgeber keinerlei Nachhilfestunden vom Beichtvater.

Auch als Priester kann Philipp seine Natur nicht verleugnen. Nach wie vor geschieht es, daß er auf der Straße anfängt zu tanzen und deswegen als alter Narr verspottet wird. Und mehr als einmal spielt er in der Sakristei mit Hunden und Katzen, bevor er die Messe feiert. Die kann dann allerdings stundenlang dauern, besonders wenn er dabei in eine seiner plötzlichen Ekstasen verfällt.

Längst ist der heitere Filippo viel populärer als der Papst, den er übrigens in seinen Witzen nicht ausspart. Der maßregelt ihn zwar manchmal ein bißchen. Verbietet ihm, die Beichte zu hören. Verbietet seine heiteren Wallfahrten zu den sieben Kirchen Roms, die – wie denn anders – mit Picknick und Spielen verbunden sind. Verbietet alles, was einem Paul IV. eben gerade verbietenswert erscheint. Sein Nachfolger, Pius V., hält sich da etwas zurück. Die drei folgenden Päpste lassen ihn gewähren; sie haben andere Sorgen, nachzulesen in jeder Kirchengeschichte. Gregor XIV. lächelt selig, wenn von Philipp die Rede ist. Innozenz IX. lacht laut und herzlich, natürlich nur in vertrauter Runde. Und Klemens VIII. leidet an Gicht. 1595, der Papst hat gerade wieder einmal einen schrecklichen Anfall, ruft man Philipp Neri an sein Krankenlager. Der hält dem Papst die Hand. Vergeblich. Er betet. Auch vergeblich. Oder vielleicht doch nicht ganz. Tatsache ist, daß Philipp sich schließlich kurzerhand zum Papst ins Bett legt. Kämmerer und Kardinäle sind, wieder einmal, pikiert – aber der Papst ist kuriert. Begreiflicherweise wird Philipp Neri jetzt nicht nur von ihm, sondern auch von seinen Nachfolgern hoch verehrt.

Wer war Philipp Neri? Ein Gaukler oder ein Mystiker? Ein Stadtstreicher oder ein Wundertäter? Ein gottbegnadeter Seelenführer oder einfach ein Witzbold und Spaßvogel? Ich meine: er war all das zusammen – und noch viel mehr. Er war ein fröhlicher Christ, der sich um die Meinung, welche die anderen von ihm hatten, einen Dreck scherte. Etwas vornehmer ausgedrückt: der seinen Glauben lebte und gleichzeitig keinen Moment zögerte, er selber zu sein.

Und ein Komiker war er obendrein. Das hat natürlich eine Menge Leute gestört. Aber Philipp Neri war nun einmal ein Clown, ein großartiger Spaßmacher und unüberbietbarer Possenreißer *und* ein gottbegnadeter Heiliger von Format.

Offenbar haben manche fromme Christen etwas Mühe mit heiligen Komikern und komischen *Heiligen.* Sie können Menschlichkeit und Heiligkeit nicht auf einen Nenner bringen. So wurden die offenkundigen Narrenzüge bei Philipp Neri von manchen seiner Biographen als störend oder gar als peinlich empfunden, was sie wiederum dazu verführte, diese komische Seite seines Wesens möglichst abzuschwächen.

Dieser Tendenz entspricht eine andere, die in jedem Räuspern eines Heiligen einen Wink des Himmels erkennt. Was ein Heiliger tut, was er schreibt, was er sagt, und sei es im Halbschlaf: alles hat Gewicht, Bedeutung, Signifikanz. Zumindest steckt etwas dahinter. Warum wohl? Weil auf jeden Fall etwas dahinter stecken *muß*! In dieser Hinsicht unterscheiden sich die meisten Heiligenbiographen nicht von den Goetheforschern. Die Gestalt des Heiligen wird überhöht, sein Charakter übertüncht und sein Wesen verkehrt, natürlich nicht ins Spaßige, sondern ins Spießige, oft auch ins Frömmlerische und ins Bigotte. Auf diese Weise entstehen dann jene schiefen Figuren, die der gesunde Glaubenssinn zu Recht als *komische* Heilige bezeichnet.

In mancher Hinsicht gilt dies etwa für den heiligen Aloysius von Gonzaga, einen Zeitgenossen von Philipp Neri. 1568 in der Nähe von Mantua als Sohn eines Marchese geboren, dient er zunächst als Page am Hof von Florenz. Mit 17 Jahren verzichtet er auf sein Erbe und tritt in Rom in den Jesuitenorden ein. Als 1591 Mittelitalien von einer Hungersnot und anschließend von einer Pestepidemie heimgesucht wird, widmet Aloysius sich der Pflege der Kranken und holt sich dabei den Tod.

Der älteren Generation ist Aloysius von Gonzaga vor allem als ›engelgleicher Jüngling‹ in Erinnerung, eine Klassifizierung, die sich natürlich nicht auf seinen heroischen Dienst an den Pestkranken, sondern auf seine Liebe zur Keuschheit bezieht. Tatsächlich kann man in fast allen Lebensbeschreibungen dieses Heiligen nachlesen, was sein erster Biograph, Virgilio Cepari, schon anderthalb Jahrzehnte (1606) nach dem Tod des Aloysius in die Welt gesetzt hat: daß dieser es bereits als Zwölfjähriger sorgfältigst vermieden habe, die Kammerzofen der Mutter sein Zimmer betreten zu lassen; daß er in ihrer Anwesenheit die Augen zu Boden gesenkt habe; ja daß er sich sogar davor gehütet habe, sich mit seiner eigenen Mutter, der Signora Marchesa, allein in einem Raum aufzuhalten. Einmal abgesehen davon, daß der gesenkte Blick damals zur höfischen Etikette gehörte, wird man sich fragen müssen, mit welch unzüchtigen Vorstellungen der *Verfasser dieser Biographie* zu kämpfen hatte, der im Zusammensein mit der eigenen Mutter eine Gefahr für die Tugend der Keuschheit wittert. Das Tragische an der ganzen Sache jedoch ist, daß derartige ans Perverse grenzende Mönchsphantasien ganzen Generationen von Christen als nachahmenswerte Tugendmuster präsentiert wurden. Tatsache ist, daß die damalige frivole Adelsgesellschaft weder die Frömmigkeit noch den einwandfreien Lebenswandel eines Aloysius auch nur im geringsten zu beeinträchtigen vermochte – und daß die gängigen Aloysiusdarstellungen (gesenkter Kopf, niedergeschlagene Augen, eine Lilie in der einen und ein Gebetbüchlein in der anderen Hand) den charakterfesten Adelproß des Hauses Gonzaga als hysterischen Jüngling präsentieren. Und dieser komische Heilige sollte nun der Jugend als Vorbild dienen...

Ein weiteres bekanntes Beispiel für eine derartige Verfälschung einer Biographie ist die Lebensgeschichte der heiligen Theresia vom Kinde Jesus.

Schon als Kind erweist sich die im Jahre 1873 geborene Thérèse als derart fügsam und fromm, daß eigentlich nur die Oberin des Karmeliterinnenklosters von Lisieux sich noch wundert, als das eben 15jährige Mädchen dort um Aufnahme bittet. Zwei ihrer älteren Schwestern haben diesen Schritt bereits vor ihr getan, allerdings in einem Alter, das vor dem gesunden Menschenverstand zu verantworten war. Neun Jahre lebt die kleine heilige Theresia, (wie sie auch genannt wird) im Karmel. 1897 stirbt sie an Schwindsucht.

Über ihr Leben vor und nach dem Klostereintritt gibt die von ihr aufgezeichnete und von ihrer Schwester Agnes herausgegebene »Geschichte einer Seele« Aufschluß. Diese Schwester, im Kloster inzwischen zur *Mutter* Agnes, will sagen zur Oberin, avanciert, war es auch, welche Theresia zur Aufzeichnung ihrer geistlichen Erfahrungen veranlaßt hatte.

Was jetzt geschieht, konnte niemand voraussehen. Die kleine unscheinbare Schrift schlägt ein wie ein Blitz. Tausende und Abertausende von Exemplaren werden davon gedruckt. Übersetzungen in über dreißig Sprachen folgen. Schon im Alter von zwei Jahren, liest man da, fühlte Thérèse sich hingezogen zum Bräutigam der Jungfrauen. Sie ist die kleine Blume, die Jesus gepflückt und in den Karmel verpflanzt hat, diesen erlesenen Garten der Gottesmutter. Klein will sie bleiben und unscheinbar. Süß ist es, sich in Jesu Arme zu werfen. Und die Schwindsucht, die sie verzehrt? Die Leiden, die Jesus schickt, muß man tragen! Theresia weiß, daß sie sterben muß. Nach ihrem Tod aber wird das »Gänseblümlein Gottes«, wie sie sich selber nennt, »Rosen der Gnade auf diese Erde regnen lassen«.

Vielleicht erklärt sich der Riesenerfolg dieser kleinen Schrift mit der damaligen Verunsicherung der Gläubigen. Das Kloster als geistlicher Garten, als Ankerplatz in den Stürmen der Zeit, als Hort vor Anfechtungen, als Trutzburg gegen den um sich greifenden Unglauben. Als vorweggenommes Paradies.

Irgendwie ist das alles zu schön, um wahr zu sein. Zwar ahnt man es dunkel, aber irgendwie empfindet man Hemmungen, es einmal deutlich auszusprechen: die »Geschichte einer Seele« ist religiöser Kitsch.

Genauer: *diese*, von Mutter Agnes veröffentlichte Geschichte einer Seele! Heute wissen wir, daß die Klostervorsteherin gute Gründe hatte, das Originalmanuskript nur ja nicht aus der Hand zu geben. Erst ihr Tod im Jahre 1951 ermöglicht einem gelehrten Karmelitermönch den Zugriff darauf und damit den Nachweis, daß die geistliche Autobiographie der kleinen Theresia, an der sich Aberhunderttausende erbaut hatten, von ihrer Schwester und Oberin nach allen Regeln der erbaulichen Kunst *ediert* wurde. Das bedeutet in diesem Fall: Retusche, Zensur, Verfälschung.

Im Lauf seiner wenigen Klosterjahre hat das »kleine Gänseblümchen« nämlich noch ein paar andere Erfahrungen gesammelt und schriftlich festgehalten. Nicht nur von Frömmigkeit ist in ihren Aufzeichnungen die Rede, sondern auch von furchtbarer Einsamkeit. Von Depression. Von einem »dunklen unterirdischen Gewölbe«, das Jesus sie durchschreiten läßt. Vom »Bräutigam mit dem halbverschleierten Blick«, der »tausend Meilen weit entfernt« zu sein scheint. Von der Furcht, sich den Mitschwestern mitzuteilen: »Äußerlich verriet ich nichts.« Vom Zweifel daran, ob es überhaupt einen Himmel gebe: Gott »wird dir nicht das geben, was du erhoffst, sondern die Nacht des Nichts«.

Von dieser »Nacht des Nichts« haben viele große Mystiker erzählt. *Sie* verstanden darunter Zeiten innerer Dürre und Trostlosigkeit, mit einem anderen Wort: die Erfahrung der *Abwesenheit Gottes*. Bei Theresia ist das anders: Immer wieder einmal überfallen sie furchtbare Zweifel an der *Existenz Gottes*. Damit teilt sie ganz und gar das Los des modernen Menschen. Und zeigt so, daß der Zeitgeist auch durch die Ritzen der Klostermauern dringt. Sie ist nicht die kleine süße Jesusschwärmerin, als die man sie jahrzehntelang betrachtet hat, sondern eine überaus tapfere und erprobte Heilige, in der die heutigen Menschen mit ihren Glaubenszweifeln, Ängsten und Depressionen sich wiedererkennen.

Bei Philipp Neri zielte das Bestreben mancher Biographen darauf, sein unbestritten extravagantes und vielleicht auch ein bißchen exzentrisches Gehabe möglichst zu nivellieren, um aus ihm einen *anständigen* Heiligen zu machen. Bei Aloysius von Gonzaga und der kleinen Theresia hingegen ist eine Tendenz zum Idealisieren festzustellen. In beiden Fällen handelt es sich um eine Verfälschung, insofern nicht das Verhalten der Heiligen den Maßstab für die anzustrebende Vollkommenheit bildet, sondern die eigene (zeit- und persönlichkeitsbedingte) Vorstellung von Heiligkeit, die dann in die Heiligen hineinprojiziert wird.

Spätestens hier jedoch stellt sich ein grundsätzliches Problem: Können die Heiligen wirklich in jedem Fall als Vorbilder gelten? Die Frage mag zunächst etwas provozierend klingen. Aber sie scheint berechtigt, sobald man sich die eine oder andere Heiligengestalt in ihrer Konkretheit vergegenwärtigt.

Da ist beispielsweise Julian d'Agostino (1553–1606), ein Seliger aus Kastilien, welcher sich im Alter von 18 Jahren in die Einöde begibt, um sich abzutöten (was hier wörtlich zu verstehen ist). Wenig später nimmt er das Ordenskleid des heiligen Franziskus. Zweimal wird er wegen seiner religiösen Überspanntheit aus dem Orden entlassen und wieder aufgenommen. Fortan geht er mit Ketten an den Füßen durch die Gegend, zerschlägt sich mit Steinen die Brust, trägt während eines Vierteljahrhunderts einen 18 Pfund schweren eisernen Bußgürtel auf der nackten Haut, legt sich beim Gebet Dornen unter die Knie, mischt sich Asche in den scheußlichen Brotbrei, mit dem er sich ernährt – und stirbt schließlich an einem seiner häufigen Schwächeanfälle, nachdem er sich zu wiederholten Malen medizinischen Untersuchungen unterzogen hat, nicht um sich beraten oder heilen zu lassen, sondern damit fünf Ärzte unter Eid aussagen konnten, daß seine Bußwerke nach menschlichem Ermessen schon längst hätten zum Tod führen müssen.

Derartige maßlose Kasteiungen (wie sie auch von vielen anderen Heiligen berichtet werden) sind nun bestimmt nicht weniger gesundheitsschädlich als das Rauchen. Ein Fachmann unserer Zeit spricht im Hinblick auf solche masochistischen Praktiken schlicht von einem »Fall für die Psychiatrie«. Damit wäre eigentlich alles gesagt – wenn es nicht immer wieder vorgekommen wäre, daß man psychisch krankhaftes Verhalten von Heiligen gutmeinenden Christenmenschen als Vorbild hingestellt und diese so ihrerseits, zumindest teilweise, krank gemacht hätte.

Natürlich verhält es sich nicht so, daß nur psychisch ausgeglichene Menschen heilig werden können. Nur muß man sich davor hüten, jede Marotte zu einer Tugendübung hochzustilisieren, bloß weil sie von einem Heiligen praktiziert wurde.

Gleiches gilt natürlich nicht nur bezüglich der Lebens*führung* der Heiligen, sondern auch hinsichtlich mancher von ihnen formulierten Lebens*regeln*.

Die Tatsache etwa, daß sich beim heiligen Johannes Chrysostomos – er lebte im 4. Jahrhundert – eine Menge judenfeindlicher Äußerungen findet, ermächtigt keinen Gläubigen, die Juden anzufeinden und sich dabei auf diesen Kirchenlehrer als Autorität zu berufen. Nachahmenswert ist wohl sein apostolischer Eifer und sein Reformwille, nicht aber seine verblendete Haltung gegenüber den Juden.

Daß man gut daran tut, auch die Unterweisungen der Heiligen zuerst einmal kritisch zu begutachten, lehrt auch das Beispiel des Kirchenlehrers Hieronymus, der ein Zeitgenosse des Chrysostomos war. Leider glaubte dieser große Theologe und Bibelübersetzer, sich auch als Pädagoge hervortun zu müssen. Aufschlußreich in dieser Hinsicht ist sein ausführlicher Brief an eine Mutter namens Laeta, in welchem er darlegt, wie ein Mädchen zu erziehen sei, das die Eltern für den Stand der Jungfrauen vorausbestimmt haben. Schon die Art, das Kind zu kleiden, muß daran erinnern, daß es Jesus versprochen ist. Nicht nur Mode, auch Musik ist verpönt, der Umgang mit anderen verboten; Vorbild ist Maria, die der Engel bekanntlich ganz allein in ihrem Kämmerlein angetroffen hat. Allein soll das Kind auch seine Mahlzeiten einnehmen. Während manche Seelenführer einem heranwachsenden Mädchen bloß das Baden in Gegenwart anderer Frauen verbieten, gibt sich Hieronymus in diesem Punkt kategorisch: »Ich persönlich mißbillige jede Art von Bad, weil eine Jungfrau so viel Schamgefühl haben müßte, daß sie den Anblick der eigenen Nacktheit nicht erträgt.« Als Gesellschafterin für ein solches Mädchen ist natürlich nicht die erstbeste fröhliche Dienstbotin geeignet, sondern nur eine ernsthafte Person von häßlichem Äußeren, »mit einem Schatten von Traurigkeit im Gesicht«.

Das ist nun wahrlich dicke Post – nicht *nur* deshalb, weil es sich um einen sehr umfangreichen Brief handelt. Mag sein, daß hinter diesen sonderbaren Vorstellungen eine gute Absicht steckt. Objektiv betrachtet, will sagen, schon nach damaligen Maßstäben, muß man eine derartige Erziehungsmethode als sträflich bezeichnen.

Damit dürfte deutlich geworden sein: Selbst wenn die Lebensweise vieler Heiliger als Vorbild dienen kann, bedeutet das noch lange nicht, daß auch sämtliche von ihnen vertretenen Lebensweisheiten vorbildlich sein müssen.

Nun gibt es innerhalb der katholischen Kirche immer wieder einmal Flügelkämpfe (die nicht selten in kleinere Glaubenskriege ausarten), weil bestimmte Personen oder Gruppen manchmal dazu neigen, die Rechtgläubigkeit anderer in Frage zu stellen, wenn diese sich nicht so ganz für ihre Lieblingsheiligen begeistern können. Die einen halten es mit dem heiligen Bernardin von Siena (1380–1444), welcher sich für die Verehrung des Namens Jesu einsetzte, während andere eher auf Pater Maximilian Kolbe (1894–1941) verweisen, welcher sich die Bekehrung der Menschheit von der Zuflucht zur Unbefleckten Gottesmutter erhoffte. Manche wiederum erwarten sich eine ähnliche Wirkung vom Herz-Jesu-Kult, was naturgemäß eine besondere Wertschätzung der heiligen Marguerite-Marie Alacoque (1647–1690) miteinschließt. Wieder andere verbreiten lieber die ins Mittelalter zurückreichende Andacht zum Kostbaren Blut und wissen Bescheid über den heiligen Gaspare del Bufalo (1786–1810) den Gründer der Sanguinisten, die als Volksmissionare in dieser Richtung wirkten. Wer häufig den Kopf und anschließend den Schlüsselbund verliert, wird vermutlich eher auf Sankt Antonius von Padua schwören, während der eine oder andere Besitzer eines flotten Wagens vorzugsweise zum legendären Christophorus betet. Damit befinden wir uns aber bereits auf dem etwas weniger polemischen Gebiet der Schutzpatrone: Die Tierfreunde halten zu Franziskus, die Jäger verehren Hubertus, die Schützen wenden sich an den heiligen Sebastian, und die Frage ist dann bloß, welcher dieser Heiligen sich im Ernstfall als stärker erweist.

Tatsache ist: es gibt eindeutig Präferenzen. Nicht alle Heiligen sind allen Menschen gleich sympathisch. Manche sind sogar ausgesprochen (oder unausgesprochen) unsympathisch. Es handelt sich da sozusagen um eine Frage des religiösen Geschmacks. Ich persönlich mag Franziskus sehr und Philipp Neri und den heiligen Papst Johannes. Aber wenn ich mich jetzt spontan für einen dieser drei entscheiden müßte – ich weiß wirklich nicht so recht, auf wen da die Wahl fiele. Außerdem können solche Vorlieben im Lauf eines Lebens wechseln.

Daß derartige Präferenzen nicht nur legitim, sondern geradezu notwendig sind, vermag eine Anekdote zu illustrieren: Vier Angehörige verschiedener Orden halten sich in einem Raum auf, als plötzlich das Licht ausgeht. Der Franziskaner kniet nieder und bittet Gott um die Gabe des Lichtes. Der Benediktiner betet sein Brevier; das kann er auswendig. Der Dominikaner meditiert über das Wesen von Licht und Dunkelheit. Und der Jesuit? Geht in den Keller und wechselt die Sicherung aus.

Auf anschauliche Weise bringt diese Episode zum Ausdruck, daß es innerhalb der Kirche verschiedene Spiritualitäten gibt. Darüber regt sich in der Regel niemand auf. Man findet es selbstverständlich, daß die einzelnen Orden unterschiedliche Prägungen aufweisen und verschiedene Frömmigkeitsformen pflegen, welche ihrerseits in der jeweiligen Spiritualität ihrer Gründer wurzeln. Tatsächlich unterscheidet sich ein Dominikus in manchem von Franz von Assisi; darum hat dieser ja auch den Vorschlag des anderen abgelehnt, ihre beiden Orden zusammenzulegen. Benedikt wiederum verfolgt ein anderes Ideal als die beiden ersteren, und daß ein geborener Dickschädel wie Ignatius ohnehin seine eigenen Vorstellungen hat (und diese auch durchsetzen will), versteht sich von selbst.

Wenn ich nicht Trappist oder Kartäuser geworden bin, hängt das auch damit zusammen, daß mir das Schweigen ein bißchen schwer fällt. Die Menschen fühlen sich nun einmal zu jenen Heiligen hingezogen, mit denen sie sich am besten identifizieren können. Und sowenig wie ein Ignatius erwartet hat, daß alle Männer nun in seinen Orden eintreten (da wäre aus dem General glatt ein Generalissimus geworden), so wenig können *wir* erwarten, daß alle unsere Zeitgenossen ausgerechnet zu jenen Heiligen einen Zugang finden, welche uns selber sympathisch erscheinen.

Letztlich ist es ohnehin Unsinn, sich darüber zu streiten, welcher Heilige nun bedeutender sei. Alle Heiligen sind – heilig. Das unterstreicht die Kirche mit der Feier des Allerheiligenfestes. Gleichzeitig erinnert sie an diesem Tag daran, daß für all die unterschiedlichen Spiritualitäten und Richtungen und Bewegungen genügend Raum ist in der einen Kirche, wenn –

Ja, *wenn* sie eine legitime Entfaltung und Konkretisierung des von Jesus verkündeten Evangeliums darstellen. Denn dieses (und nicht die Heiligen) bildet *letztlich* die maß-gebende Norm für eine christliche Existenz. Insofern die einzelnen Heiligen *einzelne Aspekte* der Jesusnachfolge in je besonderer Weise zum Leuchten bringen, vermögen sie wichtige Impulse zu vermitteln. In dieser Hinsicht hat ihr Leben tatsächlich Vorbildcharakter. Gleichzeitig aber stellen sie immer auch einen Vorwurf dar für ihre Verehrer, die sich gewiß darüber Rechenschaft geben, daß sie stets hinter ihren Vorbildern zurückbleiben.

Aber damit ist der *tiefste und eigentliche Grund*, warum die Kirche ihre Heiligen verehrt, noch immer nicht genannt. In erster Linie nämlich geht es ihr bei der Heiligenverehrung nicht darum, den Gläubigen nachahmenswerte Vorbilder vor Augen zu führen. Diese pädagogische Absicht wird erst mit dem in der Neuzeit zunehmenden Moralismus immer wichtiger. Ihrem innersten Wesen nach jedoch ist die Heiligenverehrung weniger eine asketische als vielmehr eine liturgische Sache. Und das heißt: im Kult der Heiligen will die Kirche die Gläubigen daran erinnern, daß Gottes Gnade sich auf mannigfaltigen und oft verschlungenen Wegen tatsächlich durchzusetzen vermag. Aller Heiligenkult gilt also letztlich Gott selbst und seiner siegreichen Gnade. Gleichzeitig spiegelt sich darin die Hoffnung der Gläubigen wider, daß Gottes gnädige Macht auch in ihrem Leben einst ganz machen werde, was Bruchstück und Stückwerk geblieben ist.

Vor Jahren bin ich beim Durchblättern eines alten Kochbuchs auf ein Kapitel gestoßen mit der Überschrift: »Preisgünstige Rezepte für Dienstboten«. Irgendwo mußten die Herrschaften ja sparen, wenn sie an einem gewöhnlichen Werktag ihre Kräutersuppe, Fisch als Zweitspeise, Schinkenbraten und, zum Nachtisch, Plettenpudding (ein Gemisch aus Makronen, Himbeeren, Biskuits und Eiercreme) verzehrten, wie beispielsweise die Buddenbrooks in Thomas Manns gleichnamigem Roman – Erscheinungsjahr: 1901.

Wer fein essen will, muß sich das etwas kosten lassen. Heute spart man wohl weniger an den Dienstboten als am Skiurlaub. Den Skiurlaub um einen Tag verlängern oder zweimal gut essen gehen – mit diesem Dilemma war ich nie konfrontiert. Weil ich das Skifahren nämlich nie gelernt habe.

Auf jeden Fall sollte man die Bedeutung des Essens nicht unterschätzen. Wer, sagen wir einmal, im Alter von 75 Jahren stirbt, hat in seinem Leben rund 80 000 Mal gegessen, wenn er sich täglich drei Mahlzeiten gegönnt hat (die Stillzeit, die 29. Februare und die in Bayern üblichen Brotzeiten nicht mitgerechnet). Selbst der heiligste Büßer kann nicht in Abrede stellen, daß das Essen, statistisch gesehen, zu den regelmäßigsten menschlichen Beschäftigungen gehört. Und daß ein Mensch in unseren Breitengraden zwischen drei und fünf Jahren seiner begrenzten Lebenszeit am Eßtisch verbringt.

Woraus ich die Schlußfolgerung ableite, daß man eigentlich gar nicht bewußt leben kann, wenn man nicht bewußt ißt.

Ob Sie, meine lieben Leserinnen und Leser, aus dieser Erkenntnis noch ein paar weitere Schlußfolgerungen ableiten möchten, muß ich Ihnen überlassen. Ich bin ja nicht Ihr Vor-Denker; ich mache lediglich Vorschläge, zum Beispiel, wie Sie ein Schnitzel schmackhaft zubereiten könnten:

Schweizerschnitzel

Das folgende Rezept widme ich meinem Freundeskreis in Ingolstadt: Heidi und Pepp, Renate (I) und Gerhard, sowie Christel, Helga und Renate (II) – und natürlich auch der schon über achtzigjährigen Franziska, mit der ich viele unvergeßliche Gespräche führen durfte. Sie alle haben mich, wenn ich mich bei ihnen in der Nähe zu Vorträgen aufhielt, mit ihrer selbstlosen Gastfreundschaft beeindruckt. Manchmal haben wir uns auch im dortigen Schloßkeller zu einem kleinen Imbiß getroffen. Auf der Speisekarte dieses Lokals figurierte unter anderem ein exzellentes Schweizerschnitzel, dessen Rezept mir Madame B., welche die Gaststätte führt, partout nicht verraten wollte. Selbst ein (eher plump inszenierter) Bestechungsversuch gegenüber der Bedienung blieb erfolglos; diese zeigte sich – und das spricht für sie – auf beiden Ohren taub. So wurde dieses Schweizerschnitzel für mich schließlich nicht nur zu einer Herausforderung, sondern geradezu zu einer Obsession.

Inzwischen, meine lieben Ingolstädter Freunde, glaube ich's geschafft zu haben. Ich präsentiere euch jetzt ein Rezept, von dem ich meine, daß es sich mit jenem von Madame B. durchaus messen kann. Sollte der Name Schweizerschnitzel *bereits geschützt sein, so nehme ich für mich jetzt die (hiermit rechtlich geschützte) Bezeichnung* Mein Schweizerschnitzel *in Anspruch. Ich benötige dafür:*

4 Schweineschnitzel (vom Stotzen zu je 125–150 g)
2 Eier
60 g geriebenen Parmesan (oder Sprinz)
60 g geriebenen Greyerzer
4 EL Semmelbrösel
100 ml Sonnenblumenöl
Paprika, Streuwürze, Salz, weißen Pfeffer

Zuerst verquirle ich die Eier mit dem Schneebesen und gebe etwas Paprika und anschließend den Greyerzer dazu. Den Parmesan vermische ich mit den Semmelbröseln und mit etwas Streuwürze. Dann reibe ich die Schnitzel mit Salz und Pfeffer ein, drehe sie in der Eimasse und wende sie in den Semmelbröseln. Damit die Panade gut haftet, drücke ich sie mit der Handfläche etwas an. Gebraten werden die Schnitzel auf jeder Seite, bis sie goldbraun sind – also etwa vier Minuten. Dazu (oder vorher) reiche ich einen Salat.

*Der Salat war es denn auch, der Renate (II) im Schloßkeller auf den Ge-
danken brachte, uns die Anekdote von einem ihr bekannten Hobbygärtner zu
erzählen. Dieser säte aus, pflanzte an, hegte und pflegte und erntete und
brachte das Gemüse jeweils seiner Frau nach Hause. Allerdings machte er
zuvor noch den kurzen Umweg über den Markt, um sich über den neuesten
Stand der Gemüsepreise zu informieren. Das war notwendig, weil er seiner
Frau die sauer erarbeiteten Früchte seiner Mühen nicht einfach auf den
Küchentisch legte, sondern ihr gleichzeitig vorrechnete, was sie ihm nun von
ihrem Haushaltungsgeld dafür zu bezahlen hatte ...*

Filet à la crème
*Dieses Rezept habe ich von Elsbeth, die es von ihrem ältesten Sohn über-
nommen hat, der es seinerseits...*
600 g Schweinsfilet
1 EL Mehl
2 EL Semmelbrösel
Salz, Pfeffer
250 g frische Champignons
15 g Butter
250 g Sprinz (oder Parmesan)
300 ml Sahne
2 Bund Petersilie
Champignons waschen, sofort mit Küchenpapier abtrocknen und schneiden (letzteres besorge ich mit dem Eierschneider); Petersilie waschen und
feinhacken. Etwas Butter in der Pfanne erhitzen und die Champignons
während rund 2 Minuten dünsten, dann die Petersilie dazugeben und kurz
mitdünsten. Die Mischung abkühlen lassen.

Die Sahne steif schlagen und die Champignons mit der Petersilie unterziehen.

Mehl, Semmelbrösel, Salz und Pfeffer miteinander vermischen und die zu
Medaillons geschnittenen Filetstücke darin wenden und in einer großen Gratinform auslegen. Mit dem geriebenen Käse bestreuen. Die mit den Champignons und der Petersilie vermischte Sahne darübergeben und die Form in
die Mitte des auf 220 Grad vorgeheizten Ofens schieben. Nach einer knappen halben Stunde die Oberhitze abstellen. Nach weiteren zehn Minuten herausnehmen und Gemüse und einen Butterreis dazu reichen.

*Meine erste Urlaubsvertretung in der Theresienpfarrei zu Allschwil hatte
ich im Sommer 1975. Roland, der damalige Pfarrer, der nicht wissen konnte,
daß ich mich in der Küche ein bißchen auskenne, meinte es gut. Im Pfarrblatt
(das in etwa dem in manchen Gegenden Deutschlands üblichen Pfarreibrief*

entspricht) vermerkte er, daß der Aushilfspater während der Ferienzeit ganz auf sich allein gestellt sei. Neben vielen anderen verstanden auch Anni und Werner den Wink mit dem Zaunpfahl; sie luden den armen Kerl zum Mittagessen ein, damit er wieder einmal etwas Rechtes zwischen die Zähne kriege.

Aus dieser Haltung christlicher Nächstenliebe ist in der Folge eine freundschaftliche Beziehung entstanden. Zum Dank für all die vielen Einladungen in den darauffolgenden Jahren verrate ich euch beiden nun, während wir uns an diesem Filet à la crème delektieren, wie es kam, daß das Schwein nicht nur in unsere Küchen, sondern auch in die Kirchen Einzug hielt.

Oder ist euch noch nie aufgefallen, daß zu Füßen des heiligen Wüstenvaters Antonius gewöhnlich ein Schwein sein Wesen treibt? Antonius, der um 251 geboren wurde und im hohen Alter von 105 Jahren verstarb, verbrachte den größten Teil seines Lebens als Einsiedler und Asket in der Libyschen Wüste. In der christlichen Kunst hat das Schwein zu seinen Füßen zunächst die Funktion eines Personalausweises; es verhindert, daß man den heiligen Wüstenvater mit dem heiligen Antonius von Padua verwechselt, welcher bekanntlich mit einer Lilie und dem Jesuskind im Arm dargestellt wird.

Wie die Überlieferung berichtet, wurde Antonius der Eremit in seiner Wüsteneinsamkeit häufig von allerlei Dämonen heimgesucht, mit denen er harte Kämpfe auszufechten hatte. Dies wiederum führte dazu, daß man in dem ihm von den Künstlern beigesellten Schwein einen verkleideten Teufel sah.

Daß es sich dabei um eine volkstümliche Deutung handelt, haben die Geschichtsforscher längst herausgefunden. Zu Ende des 11. Jahrhunderts nämlich wurde in Frankreich der Orden der Antoniter (der auch unter dem Namen Hospitaliter bekannt ist) gegründet, dessen Mitglieder sich der Krankenpflege widmeten. Als Entgelt dafür stand ihnen das Privileg zu, ihre Schweine frei weiden zu lassen. Darauf, und nicht auf die Biographie des Heiligen geht die Bezeichnung »Antoniusschwein« zurück. Ein solches wurde später in manchen Gegenden mit öffentlichen Mitteln gekauft und hatte an der Kirche seinen Stall, lief frei in der Gemeinde herum und trug als Erkennungszeichen ein Glöckchen um den Hals (welches die Künstler in der Folge am Stab des heiligen Antonius befestigten). Am 23. Dezember wurde das Antoniusschwein gesegnet, geschlachtet und an die Armen verteilt.

Dies wiederum erklärt, warum die Schweinehirten, Metzger und Bürstenmacher (bekanntlich verwendete man zur Herstellung von Bürsten Schweinsborsten) in früheren Zeiten zum heiligen Antonius ihre Zuflucht nahmen, wenn ihnen ein Wurm über die Leber kroch. Allerdings wurde der sympathische Eremit auch als Patron der Haustiere verehrt, weshalb man an seinem Festtag, am 17. Januar, die Ställe segnete.

Vor einem halben Jahrhundert war dieser Brauch in ländlichen Gegenden noch gang und gäbe. Ein alter italienischer Mitbruder von mir erinnert sich noch daran, daß vor siebzig Jahren in seinem Geburtsort Pietranico, einem Dörflein in der Provinz Pescara, am Antoniustag jeweils eine feierliche Tiersegnung stattfand. Leider aber hatten die armen Bauern dort keinen »Swinetünnes« (wie man im Münsterland sagen würde, also keine Statue des heiligen Antonius mit dem Schwein). Deshalb führte man auf dem Bittgang ersatzweise die Statue des heilige Antonius von Padua mit. Außerdem habe man dem volkstümlichen Jünger des heiligen Franziskus aus diesem Anlaß jeweils eine rote Stola über die Schulter gelegt. Im übrigen lagen die Bauern von Pietranico gar nicht so daneben. Wenn wir der Legende Glauben schenken, hat Antonius von Padua eine weit engere Beziehung zu den Tieren gehabt als der gleichnamige Wüstenheilige. Sogar eine Eselin soll in die Knie gegangen sein, als er in einer Prozession mit der Monstranz durch die Straßen zog. Außerdem wird überliefert, daß er in Rimini den Fischen gepredigt habe.

Kalbsfilet an Himbeeressig (für 2 Personen)
350 g Kalbsfilet am Stück
4 El Sonnenblumen- oder Olivenöl
4 EL Himbeeressig
Salz, Pfeffer
Das Filet mit Öl bepinseln, würzen. In den auf 220 Grad vorgeheizten Backofen geben und 20 bis 25 Minuten unter Wenden braten. Ofen ausschalten und das Filet unter einer Alufolie noch 10 Minuten im Ofen ruhen lassen. Währenddessen 4 EL Öl und 4 EL Himbeeressig (Rezept im 1. Kapitel) zu einer Vinaigrette verrühren. Das Fleisch in dünne Scheiben schneiden und mit der Vinaigrette beträufeln. Allenfalls mit einigen frischen Himbeeren garnieren.

Kalbsschnitzel an Gemüsesauce
Für die Gemüsesauce:
1 EL Olivenöl
1 Zwiebel
100 g Champignons
1 rote Paprika
1 kleine Dose geschälte Tomaten
1 Handvoll entsteinte grüne Oliven
50 g Schinken
Salz, Pfeffer
1 kleines Glas trockener Sherry
evtl. etwas Butter
Paprika und Schinken in Streifen und die Champignons in Scheiben schneiden. Die Zwiebel fein hacken und die Oliven halbieren und alles im heißen Öl in einem Topf dünsten. Die Tomaten dazugeben und zehn Minuten mit offenem Deckel köcheln, damit die Flüssigkeit etwas verdampft. Mit Pfeffer und Salz würzen und mit Sherry abschmecken. Falls die Sauce zu dünn ist, den Topf vom Herd nehmen und etwas Butter unterziehen.
4 Kalbsschnitzel
1 EL Mehl
2 EL Bratbutter
Salz, Pfeffer
100 ml trockener Weißwein
Die Kalbsschnitzel im Mehl wenden und in der heißen Bratbutter auf jeder Seite (je nach Dicke) etwa 2 bis 3 Minuten braten, mit Salz und Pfeffer würzen und warmstellen. Den Weißwein in die Pfanne geben, den Fond auflösen, die Flüssigkeit etwas verdunsten lassen und den so entstanden Jus in die Sauce geben. Diese über dem Fleisch anrichten.

Während wir uns an diesem Kalbsschnitzel delektieren, und wir können uns Zeit lassen, meine Lieben, fällt mir eine Geschichte ein, die nach meinem Dafürhalten gut dazu paßt.

Vorausschicken muß ich, daß das einfache Volk in mittelalterlichen Zeiten dem von allen Kanzeln herab verkündeten Teufelsglauben zwar nicht gerade widersprach (wer hätte damals schon das Risiko eingehen wollen, auf einem Scheiterhaufen verbrannt zu werden!), diese Lehre aber doch in etwa relativierte, indem es, wohl um des psychischen Gleichgewichtes willen und vielleicht auch, um den durch den Teufelsglauben hervorgerufenen Schrecken etwas abzumildern, den hinterhältigen und arglistigen Dämonen kurzweg ungefährliche und zuweilen gar gutartige Teufel zugesellte, welche die Menschen davor bewahrten, daß sie auf dem Weg der Tugend ausglitten und abrutschten auf die breite Straße des Lasters. Die Religionswissenschaftler würden vermutlich behaupten, daß es sich bei diesen guten Teufeln um heidnische Fabelwesen handelt, die das einfache Volk, das ja einem Schwank nie abgeneigt sei, mit einem christlichen Mäntelchen bekleidet habe.

Manche dieser gutmütigen Teufel fanden geradezu Vergnügen daran, vor allem den armen und geplagten Leuten allerlei kleine Wohltaten zu erweisen. So wird berichtet, daß einer von ihnen einst einen todkranken schwedischen Ritter auf dem Luftweg direkt von Rom nach Jerusalem befördert und ihn dort in der Grabeskirche abgestellt habe. Von anderen guten Teufeln ging die Rede, daß sie den Weinberg eines armen Schluckers vor Traubendieben schützten oder daß es für sie eine Ehrensache war, verlorene Gegenstände den Besitzern zurückzuerstatten; der heilige Antonius von Padua scheint derartige Kompetenzüberschreitungen toleriert zu haben. Daß sich unter der Schar der guten Teufel auch ein paar Tunichtgute befanden, geht daraus hervor, daß etliche von ihnen sich einen Spaß daraus machten, in Klöstern die Kniebänke und Beichtstühle zu verschieben, um den Mönchen eins auszuwischen, während andere sich erdreisteten, nächtens in den Kirchen Karten zu spielen.

Falls ihr jetzt noch immer an der Existenz gutartiger Teufel zweifeln solltet, verweise ich auf Caesarius von Heisterbach, der dem dortigen Zisterzienserkloster als Prior vorstand und zwischen 1219 und 1223 unter dem Titel »Dialogus miraculorum« zwölf Bücher mit Mirakelgeschichten verfaßt hat. Diese handeln von mancherlei wundersamen Ereignissen, in denen sich nicht nur die Dämonen und andere böse Geister, sondern auch die eher gutmütigen Teufel allesamt von ihrer besten Seite zeigen. Die mit Caesarius' Schriftstellerei verbundene Gratwanderung zwischen rechtgläubiger Doktrin und heterodoxer Spekulation scheint damals von den kirchlichen Autoritäten toleriert, zumindest jedoch ignoriert worden zu sein, offenbar deshalb, weil diese sich selber nicht immer so ganz darüber im klaren waren, wo der Glaube aufhört und wo der Aberglaube beginnt.

Unter den zahlreichen von Caesarius überlieferten exempla *– früher sprach man in dieser Hinsicht von Predigtmärlein, während man heute eher den Ausdruck* Stories *bevorzugt – befindet sich auch die Geschichte »Vom Teufel, welcher verhinderte, daß ein Besessener vom Fleisch eines Kalbes aß, welches von einer Kuh abstammte, die fünf Generationen vorher gestohlen worden war«.*

Doch will ich eure Geduld jetzt nicht länger strapazieren und die erbauliche Geschichte endlich vorlesen:

»Ein reicher Mann beschloß eines Tages, für die Armen aus der Umgegend ein Essen auszurichten. Unter diesen nun befand sich auch ein Besessener. Während alle übrigen Armen sich sättigten, gelang es dem Besessenen einfach nicht, die Fleischbissen zu seinem Mund zu führen. Als die übrigen Anwesenden dies bemerkten, sagten sie zum Teufel, der den Unglücklichen in seine Gewalt gebracht hatte: ›Elender du, warum erlaubst du diesem Menschen nicht zu essen?‹ ›Weil ich nicht will, daß er in Sünde fällt‹, antwortete der Teufel, ›denn das Mahl, an dem ihr euch hier gütlich tut, stammt von einem Diebstahl.‹ ›Das lügst du, denn unser Wohltäter ist ein frommer und gottesfürchtiger Mensch.‹ ›Nie und nimmer mach ich mich einer Lüge schuldig‹, erwiderte darauf der böse Geist, ›das Kalb nämlich, das für euch zubereitet wurde, ist die Nachfahrin einer Kuh, die vor fünf Generationen gestohlen wurde.‹ Über diesen Worten brachen alle Anwesenden in Staunen aus.«

Hoffen wir bloß, daß mit unserem Kalbsschnitzel alles seine Richtigkeit hat; und jetzt bringe ich euch den Nachtisch! Aber vorher will ich euch noch schnell verraten, wie man ein Schnitzel an Marsalasauce zubereitet.

Kalbsschnitzel an Marsalasauce

Marsala ist ein typischer (und schwerer) Wein, der im Westen Siziliens wächst. Die verschiedenen Sorten umfassen die ganze Geschmackspalette von trocken bis süß. Am besten entfaltet er sein Bouquet bei einer Temperatur von 8–10 Grad. Für Saucen eignet sich natürlich eher ein trockener Marsala.

Die folgende Art der Zubereitung von Kalbsschnitzeln habe ich auf der Grundlage mehrerer italienischer Marsala-Fleischrezepte entwickelt.

4 Kalbsschnitzel (von der Nuß)

1 EL Mehl

Salz, Pfeffer

50 g Butter

150 ml trockener Marsala

Die Kalbsschnitzel würze ich mit Salz und Pfeffer und wende sie anschließend im Mehl. Dann erhitze ich in der Bratpfanne etwas mehr als die

Hälfte der Butter. Darin brate ich die Schnitzel auf beiden Seiten goldgelb und stelle sie warm. Dann gieße ich den Marsala in die Pfanne, löse den Bratenfond vom Pfannenboden, lasse den Jus notfalls noch etwas einkochen, hebe die Pfanne vom Herd, ziehe die restliche Butter unter und gieße die Sauce über die Schnitzel.

Dazu reiche ich ein Mischgemüse aus Erbschen, Möhrchen und ein paar Pilzen und – falls der erste Gang nur aus Salat bestanden hat – ein paar Pommes frites (die ich fertig gekauft und im Ofen aufgebacken habe).

Ossobuco alla milanese (Kalbshaxe nach Mailänder Art)

4 Scheiben von einer Kalbshaxe (je etwa 230 g)
1 EL Mehl
1 mittelgroße Zwiebel
1 Knoblauchzehe
50 g Butter
3 Tomaten
1 Messerspitze Rosmarin (Pulver)
1 kleine Handvoll grobgehackte Basilikumblätter
1 kleiner Bund gehackte Petersilie
Salz, Pfeffer
200 ml Weißwein
100 ml sehr kräftige Fleischbrühe

Die Haut an den Rändern der Fleischscheiben einschneiden (drei Schnitte genügen) und die Scheiben mit Küchenschnur binden. Auf diese Weise vermeiden wir, daß der *ossobuco* nach dem Anbraten einem Wellblech ähnelt. Das Fleisch im Mehl wenden, die Zwiebel in Scheiben schneiden und den Knoblauch feinhacken. Die Tomaten kurz unter heißes Wasser halten, schälen und in Stücke schneiden (notfalls nehme ich Dosentomaten). In einem Brattopf die Zwiebel und den Knoblauch in etwas Butter glasig dünsten. Herausnehmen. Die restliche Butter erhitzen und das Fleisch auf beiden Seiten kurz anbraten. Die Zwiebel und den Knoblauch hinzugeben, außerdem die Tomaten, den Basilikum, den Rosmarin und die Petersilie. Mit dem Weißwein und der Fleischbrühe ablöschen, salzen, pfeffern. Zugedeckt bei kleiner Hitze etwa 70 Minuten schmoren.

Cordon bleu

Die Bezeichnung Cordon bleu *geht auf den von Henri III (1551–1589) gegründeten Orden der Chevaliers du Saint-Esprit, der Ritter vom Heiligen Geist, zurück. Hinter diesem frommen Etikett indessen verbirgt sich keine Mönchsgemeinschaft, sondern lediglich eine Gourmet-Clique, der weniger die religiöse Verfassung der Menschheit als vielmehr das gastronomische Niveau der Franzosen am Herzen lag. Und deren Missionsgebiet sich demzufolge auf die Küche und den Speisesaal beschränkte. Natürlich traf man sich regelmäßig, und regelmäßig wurden dabei die erlesensten Speisen aufgefahren. Einmal jährlich wurde der beste Gastgeber mit dem Cordon-bleu-Orden ausgezeichnet. Im Jahre 1791 jedoch machte man eine Ausnahme; die begehrte Auszeichnung ging nicht an einen der Gastgeber, sondern wurde an eine Köchin verliehen. Diese nämlich hatte die Gäste mit einem Leckerbissen in Ekstase versetzt, den bis dahin noch nie jemand gekostet hatte – und den wir heute, zur Erinnerung an das damals verliehene Ordensband als* Cordon bleu *bezeichnen. Fällt Ihnen etwas auf? Wäre die Auszeichnung an einen Koch gegangen, so würde heute noch alle Welt seinen Namen im Munde führen. Von der Köchin jedoch, der unser Gericht (oder Gedicht) seine Entstehung verdankt, ist nicht einmal der Vorname überliefert. So wollen wir denn, um der Gerechtigkeit Genüge zu tun, hier einmal nachdrücklich darauf hinweisen, daß der kulturelle Fortschritt der Menschheit ganz gewiß nicht auf den Schlachtfeldern errungen wurde, auf denen die Männer sich gegenseitig umbrachten, sondern zu einem guten Teil in den Küchen, in denen früher vorwiegend die Frauen regierten. Für unsere Cordons bleus benötigen wir:*

4 Kalbsschnitzel (von der Nuß)
Senf, Salz, Pfeffer
2 Scheiben gekochten Schinken (halbieren)
4 dünne Scheiben Greyerzer oder Emmentaler
1 EL Mehl
1 Ei
5 EL Semmelbrösel
Salz, Streuwürze
Öl oder Bratbutter

Beim Einkaufen bitte ich den Metzger, mir eine große Tasche in die Schnitzel zu schneiden. Die Schnitzel aufklappen und beide Innenseiten mit Salz, Pfeffer und etwas Senf würzen. Je eine halbe Scheibe Schinken und eine Scheibe Käse darauflegen, die Hälften zusammenklappen und die Schnitzel mit einem Zahnstocher verschließen. Im Mehl wenden und durch das verquirlte Ei ziehen. Die Semmelbrösel mit etwas Salz und Streuwürze vermischen und die Schnitzel darin wenden. In Bratbutter oder Öl bei nicht zu großer Hitze braten.

Sauerbraten
1-1$^1/_2$ kg Rindsbraten (Laffe oder Stotzen)
20 g Bratbutter
250 ml gebundene Bratensoße
1 EL Mehl
1 Handvoll Sultaninen
1 Stück altes Schwarzbrot

Für die Beize:
750 ml Rotwein
150 ml Rotweinessig
1 große Zwiebel, besteckt mit 4 Nelken und 2 Lorbeerblättern
2 eingeschnittene Knoblauchzehen

1 gestrichener TL Thymian
$1/2$ gestrichener TL Rosmarinpulver oder 1 TL Rosmarinnadeln
2 Karotten, in Stücke geschnitten
1 Fenchel, in Stücke geschnitten
$1/2$ Sellerie, in kleine Stücke geschnitten
5-6 Wacholderbeeren
evtl. etwas saure Sahne

Die Beize aufkochen und abkühlen lassen, den Braten in ein Glas- oder Porzellangefäß legen, die Beize dazugießen und zugedeckt 5–6 Tage im Kühlschrank lagern (alle zwei Tage wenden).

Das Fleisch aus der Beize nehmen und abtrocknen. Mit Salz einreiben. Die Bratbutter in einem Topf erhitzen und das Fleisch gut anbraten. Karotten, Sellerie, Zwiebel und Fenchel aus der Beize mitbraten. Anschließend 1 EL Mehl in der Bratbutter braun rösten, mit 600 ml Beize ablöschen und den Braten zusammen mit der Beizgarnitur 30 Minuten auf leichter Flamme schmoren lassen.

250 ml gebundene Bratensauce dazugießen, eine Handvoll Sultaninen und nach Möglichkeit ein Stück altes Schwarzbrot dazugeben. Anderthalb Stunden zugedeckt bei schwacher Hitze weiterschmoren lassen.

Vor dem Schneiden soll der Braten 10 Minuten ruhen. Unterdessen die Sauce absieben und die Beizgarnitur durch ein Sieb streichen. Die Sauce nochmals erwärmen und allenfalls etwas saure Sahne unterziehen.

Dazu reiche ich in Gemüsebrühe gekochten Fenchel und Karotten und / oder Broccoli, die ich, weil ihnen ein Hauch Muskat guttut, in einem gesonderten Topf koche. Und ein paar frische Spätzle – also nicht die aus der 250-Gramm-Packung mit der sogar für Kurzsichtige gut lesbaren Aufschrift: Drei Eier. Im Kleingedruckten wird dann präzisiert: pro Kilo.

Fondue chinoise
Eine Fondue chinoise ist das ideale Gericht für einen langen Winterabend im vertrauten Kreis. Zum Essen darf man sich ruhig zwei Stunden Zeit nehmen. Deshalb lege ich nie zwei Fonduegabeln zu jedem Gedeck, wie ich das hin und wieder gesehen habe. Ich schneide das Fleisch ja nicht in Würfel, sondern halbiere das Filet zuerst der Länge nach und schneide die Hälften anschließend in hauchdünne, streichholzschachtelgroße Scheiben, die ich auf einer flachen Schüssel hübsch anordne und mit Petersilie dekoriere.

Für vier Personen berechne ich 800 g Rinderfilet; das Zuschneiden besorgt der Metzger. Andernfalls lege ich das Fleisch eine knappe Stunde ins Gefrierfach des Kühlschranks; leicht gefroren läßt es sich besser schneiden.

Einen Liter Fleisch- oder Gemüsebrühe bereite ich im Fonduepfännchen auf dem Küchenherd zu; in diese Brühe kommen noch eine Karotte, ein

Stück Fenchel, eine mittelgroße Zwiebel, Blumenkohlröschen und ein wenig Sellerie, alles in sehr kleine Stücke geschnitten; außerdem ein Gläschen trockener Sherry und 1 EL Sojasauce – die Suppe schmeckt nachher viel kräftiger.

Falls jemand nicht wissen sollte, wie's weitergeht: Das Fonduepfännchen auf das auf dem Tisch bereitstehende Rechaud stellen. Mit der Fonduegabel ein Scheibchen Fleisch aufspießen und dieses in der Brühe köcheln – ob eher ein oder zwei Minuten, wissen Sie schon nach dem dritten Bissen. Anschließend wird das Fleisch auf den Teller gelegt und mit der Eßgabel in eine der Saucen getaucht, von denen Sie sich bereits ein paar Proben auf Ihren Teller geschöpft haben.

Auf Reis als Beilage kann ich verzichten. Dafür stehen jede Menge Essiggurken und -zwiebelchen, Cornichons, Maiskölbchen, Artischockenherzen, Senffrüchte und Preiselbeerkonfitüre auf dem Tisch, manchmal auch eine Schale mit etwas kaltem Spargel. Weißbrot habe ich für alle Fälle eingekauft. Aber weil ich es kaum je gebraucht habe, kommt es nur noch auf ausdrücklichen Wunsch der Gäste hin auf die Tafel.

Fonduesaucen

Was die Saucen für die Fondue chinoise betrifft, so reichen drei oder vier davon vollauf. Gute Erfahrungen habe ich mit den folgenden gemacht:

Avocadosauce

1 Avocado (gut gereift)
$^{1}/_{2}$ Zitrone
1 Becher Crème fraîche
Pfeffer, Salz

Die Avocado der Länge nach halbieren, den Stein entfernen, schälen, das Fruchtfleisch würfeln und sofort mit dem Zitronensaft beträufeln, damit es sich nicht verfärbt. Mit dem Stabmixer pürieren, die Crème fraîche beifügen, mit Salz und Pfeffer abschmecken.

Yoghurt-Senfsauce

1 Becher Yoghurt (nature)
2 EL Mayonnaise
1 TL milder Senf
1 TL scharfer Senf (Dijon)
Salz, Pfeffer, Knoblauchpulver

Alle Zutaten mit dem Schneebesen zu einer glatten Sauce verrühren.

Cumberlandsauce

Obwohl wir es bei der Sauce Cumberland mit einer der berühmtesten englischen Saucen zu tun haben, variieren die einzelnen überlieferten Rezepte etwas untereinander. Nach langem Hin-und-her-Probieren bevorzuge ich in der Regel die folgende Variante.

$^1/_2$ unbehandelte Orange
$^1/_2$ unbehandelte Zitrone
200 g Johannisbeergelee
50 ml trockener Portwein (Notbehelf: Rotwein)
Salz
1 Prise Cayennepfeffer
1 Prise Ingwer

Die Orange und die Zitrone hauchdünn abschälen, die Schalen in kleine Streifchen schneiden und in etwas heißem Wasser ein paar Minuten kochen. Herausnehmen und abkühlen lassen.

Das Johannisbeergelee in einem Pfännchen bei mittlerer Hitze verflüssigen (falls nötig 1 EL Wasser hinzufügen), das Pfännchen von der Herdplatte nehmen, den Portwein dazugießen, beides gut miteinander verrühren und in eine kalte Schüssel leeren. Den Saft der beiden Fruchthälften und die gekochten Obstschalen dazugeben, würzen, mischen, Deckel darüber und für zwei bis drei Stunden in den Kühlschrank stellen; nur so kann sich das Aroma voll entfalten.

Die Sauce Cumberland eignet sich auch für Wildgerichte sowie für kaltes Siedfleisch und kalte Pasteten.

Bananen-Currysauce

2 Bananen
1 EL Zitronensaft
100 g Mayonnaise
Salz
1 Messerspitze Zucker
1 EL Currypulver
3–4 EL Sahne

Die Bananen schälen und pürieren; $^1/_4$ Banane aufheben, in Scheibchen schneiden und mit dem Zitronensaft beträufeln, damit die Stücke ihre Farbe behalten. Die pürierten Bananen mit den übrigen Zutaten glattrühren. Die Sauce in eine kleine Schüssel geben und mit den Bananenscheiben garnieren.

Paßt auch zu Geflügel, Fischfondue oder kaltem Braten.

Meerrettichsauce
$^1/_2$ Becher Crème fraîche
1 EL geriebener Meerrettich, frisch oder aus dem Glas
ein paar Tropfen Zitronensaft
$^1/_2$ kleiner säuerlicher Apfel (z. B. Boskop)
$^1/_2$ Becher Sahne
wenig Salz und Streuwürze
Crème fraîche und Meerrettich miteinander vermischen, den Zitronensaft
und anschließend den feingeriebenen Apfel daruntermischen, die Sahne steif
schlagen und unterziehen. Die Sauce mit etwas Streuwürze und wenig Salz
würzen.
    Wer die Sauce etwas weniger pikant haben möchte, nimmt nur 1 gestri-
chenen EL Meerrettich, dann aber auch bloß ein Viertel von dem Apfel.
Paßt auch zu Siedfleisch.

Preiselbeer-Meerrettichschaum
50 g Quark
50 ml Sahne
2 EL geriebener Meerrettich, frisch oder aus dem Glas
3 EL Preiselbeermarmelade
1 TL Zitronensaft
1 Prise Ingwer
Salz
Den Quark glatt- und die Preiselbeermarmelade und den Meerrettich
unterrühren. Mit Zitronensaft, Ingwer und Salz würzen. Die Sahne steif
schlagen und unterheben.
Paßt außerdem zu kaltem Wild, Siedfleisch und kaltem Schweinebraten.

Currysauce
Diese Sauce bereite ich etwas kalorienarm zu. Als Grundlage verwende
ich deshalb weder angeschwitztes Mehl noch Mayonnaise, sondern Hüttenkäse.
200 g Hüttenkäse (Cottage Cheese)
1 EL Currypulver
1 großer geriebener Apfelschnitz
1 Messerspitze Safran
Salz
Alle Zutaten im Mixer kurz durchmixen. Erst der Safran verleiht der
Sauce ihre wundervolle Farbe (»Das Auge ißt mit!«).
Paßt überdies zu kaltem Geflügelfleisch.

Cocktailsauce

5 EL Mayonnaise
1 EL Tomatenmark
1 Prise Zucker
weißer Pfeffer, 1 Prise Cayennepfeffer
1 Gläschen Cognac oder Whisky

Alle Zutaten mit dem Schneebesen glattrühren. Allenfalls noch 1–2 EL Sahne hinzufügen.

Schmeckt überdies zu Krustentieren (Crevettencocktail!); den Rest verwende ich manchmal für gefüllte Eier.

Sauce Tartare

$1/2$ Becher Crème fraîche
2 EL Mayonnaise
Pfeffer, Paprika, Salz
1 EL Kapern
3 Cornichons
1 Schalotte
$1/2$ kleiner Bund Petersilie
1 Zweiglein Estragon
1 hartgekochtes Ei

Die Crème fraîche mit der Mayonnaise verrühren. Mit Pfeffer, Paprika und Salz würzen. Die Kapern und Cornichons grob, die Kräuter und die Schalotte sehr fein hacken und unter die Sauce mischen. Zum Schluß das Ei in sehr kleine Würfelchen schneiden und ebenfalls untermischen.

Geschnetzeltes Rindfleisch

1 EL Bratbutter
80–100 g Speckwürfelchen
500 g geschnetzeltes Rindfleisch
2 EL Mehl
1 EL Tomatenkonzentrat
Salz, Streuwürze, Pfeffer
$1/2$ TL Paprika (süß)
$1/2$ TL Thymian
150 g geschälte Saucenzwiebelchen
200 ml kräftiger Rotwein
1–2 EL gebundene Bratensauce
100 ml Fleischbrühe
4 EL Sahne

Die Bratbutter erhitzen und zunächst die Speckwürfelchen und anschließend das Fleisch hineingeben, anbraten und gleichzeitig mit dem Mehl bestäuben. Das Tomatenkonzentrat, die Gewürze sowie die Saucenzwiebelchen beigeben und alles kurz mitbraten. Mit dem Rotwein ablöschen, das Saucenpulver unterrühren, die Fleischbrühe hinzufügen und alles etwa 50 Minuten köcheln lassen. Zum Schluß die (je nach Geschmack süße oder saure) Sahne unterziehen.

Statt der Saucenzwiebelchen eignen sich auch kleine ganze Champignons. Dazu passen sowohl Kartoffeln wie auch Reis oder Nudeln.

Filet Wellington

Dieses ebenso festliche wie klassische Gericht verdankt seinen Namen dem englischen Herzog von Wellington, der am 18. Juni 1815 zusammen mit den Preußen Napoleon bei Waterloo besiegte – und dennoch nicht darauf verzichtete, für die Füllung ausgerechnet französische Gänseleber zu verwenden. Ich selber bevorzuge allerdings eine etwas weniger kostspielige Variante, obwohl ich dieses Filet nur bei besonders festlichen Gelegenheiten auftrage.

700 g Rinderfilet
Thymian, Paprika, Pfeffer, Salz
25 g Bratbutter (oder Öl)
20 g Butter
150 g Champignons in Scheiben
1 Messerspitze italienische Kräutermischung
Salz
50 ml trockenen Weißwein
200 g Kalbsbrät
500 g Blätterteig
1 Ei

Das Filet mit Thymian, Paprika, Pfeffer und Salz einreiben. Unmittelbar danach (weil das Salz sonst dem Fleisch die Flüssigkeit entzieht) in einer Pfanne in der heißen Bratbutter gut anbraten und abkühlen lassen.

Für die Pilzfüllung die Butter in der Pfanne erhitzen, die Champignons dazugeben, mit Salz und der italienischen Kräutermischung würzen, den Wein darübergießen und die Flüssigkeit verdampfen lassen.

Das Filet auf den ausgewellten Blätterteig legen, die inzwischen erkaltete Füllung darüber und auf der einen Seite des Filets das Kalbsbrät verteilen. Den Teigrand mit Eiweiß bestreichen, das Filet in den Teig einrollen, die Ränder gut verschließen und das Ganze mit den Teigresten verzieren. Die Ober- und Seitenflächen mit Eigelb bepinseln und ein paarmal mit einer Gabel einstechen.

Die Backzeit beträgt bei einem auf 210 Grad vorgeheizten Ofen rund 40 Minuten.

Wenn's etwas weniger aufwendig sein soll, nehme ich ein Schweinsfilet, lasse den Thymian weg und umwickle das Filet mit dünnen durchzogenen Speckscheiben. Die Backzeit beträgt dann höchstens 35 Minuten.

Hackbraten mit Gemüse im Römertopf

1 Zwiebel
1 rote Paprika
20 g Butter
750 g Hackfleisch vom Rind
5 EL Semmelbrösel
80 g Kalbsleberwurst
1 Ei
100 g geriebener Parmesan
1 großer Bund Petersilie
Salz, Pfeffer, Koriander, Muskat

Gemüsebeilage:
4 mittelgroße Karotten
2 Knollen Fenchel
$^1/_2$ Knolle Sellerie
2 Zwiebeln

Die Zwiebel und die Paprika mit dem Wiegemesser feinhacken und in Butter dämpfen; das Ei verquirlen. Beides zusammen mit allen übrigen Zutaten zu einem Teig kneten und einen Braten daraus formen. In den während 15 Minuten gewässerten Römertopf legen.

Den Fenchel, die Zwiebeln und das Stück Sellerie halbieren und zusammen mit den Karotten im Römertopf neben und über dem Hackbraten verteilen. Den Römertopf in den noch kalten Ofen schieben, die Hitze auf 220 Grad einstellen. Die Garzeit beträgt etwa 75 Minuten.

Danach den Bratensaft absieben und mit etwas Mehl oder Maizena binden. Allenfalls noch etwas Bratensauce und Fleischbrühe oder einen Schuß saure Sahne hinzufügen.

Falls von dem Hackbraten etwas übrigbleibt, schmeckt er am anderen Tag auch kalt, zusammen mit ein wenig Preiselbeerkonfitüre. Siehe außerdem im 6. Kapitel: Hackbraten an Gorgonzolasauce (Seite 187); Hackbraten an Champignon-Schinkensauce (Seite 189).

Fleischpflanzel an Tomatensauce

Die Zutaten sind die gleichen wie beim Hackbraten. Statt einen Braten formt man aus dem Teig Fleischpflanzel (andere sagen *Hamburger*, aber das erinnert mich zu sehr an McDonald's), wendet sie kurz in etwas Mehl und brät sie in der Bratbutter knusprig. Fertig.

Viel besser allerdings schmecken diese Fleischpflanzel, wenn man sie gut anbrät und nachher in einer Tomatensauce (Rezept zu Beginn des 2. Kapitels; das Hackfleisch natürlich weglassen!) auf kleiner Flamme bei geschlossenem Deckel eine halbe Stunde vor sich hinköcheln läßt.

Lammfilets an Orangensauce

(für 2 Personen)
400 g Lammfilets
1 EL Öl
15 g Butter
Salz, Pfeffer
1 gestrichener TL Rosmarinnadeln
1 durchgepreßte Knoblauchzehe
150 ml trockener Weißwein
1 Orange
50 ml Sahne
1 Gläschen Cognac

Die Lammfilets einige Minuten in etwas Öl und Butter braten. Mit Salz und Pfeffer würzen. Warmstellen. Rosmarin und Knoblauch im Bratenfond wenden. Weißwein, Orangensaft und etwas geriebene Orangenschale dazugeben und den Bratensatz vom Pfannenboden lösen. Die Flüssigkeit um gut die Hälfte verdampfen lassen und mit etwas Sahne verfeinern. Mit Cognac abschmecken. Die Sauce über die Lammfilets gießen. Sofort servieren.

Dazu passen Bratkartoffeln (Rezept Seite 116).

Rehkeule nach meiner Art

1 Rehkeule (800 g, entbeint)
Salz, Pfeffer, italienische Kräutermischung
2 EL Bratbutter
1 Karotte
1 Zwiebel
1 TL Zucker
1 Päckchen Jägersauce (für 3 dl Wasser)
750 ml trockener Rotwein (Burgunder)
Preiselbeerkonfitüre

Den Knochen der Rehkeule vom Metzger entfernen lassen. Die Keule waschen, mit Küchenpapier abtrocknen und mit den Gewürzen einreiben. Die Bratbutter erhitzen und die Keule in einem Topf gut anbraten und warmstellen. Die Hitze etwas reduzieren, die Karotte und die Zwiebel in grobe Würfel schneiden und zusammen mit dem Zucker in den Topf geben und unter Umrühren rösten, bis das Gemüse leicht angebräunt ist. Den Fond unter Zugabe von etwas Rotwein vom Topfboden lösen. Die vorher nach der Packungsvorschrift zubereitete Jägersauce darübergießen, kurz erhitzen und die Rehkeule hinzugeben. Den restlichen Wein hineinschütten und kurz aufkochen, anschließend die Flüssigkeit um etwa ein Drittel verdampfen lassen. Wenn die Sauce eine gewisse Konsistenz erreicht hat, den Topf schließen und die Keule auf kleiner Flamme etwa 70 Minuten köcheln.

Dazu reiche ich Spätzle und Broccoli. Und natürlich stelle ich ein Gefäß mit Preiselbeerkonfitüre auf den Tisch, deren Aroma mit dem des Fleisches wunderbar harmoniert.

Statt der Preiselbeerkonfitüre passen auch in ein paar Tropfen Wasser angedünstete und mit einem Hauch von Zucker versehene Zwetschgen. Oder einige Dörrpflaumen, die ich etwa 2 Stunden vorher in etwas Schwarztee eingeweicht und vor dem Servieren kurz aufgekocht habe.

Kaninchen mit Gemüse nach Art meiner Mutter
1 Kaninchen (etwa $1\frac{1}{2}$ kg; vom Metzger in Teile schneiden lassen)
Salz, Pfeffer
25 g Bratbutter
200 ml trockener Rotwein
$\frac{1}{2}$ l Bratensauce
1 Lorbeerblatt
2 Fenchel
1 kleine Sellerieknolle
4 Karotten
2 Zwiebeln
1 kleines Stück altes Schwarzbrot mit Rinde
Die Kaninchenteile waschen und mit Küchenkrepp abtrocknen. In einem Topf in der heißen Bratbutter gut anbraten – das dauert mindestens zehn Minuten. Die Stücke herausnehmen, den Fond mit Rotwein ablöschen und die Bratensauce dazugießen. Das Fleisch und das Lorbeerblatt und ein Stück altes Brot in die Sauce legen, die Sellerieknolle schälen und in Stücke schneiden, den Fenchel, die Zwiebel und die Karotten (letztere der Breite nach) halbieren und das Gemüse zusammen mit dem Fleisch in der Sauce etwa 40 Minuten lang köcheln. Meine Mutter behauptet, daß erst die Brotrinde und das Gemüse der Sauce und dem Fleisch seinen wundervollen Geschmack verlei-

hen, und serviert dazu immer einen Kartoffelbrei, dem sie – wir haben ja genügend Sauce – keine Butter mehr unterzieht, sondern den sie nur mit etwas frisch gemahlener Muskatnuß würzt.

Weil meine drei Brüder (von denen zwei kochen können) und meine drei Schwägerinnen (von denen zwei ebenfalls in der Kochkunst bewandert sind) und meine Schwester (die in ihrem Kloster bei den Dorothea-Schwestern des öfteren den Kochlöffel rührt) dieses Rezept nicht kennen, schreibe ich es ihnen hier auf, den Brüdern und den Schwägerinnen ins Stammbuch, und der Schwester kopiere ich es noch eigens auf einen Zettel, den sie ihrer ehrwürdigen Mutter Oberin ins Meditationsbuch schieben kann. Vielleicht versteht sie den Wink und bereichert den klösterlichen Speisezettel um eine neue Variante...

Kaninchen an Senfsauce

Hin und wieder bereite ich das Kaninchenfleisch nach bretonischer Art zu. Hier eine Variante des berühmten Rezepts, die ich schon mehrmals mit gutem Erfolg erprobt habe.

1 Kaninchen (etwa $1^{1}/_{2}$ kg; vom Metzger in Teile schneiden lassen)

3 EL mittelscharfer Senf

2 EL Olivenöl

$^{1}/_{2}$ TL Salz, grobgemahlener schwarzer Pfeffer

500 ml trockener Weißwein

1 Zitrone (Saft)

1 Becher Crème fraîche

1 Bund frischer Basilikum (ersatzweise: Petersilie)

Die Kaninchenteile waschen und mit Küchenkrepp trocknen. Senf, Öl, Pfeffer und Salz mit dem Schneebesen gut miteinander verrühren, die gewaschenen und mit Küchenkrepp getrockneten Kaninchenteile darin wenden, in eine ofenfeste Form legen und im vorgeheizten Backofen bei 220 Grad 10 Minuten braten. Zitronensaft darüberträufeln, den Wein dazugeben und eine schwache halbe Stunde unter gelegentlichem Begießen mit dem Bratensaft weiterschmoren lassen. Die Fleischstücke herausnehmen und warmstellen, die Crème fraîche in den Fond rühren und diesen auf dem Herd kurz aufkochen. Nun gibt man noch den gehackten Basilikum in die Sauce und gießt diese über das Fleisch. Dazu passen Bandnudeln und ein trockener Weißwein.

Gänsebrust mit glasierten Kastanien

Spätestens gegen Ende Oktober, wenn Rilke wieder einmal recht behält (»Wer jetzt kein Haus hat …«) und der Herbst schon fortgeschritten ist und an die bald einmal fällige Martinsgans erinnert, läuft selbst eingefleischten Atheisten das Wasser im Mund zusammen. Die kommt aber erst am 11. November auf den Tisch, zu Sankt Martini, wie aufrechte Christenmenschen zu sagen pflegen. Wenn an diesem Abend zu Ehren des heiligen Bischofs der Laternenumzug stattfindet (ein Brauch, der sich in vielen Gegenden, unter anderem im bayerischen Freising und in Kirchzarten im Breisgau, erhalten hat), gehen auch jene Menschen auf die Straße, die mit der Kirche wenig am Hut haben.

Dargestellt wird der heilige Martin in der Regel als Soldat, hoch zu Roß, mit Helm und Schwert und Mantel und einem Bettelmann zu seinen Füßen. Denn einem solchen soll er einst, als er noch ungetauft den Göttern opferte, vor dem Stadttor zu Amiens die Hälfte seines Mantels geschenkt haben – aber weder die Soldaten noch die Caritashelfer, sondern ausgerechnet die Weinbauern haben ihn zum Patron erkoren.

In der Biographie des heiligen Martin sucht man vergeblich nach Anhaltspunkten für derlei nicht ganz unpoetisches Brauchtum. Geboren wird er um 316 in der römischen Provinz Pannonien. Mit 15 Jahren tritt er in Pavia in die römische Armee ein. In diese Zeit fällt auch die berühmte Begegnung mit dem Bettler. Mit 18 empfängt er die Taufe. Im Jahre 361 gründet er in der Nähe von Poitiers das erste Kloster im damaligen Gallien. Zehn Jahre später wird er auf den Willen des Volkes hin zum Bischof von Tours ernannt. Gegen Ende des vierten Jahrhunderts, vermutlich an einem 11. November, verstirbt er, hochverehrt als Mönchsvater und Missionar.

Als eine der kostbarsten Reliquien wird seit jeher der übriggebliebene halbe Mantel, die capa, *wie man damals sagte, aufbewahrt, und zwar in einer eigens dafür gebauten* Capella, *zu deren Betreuung man einen* Capellanus *bestellte. Wenn der heilige Martin seinerzeit seinen Mantel nicht zerschnitten hätte, gäbe es heute weder* Kapellen *noch* Kapläne.

Da der Bischof von Tours auch als großer Wundertäter in Erscheinung trat, avancierte er schon kurz nach seinem Tod zu einem der beliebtesten Heiligen überhaupt. Aber nicht damit, sondern mit seinem Sterbedatum (an dem auch sein Fest gefeiert wird) hängt es zusammen, daß sich zu seinen Ehren allerlei Gebräuche entwickelten, die samt und sonders in dem weiten Feld zwischen Frömmigkeit und Fröhlichkeit anzusiedeln sind.

In den ersten Jahrhunderten nämlich waren die Gläubigen gehalten, vor dem Epiphaniefest ein vierzigtägiges Fasten zu beobachten. Diese vierzig Fasttage zählte man unter Auslassung der Sonnabende und der Sonntage von Epiphanie aus zurück und kam so dazu, den Beginn der großen Fastenzeit auf den Tag nach Martini, also auf den 12. November, festzusetzen.

Das Martinsfest fiel demnach auf den letzten Tag vor der großen Fastenzeit. Und diese wurde damals sehr streng gehandhabt. Verwundert es da vielleicht, daß Christen, welche auf der steilen Stufenleiter der Askese das untere Drittel noch nicht geschafft hatten, sich noch ein kleines Fettpölsterchen zulegen wollten, um die kommende harte Zeit zu überstehen?

Aber damit nicht genug! In früheren Jahrhunderten war die ganze Fastenzeit über auch die sogenannte Fastenruhe zu beachten. Das bedeutete, daß während dieser vierzig Tage nicht nur lärmige Festivitäten, sondern auch jede Art von Rechtsgeschäften aufs strengste untersagt waren. Von daher versteht es sich von selbst, daß der Martinstag zu einem wichtigen Zinstermin wurde und daß an besagtem Datum auch der übliche Gesindewechsel stattfand. Die Herrschaften ihrerseits veranstalteten bei dieser Gelegenheit den letzten großen Jahrmarkt. Daß es dabei recht feucht-fröhlich zuging, lag in der Natur der Sache; die Gänse hatten den Sommer über Fett angesetzt, der neue Wein hatte die richtige Gärung gerade erreicht – und damit ist endlich auch das Geheimnis gelüftet, wie der heilige Martin zur Gans und die Weinbauern zu ihrem Patron kamen. Tatsächlich fällt ja sein Festtag in etwa mit dem Datum zusammen, an welchem der Beaujolais primeur *noch heute seine Hoch-Zeit hat. In Italien hingegen ist es Brauch, daß man sich am Abend des 11. November im vertrauten Kreis zusammensetzt und vom* vino novello *kostet. Weil man sich dabei aber nicht auf eine Kostprobe beschränkt, gibt es dazu jede Menge gerösteter Kastanien.*

In Verbindung mit dem Gansessen am Martinstag sind im Lauf der Zeit allerlei Spiele entstanden, so etwa das sogenannte Gans-Scheiben-Schießen, bei dem der Sieger eine Martinsgans gewinnt. Eine besondere Volksbelustigung bildet mancherorts noch heute das Gansreißen (in der Schweiz spricht man von der ›Gansabhauet‹). In dem kleinen am Sempachersee gelegenen Städtchen Sursee spannt man aus diesem Anlaß einen Draht über den Rathausplatz, an den eine abgestochene Gans gehängt wird. Ein mit Sonnenmaske und stumpfem Säbel ausstaffierter Kandidat – mittlerweile sind auch Frauen willkommen – muß Kopf und Rumpf der Gans mit einem einzigen Hieb trennen. Wer's als erster schafft, erhält die Beute.

Vermutlich waren es Mönche, welche (beim Verzehr eines sagenhaften Gänsebratens?) die Mär in die Welt gesetzt haben, daß sich der schüchterne Martin nach seiner Wahl zum Bischof in einem Gänsestall versteckt habe und dann durch das Schnattern der aufgeregten Tiere verraten worden sei... Sicher ist, daß es sich dabei um eine Legende handelt.

Daß es beim Gansessen am Martinstag schon immer ein bißchen ausgelassen zuging, dokumentieren ein paar Verse aus einer Handschrift aus der Zeit um 1400, welche man damals wohl zum Auftakt des Gelages anstimmte:

»Martin, lieber Herre, nun laß uns fröhlich sein,
heut zu deinen Ehren und durch den Willen dein.
Die Gäns' sollst du uns mehren, und auch den kühlen Wein,
gesotten und gebraten, sie müssen all herein!«

Während die Gänse am Martinstag allem Anschein nach aus sehr profanen Gründen ihre Federn lassen müssen, scheint den Fackel- und Laternenumzügen am Abend des Festes eine wesentlich frömmere Ursache zugrunde zu liegen.

Ein handgeschriebenes aus dem 11. Jahrhundert stammendes Missale aus Monte Cassino jedenfalls sah für die Messe am Martinstag einen Evangelientext vor, in dem es unter anderem heißt: »Legt euren Gürtel nicht ab und laßt eure Lampen brennen« (Lukasevangelium, Kapitel 12, Vers 35). Vom Licht war auch in dem vom Konzil von Trient erneuerten »Römischen Brevier« in einer der Lesungen zum Martinsfest die Rede: »Dieses ist die Lampe, die angezündet wird, die Tugend unseres Geistes und Sinnes ...«

Von daher legt sich die Vermutung nahe, daß die Laternenumzüge am Martinstag letztlich einen liturgischen Ursprung haben.

Wir aber wollen uns davor hüten, das Geistliche und das Weltliche allzusehr auseinanderzureißen oder gar gegeneinander auszuspielen, vor allem wenn ein Heiligenfest ansteht. Dieser Ansicht scheint auch ein gewisser Melchior de Fabris gewesen zu sein, der gegen Ende des 16. Jahrhunderts eine Martinspredigt hielt, deren Titel uns heute vielleicht ein bißchen kurios erscheint: Von der Martins Gans. Ein schöne nützliche Predig / darinnen zuo sehen ein feyne außlegung deß H. Evangelij leben: Unnd ein hailsame anmanung / wie und was gestalt wir S. Martins Gans essen / und unser leben in ein andern gang richten sollen / Gedruckt im Closter zuo Thierhaupten 1595.

Kann man es dem Prediger verübeln, wenn er in seiner Betrachtung den Blick der Gläubigen auf das Evangelium lenkt, ohne dabei selber die Gans

*aus dem Auge zu verlieren? Vermutlich ließ auch ihm die Freude am Gans-
essen den Gedanken an die vierzigtägige Fastenzeit etwas erträglicher erscheinen.*

*Für unser Martinsgansessen – wir sind ja ein kleiner Kreis – reicht eine
Gänsebrust. Und die bereiten wir – natürlich nicht nur zu Sankt Martini –
nach folgendem Rezept zu:*

700 g Kastanien
25 g Butter
2 gehäufte EL Zucker
100 ml Fleischbrühe
100 ml Bratensauce
1 Gänsebrust von mindestens 900 g
Salz, Pfeffer

Die Gänsebrust braten wir im Römertopf; das ist ebenso einfach wie
bekömmlich. Den Römertopf während 15 Minuten in kaltes Wasser stellen.
Inzwischen die Gänsebrust waschen, gut mit Salz und Pfeffer einreiben und
mit der Fettschicht nach oben in den Topf legen. Diesen in den *kalten* Ofen
schieben, die Temperatur auf 230 Grad einstellen und nach etwa einer Stunde
den Deckel entfernen (und allenfalls etwas Fett abschöpfen). Die Brust muß
nun bei etwas reduzierter Hitze noch rund 10 Minuten weitergaren, damit
eine schöne Kruste entsteht.

Weil der Ofen für die Gänsebrust benötigt wird (und der Römertopf immer in den kalten Ofen gestellt werden muß, damit er nicht zerspringt), brät
man die Kastanien am besten schon am Vortrag. Diese werden gewaschen,
abgetrocknet und mit einem scharfen Messer längs der Rundung eingeschnitten, anschließend auf einem Kuchenblech für etwa 35 Minuten in den
auf 230 Grad vorgeheizten Backofen gegeben. Abkühlen lassen. Das
Schälen und die restliche Zubereitung besorge ich dann erst, während die
Gänsebrust im Römertopf vor sich hinschmort. Während meine Gäste sich
an einem gemischten Salat gütlich tun, bringe ich die Butter in einem Topf
zum Schmelzen, gebe den Zucker dazu und rüttle die Pfanne immer wieder
ein wenig, bis der Zucker hellbraun (karamelisiert) ist. Dann kommen die geschälten Kastanien hinein und werden gut durchgemischt (glasiert). Nun
gieße ich die Fleischbrühe und die Bratensauce darüber und lasse alles
während 15 Minuten bei geschlossenem Deckel köcheln.

Die Gänsebrust wird entbeint, in dünne Scheiben geschnitten und auf der
gleichen Schüssel angerichtet wie die Kastanien.

Pollo alla diavola (Huhn nach Teufelsart)

Eine plausible Erklärung dafür, wie dieses alte italienische Rezept zu dem Namen »Huhn nach Teufelsart« gekommen ist, hat mir bisher niemand geben können. Vielleicht weil es ein »guter Teufel« (von dieser Geistergattung war beim Rezept »Kalbsschnitzel an Gemüsesauce« die Rede) einer geplagten Köchin ins Ohr geflüstert hat? Falls dies zutrifft, müßte er folgende Zutaten vorgeschlagen haben:

1 kochfertiges Huhn
1 EL Olivenöl
30 g Butter
Salz, schwarzen Pfeffer
1 Zitrone (Saft)

Auch kochfertige Hühner haben meist noch Flaum- und Federreste. Diese werden weggebrannt, indem man das Huhn über einer Flamme dreht. Dann wird es gewaschen und mit Küchenpapier getrocknet. Das Huhn nun an beiden Enden noch so weit aufschneiden, daß man die Hälften vom Bauch her wie zwei nebeneinanderliegende Buchseiten aufklappen und zwischen zwei Holzbrettchen (wie man sie zum Gemüserüsten braucht) flachdrücken kann. Falls Ihre Kraft nicht ausreicht, bitten Sie den Metzger, dies zu besorgen.

Etwas Öl in eine Bratpfanne geben und die Butter in Flocken darauf verteilen. Das aufgeklappte und gepreßte Huhn mit der Haut nach unten hineinlegen und mit einem Gewicht (einem schweren Deckel oder einer kleinen gußeisernen Pfanne) beschweren, damit es gut auf den Pfannenboden gepreßt wird. Die Garzeit beträgt bei mittlerer Hitze etwa 45 Minuten. Alle 10 Minuten wird das Huhn gewendet, die beiden ersten Male mit Salz und Pfeffer bestreut und mit Zitronensaft besprengt.

In gewissen Gegenden Italiens nennt man das Huhn nach Teufelsart auch *pollo al mattone*, weil in früheren Zeiten zum Beschweren ein Back- oder Ziegelstein verwendet wurde. Ich selber benütze noch immer diese Methode, wobei ich den Backstein vorher in Alufolie einwickle.

Hühnergeschnetzeltes an Morchelsauce

800 g Pouletgeschnetzeltes (oder einfach in Streifen geschnittene Hühnerbrüstchen)
400 ml starke Hühnerbrühe
200 ml Milch
25 g getrocknete Morcheln
1 Glas Portwein
1 Zitrone
20 g Butter oder 50 ml Sahne
evtl. etwas Maizena

Die getrockneten Morcheln unter dem Wasserstrahl waschen und für einige Stunden in der Milch einweichen, möglichst in einer weißen Schüssel, damit man die Sandrückstände sieht. Anschließend *mehrmals* gründlich durchspülen, da die Gäste sonst wegen kleiner und kleinster Sandkörner (oder vielmehr wegen der Köchin oder des Kochs) mit den Zähnen knirschen. Die Milch mittels eines Kaffeefilters von den Sandrückständen reinigen; sie findet nachher für die Sauce Verwendung.

Das geschnetzelte Fleisch in einem Topf in der heißen Hühnerbrühe etwa 8–10 Minuten köcheln. Mit einer Schaumkelle herausnehmen und warmstellen. Die Hitze erhöhen, die Milch dazuschütten und etwas später auch den Portwein und den Zitronensaft. Die Morcheln dazugeben und alles bei offenem Deckel stark kochen, bis von der Flüssigkeit gerade noch 250 bis 300 ml übrigbleiben. Falls die Sauce zu dünn ist, etwas in kaltem Wasser aufgelöstes Maizena hinzugeben. Wenn es in der ganzen Wohnung nach Morcheln duftet (und dies dürfte jetzt der Fall sein), reduziert man die Hitze und gibt das Hühnerfleisch hinzu. Nach ein paar Minuten den Topf vom Herd nehmen und die Butter (oder Sahne) unterziehen.

Dazu reiche ich Nüdelchen oder einen Butterreis und Broccoli, die ich in einer mit Muskat gewürzten Gemüsebrühe gekocht habe.

Zu dieser Sauce paßt auch geschnetzeltes Puten- oder Kalbfleisch.

Geschnetzelte Hühnerbrust an Currysauce
500 g geschnetzelte Hühnerbrust
35 g Butter
1 mittelgroße Zwiebel
1 EL Mehl
300 ml Hühnerbrühe
3–4 TL Curry
$^1/_2$ Becher Sahne
2 Bananen
4 Scheiben Ananas aus der Dose
einige Weichselkirschen

Die Zwiebel feinhacken und in etwas Butter dünsten. Das Mehl hinzufügen und unter Rühren anschwitzen lassen. Mit der Hühnerbrühe ablöschen und den Curry unterrühren. 5 Minuten köcheln und die Sahne hinzugeben.

Inzwischen das Hühnergeschnetzelte in etwas Butter anbraten und in die Sauce geben. Ein paar Minuten aufköcheln.

Die Bananen der Länge nach halbieren und mit den Ananasscheiben in etwas Butter anbraten. Das Fleisch zusammen mit der Sauce auf einer flachen Schüssel anrichten und mit den Bananen, den Ananasscheiben und den Weichselkirschen garnieren. Dazu paßt ein Trockenreis.

Wenn ich die Sauce etwas pikanter haben möchte, verwende ich etwas mehr Curry und füge einen geriebenen Apfel, einen Eßlöffel geriebene Kokosnuß und etwas von dem Ananassirup aus der Dose hinzu.

Gefüllte Hühnerbrüstchen an Safransauce
4 möglichst große Hühnerbrüstchen
Salz, Pfeffer
120 g Gorgonzola (oder ein anderer Blaukäse)
1 Zweiglein (oder 1 EL getrockneter Rosmarin)
evtl. vier Würfel tiefgefrorener Blattspinat

Für die Sauce:
3 Silberzwiebelchen
15 g Butter
150 ml Sherry
1 TL grobkörniger Senf
1 Messerspitze Safran
150 ml Sahne (oder Kaffeesahne)
Salz, Pfeffer
$1/2$ Zitrone (Saft)

In die Hühnerbrüstchen Taschen schneiden, innen mit Salz und Pfeffer würzen, mit dem Gorgonzola füllen und mit einem Zahnstocher verschließen. Auch außen salzen und pfeffern. Etwas Wasser mit Rosmarin würzen und in einer Pfanne erhitzen. Die Hühnerbrüstchen in ein Dampfkörbchen oder in ein großes Sieb legen und zugedeckt über dem siedenden Wasser etwa 15 Minuten dämpfen.

Für die Sauce die Silberzwiebelchen sehr fein hacken und in etwas Butter leicht glasig dünsten. Den Sherry zugeben, zur Hälfte verdunsten lassen und den Senf darunterrühren. Die Sahne und den Safran und anschließend etwas Salz und Pfeffer und den Zitronensaft hinzufügen. Die Sauce noch etwas einköcheln lassen und allenfalls nochmals mit etwas Sherry abschmecken.

Dazu paßt Blattspinat. Die Pouletbrüstchen können außer nur mit Gorgonzola auch noch mit etwas Blattspinat gefüllt werden. Diesen entnehme ich einer Tiefkühlpackung und erhitze ihn in etwas Butter, in der ich zuvor etwas gehackte Zwiebel und Knoblauch gedünstet habe.

Hühnerbrüstchen an Estragonsauce

8 Hühnerbrüstchen
1 EL scharfer Senf
100 ml Weißwein
2 TL getrockneter Estragon
1 TL Salz
35 g Butter
200 ml Sahne
100 ml Crème fraîche
1 Gläschen Cognac
Salz, Pfeffer

Aus Senf, Weißwein und 1 TL Estragon mit dem Schneebesen eine Marinade bereiten, die Hühnerbrüstchen hineinlegen und für wenigstens vier Stunden in den Kühlschrank stellen. Dann salzen, in der Butter anbraten und in eine Gratinform legen. Die Marinade in einem Topf erwärmen, 1 TL Estragon, die Sahne und die Crème fraîche, danach den Cognac hinzufügen und die Sauce unter stetigem Rühren mit dem Schneebesen aufkochen, bis sie leicht dicklich wird. Mit Salz und Pfeffer würzen. Über die Hühnerbrüstchen gießen und diese in dem auf 225 Grad vorgewärmten Ofen überbacken, bis sich (nach etwa 15–20 Minuten) eine hellbraune Kruste bildet.

Putengeschnetzeltes nach Winzerart

Immer häufiger wird in unserer Küchen Fleisch mit Früchten kombiniert. Besonders apart nimmt sich die Kombination von Putengeschnetzeltem und Trauben aus, ein Gericht, das man im Herbst, zur Zeit der Weinlese, auf den Tisch bringen sollte.

750 g Putengeschnetzeltes
2 EL Mehl
200 g Trauben
40 g Pinienkerne
1 EL Bratbutter
100 ml trockener Weißwein
100 ml kräftige Fleisch- oder Gemüsebrühe
100 ml Sahne
1 Schuß Cognac
Salz, Pfeffer, Streuwürze

Die Trauben waschen, halbieren und entkernen. Die Pinienkerne in einer Teflon-Bratpfanne (ohne Butter!) rösten, bis sie eine hellbraune Farbe annehmen. In ein Schälchen geben und beiseitestellen.

Die Gewürze mit dem Mehl vermischen und über das Fleisch streuen. Dieses mehrmals wenden, so daß das Mehl daran haften bleibt. In der heißen

Bratbutter gut anbraten. Mit dem Wein und der Fleischbrühe ablöschen und alles ein paar Minuten köcheln. Falls trotz der 2 EL Mehl die Sauce noch etwas zu dünn sein sollte, ein wenig Maizena in der Sahne verrühren, bevor diese mit dem Cognac hinzugefügt wird. Aufkochen lassen und allenfalls nachwürzen. Die Trauben dazugeben und erwärmen.

Wenn ich das Gericht auf vorgewärmten Tellern serviere, streue ich die Pinienkerne jetzt darüber. Andernfalls stelle ich sie im Schälchen auf den Tisch. Besonders hübsch präsentiert sich das Ganze, wenn man rote und weiße Trauben verwendet.

Lachspfanne
3–4 Scheiben Lachs (etwa 650 g)
$^1/_2$ Zitrone (Saft)
1 TL Dill
25 g Butter
2 Zucchini
3 Eier
1 Schuß Sahne
Salz, weißer Pfeffer, Streuwürze

Den Lachs enthäuten und in kleine Würfel schneiden, mit Zitronensaft beträufeln und mit etwas Streuwürze und weißem Pfeffer würzen. Die Zucchini in dünne Rädchen schneiden und in die heiße Butter geben, leicht salzen und bei geschlossenem Deckel ein paar Minuten dünsten, dann den Lachs beigeben und etwa drei Minuten mitdämpfen. Eier und Sahne mit dem Schneebesen miteinander verquirlen und leicht salzen. Den Lachs und die Zucchini damit übergießen. Sobald die Masse stockt, das Gericht sofort aus der Pfanne servieren.

Lachsterrine
3–4 Scheiben Lachs (etwa 650 g)
2 TL Salz
2 EL Kräuteressig
1 Lorbeerblatt
3 Eier
$^1/_2$ TL Tabascosauce
Streuwürze
3 EL Ketchup (oder 1 EL Tomatenmark und 1 kleine Prise Zucker)
1 EL gehackte (oder 1 TL getrocknete) Petersilie

Salz, Kräuteressig und Lorbeerblatt in einen Topf siedendes Wasser geben, Hitze reduzieren und die Lachsscheiben 10 Minuten darin ziehen lassen (das Wasser soll nicht kochen!). Den Lachs herausnehmen, Haut und Gräte entfernen, den Fisch zerpflücken. Die Eier zusammen mit der Streuwürze, der Petersilie, der Tabascosauce und dem Ketchup schaumig schlagen. Den Lachs hinzufügen und alles in eine feuerfeste Form geben. In dem auf 200 Grad erhitzten Backofen während einer knappen Viertelstunde stocken lassen.

Tip: In den meisten Kochbüchern finden Sie allerlei mehr oder weniger nützliche Tips. Daher fühle auch ich mich irgendwie verpflichtet, Ihnen wenigstens einen Hinweis zu geben, nämlich wie Sie sich am besten aus der Affäre ziehen, wenn Ihnen einmal ein Gericht mißlingen sollte. Sie stellen es einfach auf den Tisch, reißen Ihr ganzes Selbstbewußtsein zusammen und erklären Ihren Gästen, es handle sich um eine schwedische Spezialität. Sie können sicher sein: Man wird nicht nur Ihre Kochkunst loben, sondern Sie darüber hinaus auch noch dafür bewundern, daß Sie sich in der internationalen Küche so gut auskennen.

Tip zum Tip: Sollten Ihre Gäste zufällig den letzten Urlaub in Schweden verbracht haben, müssen Sie natürlich einen anderen Landstrich bemühen – beispielsweise Madagaskar oder Panama. Oder die Schweiz. Die setzt sich nämlich aus so vielen Kantonen zusammen, daß selbst die Schweizer in der Regel keinen umfassenden Überblick haben über all ihre zahlreichen lokalen Spezialitäten.

Dorschklöße an weißer Sauce
800 g Dorsch, tiefgekühlt
200 ml Sahne
$1\frac{1}{2}$ EL Maizena
2 Eier
$2\frac{1}{2}$ EL Mehl
Salz, Pfeffer

Für die Sauce:
20 g Butter
1 Schalotte
2 EL Mehl
200 ml Milch
100 ml trockener Weißwein
1 EL gehackten Dill
Salz, Pfeffer, Paprika, 1 zerbröselter Brühwürfel
300 ml Sahne

Nachdem ich den Dorsch etwa anderthalb Stunden habe antauen lassen, schneide ich ihn in kleine Stücke, die ich mit etwas Sahne püriere. Die restliche Sahne verrühre ich mit dem Maizena und mische sie, zusammen mit dem Mehl und den Eiern und mit etwas Salz und Pfeffer unter die Fischmasse, die ich anschließend ungefähr eine Stunde in den Kühlschrank stelle.

Für die Sauce dünste ich in der heißen Butter zuerst die feingehackte Schalotte glasig, gebe das Mehl hinzu, röste es, bis es eine hellgelbe Farbe angenommen hat, lösche unter stetigem Rühren mit dem Schneebesen mit der Milch ab, koche die Sauce kurz auf, füge den Weißwein, die Sahne und schließlich noch den Dill und die Gewürze dazu.

Während die Sauce auf sehr kleiner Flamme weiterköchelt, steche ich mit einem Löffel Klöße aus der Fischmasse und gebe sie in kochendes Salzwasser. Sobald sie (nach kaum fünf Minuten) an der Oberfläche schwimmen, sind sie gar und kommen in eine vorgewärmte Schüssel. Die Sauce gieße ich darüber. Zu diesem etwas aparten Gericht serviere ich meinen Gästen entweder einen Trockenreis oder ein paar Salzkartoffeln.

Zanderfilets an Estragonsauce

Das folgende Rezept haben Heidi und Pepp für mich aufgeschrieben, bei denen ich schon häufig zu Gast war. Bei solchen Gelegenheiten kam es fast immer zu irgendwelchen theologischen Diskussionen über alle nur möglichen Themen, angefangen von der Schöpfung bis hin zum Weltuntergang. Einmal, Pepp war gerade daran, die Teller wegzuräumen (was er immer tut, wenn seine Frau Gemahlin gekocht hat), fragte mich – wer was von mir wissen wollte, darüber zu berichten bleibt noch genügend Zeit; zunächst wollen wir jetzt das Kulinarische erledigen, bevor wir uns der Theologie zuwenden, die ja schon deshalb aufs Unendliche zielt, weil jede Antwort wieder neue Fragen provoziert.

700 g Zanderfilets
1 Zitrone
300 ml trockener Weißwein
1 feingehackte Schalotte
1 gestrichener EL getrockneter Estragon
1 Messerspitze Safran
50 ml Sahne
1 gestrichener EL Maizena
Salz, Pfeffer

Die Filets mit etwas Zitronensaft säuern. Wein, Schalotte und Estragon in einer Bratpfanne kurz aufkochen, dann die Pfanne von der Herdplatte nehmen und die Hitze reduzieren. Die Fischfilets hineinlegen und 4–5 Minuten garen. Warmstellen. Die Flüssigkeit etwas verdampfen lassen, Safran und Sahne dazugeben, das Maizena in etwas kaltem Wasser auflösen, mit dem Schneebesen darunterrühren und die Sauce köcheln, bis sie leicht sämig ist. Mit Salz, Pfeffer und etwas Zitronensaft abschmecken und über die Zanderfilets gießen.

Dazu passen Broccoli mit Reis oder Bratofen- oder Salzkartoffeln. Statt Zanderfilets eignen sich auch Egli- oder Rotzungenfilets.

Pepp war also, wie gesagt, gerade daran, die Teller wegzuräumen, als Heidi mich fragte, warum dem Fisch als Symbol in der christlichen Kunst ein so hoher Stellenwert zukomme. Ob das mit Jesu Wort vom Menschenfischer (nachzulesen im Markusevangelium, Kapitel 1, Vers 17) oder mit der Erzählung vom reichen Fischfang (Johannesevangelium, Kapitel 21) zu tun habe? Oder mit der Speisung der Fünftausend, anläßlich deren ja außer den Broten auch zwei Fische verteilt wurden (Markusevangelium, Kapitel 6, Vers 38)?

Mag sein, daß der Fisch für die ersten Christen aufgrund dieser Geschichten besonders symbolträchtig war. Aber damit ist noch nicht erklärt, warum er zu einem der wichtigsten Christussymbole wurde.

Bekanntlich war die damalige Weltsprache nicht das Lateinische, sondern das Griechische, und irgendwann verfiel ein besonders schlauer Kopf auf den Gedanken, daß in dem griechischen Ausdruck für Fisch, ICHTHYS, jeder einzelne Buchstabe den Anfangsbuchstaben eines ganzen Wortes bilde, nämlich:

I	=	Jesous	Jesus
Ch	=	Christos	Christus
Th	=	Theou	Gottes
Y	=	Yios	Sohn
S	=	Soter	Retter

Weil das Wort ICHTHYS *für die frühen Christen so etwas wie eine verklausulierte Kurzformel ihres Glaubensbekenntnisses darstellte, versteht es sich von selbst, daß der Fisch auch in der bildenden Kunst als Christussymbol immer häufiger verwendet wurde.*

Seelachs mit Gemüse

750 g Seelachs (etwa 4 Scheiben)
$^1/_2$ Zitrone
Salz, weißer Pfeffer
250 g gemischtes Gemüse (Lauch, Broccoli, Tomate, Champignons...)
1 feingehackte Knoblauchzehe
1 TL Dill
25 g Butter
Den Lachs mit Zitronensaft säuern, beidseitig mit etwas Salz und Pfeffer bestreuen und in eine große Gratinform legen. Das Gemüse in feine Scheiben (die geschälte Tomate in kleine Würfel) schneiden und zwischen und über den Lachsscheiben verteilen. (Wer auch Broccoli dazugibt, tut gut daran, diese vorher zu blanchieren.) Salzen, pfeffern und den gehackten Knoblauch, den Dill und ein paar Butterflöckchen dazugeben. Die Gratinform mit einem Deckel oder mit Alufolie verschließen und für etwa 35 Minuten in den auf 200 Grad vorgeheizten Backofen schieben.
Statt Seelachs kann man auch Hecht oder Kabeljau verwenden.

Fischfilets nach Großvaters Art

Dem Großvater, von dem hier die Rede ist, bin ich in einer Erzählung des Schweizer Schriftstellers Urs Widmer begegnet. Sie trägt den Titel »Gratinierter Fisch« und findet sich in dem von Gertrud Frank herausgegebenen Erzählband »Da nahm der Koch den Löffel« (Residenz Verlag, Salzburg 1974). Sie dürfen jetzt dreimal raten, worüber mein – das heißt: Urs Widmers – Großvater in Verzückung gerät. Richtig, er schwärmt vom Essen, und zwar von den Fischfilets, die man zu seinen Zeiten noch vorgesetzt bekam. Er erinnert sich so ungefähr, wie man sie zubereitete, aber von Mengenangaben scheint er wenig zu halten. Diese Kleinigkeiten mußte ich selber ausrechnen und ausprobieren. Das Ergebnis dürfte Sie, meine lieben Leserinnen und Leser, vielleicht interessieren. Weil ich Sie aber nicht alle an meinen Tisch bitten kann, möchte ich Ihnen wenigstens das Rezept überlassen; Sie brauchen sich ja nicht sklavisch daran zu halten. Die folgenden Zutaten sollten Sie aber schon im Haus haben:

700 g Fischfilets (Rotbarsch, Kabeljau, Seezunge, Scholle; ob nur vom einen oder vom anderen oder von allem ein bißchen, bleibt Ihnen überlassen)

150 g Crevetten

100 g Miesmuscheln (aus dem Glas)

1 Zitrone

2 Schalotten

1 EL Kapern

1 kleinen Bund Petersilie

1 EL Mehl

50 g Butter

200 ml kräftige Gemüsebrühe

100 ml Sahne

100 ml trockenen Weißwein

200 g frische Champignons in Scheiben

60 g Greyerzer

60 g Parmesan

Salz, weißen Pfeffer

Schalotten, Kapern und Petersilie feinhacken. Die Hälfte davon auf den Boden einer Gratinform streuen. Die Fischfilets mit Zitronensaft beträufeln, salzen, ganz leicht pfeffern und in die Form legen. Das restliche Gehäcksel zusammen mit einigen Butterflocken darüber verteilen. Den Fisch für 5 Minuten in den auf 200 Grad vorgewärmten Ofen schieben.

Inzwischen das Mehl in der Hälfte der verbliebenen Butter hellgelb rösten, mit der Gemüsebrühe ablöschen, den Weißwein und anschließend die Sahne dazuschütten, die Sauce etwas einkochen lassen und eventuell mit etwas Salz oder Pfeffer nachwürzen.

Gleichzeitig in einer Bratpfanne die Champignons in der restlichen Butter dünsten.

Die Form aus dem Ofen holen, die Champignons, Crevetten und Muscheln über den Fisch verteilen. Die heiße Sauce dazugießen, den Käse darüberstreuen und alles etwa 25 Minuten im Ofen überbacken.

Widmers Großvater empfiehlt dazu einen herben Weißwein, beispielsweise einen elsässischen Riesling oder einen Saint-Saphorin; ich selber gebe dem letzteren den Vorzug.

Schollenfilets an Käsesauce

Dieses Rezept schreibe ich für Kajo auf, der sich fast ausschließlich von Körnern, Gemüse und Fisch ernährt. Alljährlich überläßt er mir das Pfarrhaus für die paar Wochen, während deren ich ihn vertrete. Wenn er zwischendurch einmal kurz aufkreuzt, stört es ihn aber nicht, wenn ich mir in seiner Anwesenheit einmal eine Wurst brate.

8 Schollenfilets
2 EL Zitronensaft
30 g Butter
1 Becher Crème fraîche
100 ml trockener Weißwein
1 EL gehackter Dill
120 g geriebener Parmesan
1 TL Maizena
Salz, weißer Pfeffer

Die Crème fraîche, den Weißwein und den Dill erhitzen. Würzen. Den Käse dazugeben. Das Maizena in etwas Wasser auflösen und hinzufügen. Die Sauce kurz aufkochen und auf kleiner Flamme warmhalten.

Die Schollenfilets waschen, mit Küchenkrepp trocknen, mit Zitronensaft säuern, salzen, leicht pfeffern und in der heißen Butter je nach Dicke auf jeder Seite höchstens 4 Minuten braten.

Die Fische auf vorgewärmte Teller legen und etwas Sauce daraufgeben. Die übrige Sauce kommt gesondert auf den Tisch; sie paßt auch zu der kleinen Portion Trockenreis oder zu den Salzkartoffeln, die ich zum Fisch reiche.

Was tun eine Köchin oder ein Koch, wenn der Braten angebrannt oder der Fisch ausgetrocknet ist? Vermutlich werden sie die Hände ringen.

Und was tun die beiden, wenn sie den Fisch oder den Braten ins Rohr schieben und hoffen, daß er gelingen möge? Möglicherweise schicken sie zuerst einen Blick und anschließend einen Stoßseufzer in Richtung Himmel. Und zwar nicht irgendwohin in den Himmel, sondern dorthin, wo sie ihre Schutzpatrone vermuten.

Für die Köchinnen kommt hier die heilige Marta in Frage, die Schwester der Maria und des Lazarus. Im Johannesevangelium (Kapitel 12, Vers 2) ist kurz davon die Rede, daß Jesus auf seinem Weg nach Jerusalem bei den dreien zu Gast ist und sich bei dieser Gelegenheit von Marta bewirten läßt. Etwas ausführlicher schildert Lukas diese Episode (Kapitel 10, 38–42):

»Eine Frau namens Marta nahm Jesus freundlich auf. Sie hatte eine Schwester, die Maria hieß. Maria setzte sich dem Herrn zu Füßen und hörte seinen Worten zu. Marta war ganz davon in Anspruch genommen, für ihn zu sorgen. Sie kam zu ihm und sagte: Herr, kümmert es dich nicht, daß meine Schwester die ganze Arbeit mir allein überläßt? Sag ihr doch, sie soll mir

helfen! Der Herr antwortete: Marta, Marta, du machst dir viele Sorgen und Mühen. Aber nur eines ist notwendig. Maria hat das Bessere erwählt, das soll ihr nicht genommen werden.«

Jesus spricht hier keinen Tadel aus; er erinnert bloß wieder einmal daran, daß der Mensch nicht vom Brot allein lebt, sondern auch vom Wort aus Gottes Mund. Man würde diese kurze Erzählung gegen den Strich interpretieren, wenn man daraus ein bestimmtes Krankheitsbild, gewissermaßen ein Art Marta-Komplex, erstellen wollte. Mit derartigen Dingen setzt Jesus sich nicht auseinander; er setzt lediglich Präferenzen: Die Meditation muß der Aktion vorausgehen. Daß Marta in keiner Weise gerügt wird, hat das einfache Volk mit seinem gesunden Sinn für das Passende und Stimmige seit jeher erkannt. Dies ist wohl einer der Gründe, warum sich die Legende der heiligen Marta so schnell bemächtigt hat. Marta soll später mit ihren beiden Geschwistern in die Provence gezogen und nach ihrem Tod in Tarascon begraben worden sein. Im Heiligenkalender ist sie unter dem 29. Juli angeführt. Warum die Hausfrauen, insbesondere die Köchinnen, sie und nicht ihre Schwester Maria als Patronin verehren, versteht sich von selbst.

Etwas weniger einleuchtend sind die Gründe, warum die Köche darauf verfielen, ausgerechnet den heiligen Laurentius zu ihrem Schutzpatron zu erwählen.

Laurentius gehört zu jener großen Schar von Heiligen, über deren Leben und Sterben nur wenig zuverlässige Nachrichten überliefert sind. Als Diakon in Rom oblag ihm die Sorge um die Armen und Bedürftigen. Diese karitative Tätigkeit brachte es mit sich, daß er Zugriff hatte auf das kirchliche Vermögen. Daran aber zeigten sich auch Kaiser Valerian und sein Finanzminister Macrianus interessiert. Weil Laurentius die Herausgabe der Kirchenschätze verweigerte, wurde er zum Tode verurteilt und zusammen mit vier anderen Diakonen am 6. August des Jahres 258, vermutlich durch das Schwert, hingerichtet.

Wie in so vielen Fällen schert sich auch hier die Legende wenig um die historischen Tatsachen. Nach unserem heutigen Wissen hat schon der Mailänder Bischof Ambrosius (um 340–397) in ziemlich trüben Quellen gefischt, als er sich über den heiligen Laurentius äußerte. Unter anderem verbreitet er sich darüber, wie dieser auf das Ansinnen des Kaisers, die Kirchengüter herauszurücken, reagiert hat. Alle Armen, Lahmen und Blinden habe er vor den kaiserlichen Palast geführt und erklärt: »Dies sind die ewigen Schätze der Kirche.« Aus Rache habe ihn der Kaiser auf einem Rost verbrennen lassen. Und während Laurentius dort in Flammen lag, soll er lachend zum Henker gesagt haben: »Der Braten ist jetzt fertig, dreh ihn um und iß!« Damit ist das Rätsel gelöst, weshalb die Köche gerade diesen Heiligen, den die Künstler fast immer mit einem Rost in den Händen darstellen, zu ihrem Schutzpatron erwählt haben. Sein Festtag (den ich alljährlich mit einer gewissen Feier-

lichkeit begehe) fällt auf den 10. August, wenn Rom in der größten Hitze erstickt.

Im Hinblick auf das ungleiche Paar Marta und Laurentius drängen sich ein paar Schlußfolgerungen auf:

Erstens: Auch untereinander sehr verschiedene Heilige können aus sehr unterschiedlichen Gründen mit den gleichen Kompetenzen ausgestattet werden.

Zweitens: Manche Heilige werden in jenen Bereichen als Nothelfer eingesetzt, in welchen sie sich schon während ihres irdischen Lebens bewährt haben. Neben der heiligen Marta gilt das etwa für den heiligen Josef, der als Patron der Schreiner und Zimmerleute noch heute tapfer seinen Mann steht, oder für die heilige Elisabeth von Thüringen, zu welcher die Bettler und Bäcker, aber auch die Witwen und Waisen und überhaupt alle unschuldig Verfolgten ihre Zuflucht nehmen.

Drittens: Andere Heilige dagegen werden gerade in jenen Leiden und Nöten angerufen, mit denen sie selber geschlagen waren – so der heilige Laurentius, auf dessen Beistand jene hoffen, die am Grill herumhantieren. Den heiligen Stephan, der im Beisein des heiligen Paulus zu Tode gesteinigt wurde, ruft man bei allen nur möglichen Steinleiden an, während der heilige Sebastian – er starb von Pfeilen durchbohrt – bei den Bogenschützen für eine ruhige Hand und einen klaren Blick zu sorgen hat. Dahinter mag der Gedanke stehen, daß zumindest die Zinsen der von den Heiligen durch allerlei Unbill und Schmerz aufgehäuften Verdienste über ihre Verehrer ausgeschüttet werden.

Vor noch nicht allzulanger Zeit hat mich jemand während eines Essens in eine Diskussion über die Schutzpatrone verwickelt. Und mir die heikle Frage gestellt, wen die Köchinnen und die Köche denn anrufen sollten, wenn der Fisch oder der Braten bereits angebrannt sei. Ich würde sagen: den heiligen Florian. Dieser wurde im Jahr 304, zur Zeit der diokletianischen Christenverfolgung in Lorch in der Enns ertränkt. In Niederösterreich und Oberbayern gehört er zu den volkstümlichsten Heiligen. Zu ihm nimmt man zwar gelegentlich auch bei Wassernöten seine Zuflucht, vorwiegend aber doch bei Brandgefahr.

6. Kapitel

Schnellgerichte – nicht nur aus Resten

Sechstes Zwischenstück

»Mein sind die Jahre nicht ...« oder warum man das Zeitliche segnen kann

Zeit ist Geld. Meint man. Und weil alle Welt dem Geld hinterherläuft, hat niemand Zeit. Die Menschen kommen einfach nicht mehr zur Ruhe; sie hetzen, hasten, jagen.

Ich erinnere mich da an eine Geschichte, die ich vor vielen Jahren einmal gelesen habe (wo bloß?). Ein Missionar, umhergetrieben vom Eifer, das Wort Gottes zu verkünden, eilt von einer Missionsstation zur anderen. Plötzlich setzt sich der einheimische Gepäckträger auf den Boden und schaut still vor sich hin. Zunächst scheint er das Drängen des Missionars zu überhören, der ihn zur Eile drängt. Nach längerer Zeit erst wendet er sich ihm zu und sagt: »Mein Körper muß jetzt eine Weile rasten und auf die Seele warten.«

Uns geht es ähnlich. Umhergetrieben von tausend Sorgen, laufen wir Gefahr, die Seele zu verlieren. Wir finden kaum noch Zeit zum Essen, und auch zum Beten fehlt uns die Zeit.

Man sollte sich Zeit nehmen zum Beten. Und zum Essen sollte man sich Zeit lassen. Was für das Essen und für das Beten gilt, trifft auch für das Kochen zu. Sogar einem sogenannten Schnellgericht (um Mißverständnisse auszuschalten: die Rede ist hier nicht von Fertigprodukten!) merkt man es an, ob es mit Liebe zubereitet wurde.

Hinsichtlich der Zeit unterscheidet sich das rechte Beten weder vom hingebungsvollen Kochen noch vom geruhsamen Essen. In jedem Fall braucht man sich dabei die Zeit nicht zu *vertreiben*; sie scheint stillzustehen. Erst wenn man wieder zu sich kommt, merkt man, daß sie verflogen ist.

Ihr lebet in der Zeit und kennt doch keine Zeit;
So wißt ihr Menschen nicht, von und in was ihr seid.
Dies wißt ihr, daß ihr seid in einer Zeit geboren
Und daß ihr werdet auch in einer Zeit verloren.
Was aber war die Zeit, die euch in sich gebracht?
Und was wird diese sein, die euch zu nichts mehr macht?

Die Zeit ist was und nichts. Der Mensch im gleichen Falle.
Doch was dasselbe was und nichts sei, zweifeln alle.
Die Zeit, die stirbt aus sich und zeucht sich auch aus sich.
Dies kömmt aus mir und dir, von dem du bist und ich.
Der Mensch ist in der Zeit; sie ist in ihm ingleichen.
Doch aber muß der Mensch, wenn sie noch bleibet, weichen.
Die Zeit ist, was ihr seid, und ihr seid, was die Zeit,
Nur daß ihr wen'ger noch, als was die Zeit ist, seid.
Ach daß doch jene Zeit, die ohne Zeit ist, käme
Und uns aus dieser Zeit in ihre Zeiten nähme
Und aus uns selbsten uns, daß wir gleich könnten sein,
Wie der itzt jener Zeit, die keine Zeit geht ein!

Dieses Gedicht stammt von Paul Fleming, einem Medikus und Poeten, der von 1609 bis 1640 lebte, in jener Epoche also, die wir gewöhnlich als Barockzeitalter bezeichnen.

Zu den vorherrschenden Themen der deutschen Barockdichtung gehören Leben und Tod, Daseinsfreude und Jenseitsbewußtsein, das Haschen nach dem Glück und das Wissen um dessen Vergänglichkeit, wobei stets der Gedanke gegenwärtig ist, daß das irdische Dasein einen Wettlauf gegen die Zeit darstellt, aus dem kein Mensch je als Sieger hervorgeht.

Was aber ist die Zeit? Paul Fleming vermag diese Frage nicht zu beantworten. Aber er bringt Mensch und Zeit in eine spannungsreiche Beziehung zueinander. Dabei läßt er sich nicht von physikalischen Überlegungen, sondern von seinen existentiellen Erfahrungen leiten. Obwohl der Mensch in der Zeit steht, weiß er doch nicht, was die Zeit ist. Deshalb bleibt er sich selber ein Rätsel. Denn um sich selbst verstehen zu können, müßte er die Zeit begreifen. Für den Menschen bedeutet Zeit Zeitlichkeit und damit Vergänglichkeit: »Die Zeit ist was und nichts. Der Mensch im gleichen Falle.« *Was* jedoch zwischen Sein und Nichtsein ist, darüber »zweifeln alle«. Zeit und Mensch durchdringen einander. Allerdings ist die Zeit mehr als die *Lebens*zeit des Menschen, und doch scheint sie ebenso vergänglich wie der Mensch. Angesichts des drohenden Nichts, dem Zeit und Mensch ausgesetzt sind, versteigt sich der Dichter zu einem überaus kühnen Wunsch: daß die Zeit selbst, und damit der Mensch, aufgehoben würde in einer zeitlosen Zeit.

Solche Wünsche mögen bereits zu Paul Flemings Zeiten etwas altmodisch angemutet haben. Denn damals erkundigten sich die Menschen längst nicht mehr danach, wie spät es sei. Vielmehr fragten sie einander schon seit dreihundert Jahren, was die Uhr geschlagen habe. Den Grund dafür nennt eine alte Mailänder Stadtchronik. Sie berichtet davon, daß auf dem Turm von San Gottardo anno Domini 1336 die erste öffentliche mechanische Uhr montiert wurde, welche mit ihrem Glockenschlag die Stunden anzeigte. Freilich gaben sich die Menschen damals noch keine Rechenschaft darüber, daß damit die gute alte Zeit vorüber war und sie bereits in jener neuen Zeit lebten, die wir heute als *Neuzeit* bezeichnen.

Gut ein Jahrhundert später erscheint die Sanduhr (die man in Europa erst seit kurzem kannte) in der frommen Kunst als Symbol der Vergänglichkeit neben dem Totenschädel. Dürers Kupferstiche (»Ritter, Tod und Teufel«; »Hieronymus im Gehäus'«) dokumentieren das ebenso wie die italienische Freskomalerei in der Epoche des aufkommenden Humanismus.

Uhr statt Totenschädel – das industrielle Zeitalter ist im Kommen. Vorbei sind die Zeiten, da man die Dauer eines Erdbebens nach Gebetstexten bestimmte – »so lang wie ein Paternoster und ein Ave Maria«, überliefert ein Konstanzer Chronist aus dem Jahre 1295.

Hand in Hand mit der immer präziseren Zeitmessung geht das Bestreben, die damals nach Gegenden verschiedenen Zeitangaben zu vereinheitlichen. Einzig die Basler Stadtbewohner brachten bis gegen Ende des 18. Jahrhunderts das Kunststück fertig, ihrer Zeit und ihren Zeitgenossen um eine ganze Stunde voraus und doch rückständig zu sein. Von ihren Uhren nämlich ertönte damals am Mittag bereits der erste Stundenschlag, statt der inzwischen fast überall üblichen zwölf Glockentöne. Erst 1884 vermochte man sich auf eine sogenannte »Weltzeit« zu einigen.

Eine zunehmend exaktere Zeiteinteilung hatte zur Folge, daß der Zeitmesser immer mehr in den Mittelpunkt rückte, bis sich das ganze Leben schließlich rund um die Uhr abspielte, was wiederum zu immer differenzierteren Vorschriften führte. Gelegentlich geschah es gar, daß die Urheber neuer Kirchenordnungen nicht so sehr den Predigern aufs Maul als vielmehr der Turmuhr auf die Zeiger schauten. In Thorn an der Weichsel beispielsweise erließ man im Jahre 1560 eine »Predigtbefristung«, damit »die Zuhörer nicht überschüttet, die Schwangeren nicht beschwert werden, die schlecht Gekleideten nicht frieren und die Armen ihr Essen richten können«.

Gegen Ende des 18. Jahrhunderts hat es mancherorts den Anschein, als würde der Landesherr mit der Stoppuhr in der Hand regieren; das Betteln wird zeitlich eingeschränkt, die Marktzeiten werden reguliert, die Höchstdauer von Mahlzeiten (und damit sind wir wieder beim Thema!), Tanzveranstaltungen und sonstigen Festanlässen wird gesetzlich geregelt… Irgendwie tendiert alles schon in Richtung Stechkarten und Computeruhr (die jetzt, während ich schreibe, an der oberen rechten Ecke meines Geräts die Sekunden anzeigt). Ein bißchen Menschlichkeit scheint man damals dennoch in den Alltag hinübergerettet zu haben. Historisch belegt ist jedenfalls der Brauch, den Küster bei Hochzeiten zu bestechen, damit er die Turmuhr etwas zurückstellte. Und ein klein wenig menschlich geht es auch heute noch zu, zumindest in gewissen Gegenden. Jüngst hatte ich eine Verabredung mit einem Neapolitaner; er schlug mir vor: »So zwischen drei und fünf Uhr – ich werde versuchen, einigermaßen pünktlich zu sein.«

In unserer hektischen Zeit, in der Organisation und Koordination oft mehr zu zählen scheinen als die Menschen, die sich das alles ausgedacht haben, tun wir vielleicht gut daran, uns der Worte jenes anonymen englischen Predigermönchs zu erinnern, der um 1410 gegen die Astrologen polemisierte und bei dieser Gelegenheit auch über den rechten Umgang mit der Zeit nachgedacht hat. Gott, sagt er, habe das Firmament erschaffen, das einer großen Uhr gleiche. Ebensowenig wie die irdischen Kreaturen von dieser großen Uhr regiert würden, dürften sich auch die Menschen in den Städten von den öffentlichen Uhren beherrschen lassen. Diese seien vielmehr zu dem Zwecke aufgestellt worden, damit sich die Bewohner mit ihrer Hilfe selbst regierten.

Einen ähnlichen Gedanken hat Paul Flemings berühmter Zeitgenosse Andreas Gryphius (1616–1664) in einen genialen Vierzeiler gefaßt:

Mein sind die Jahre nicht, die mir die Zeit genommen.
Mein sind die Jahre nicht, die etwa möchten kommen.
Der Augenblick ist mein, und nehm ich den in acht,
So ist der mein, der Jahr und Ewigkeit gemacht.

Während Paul Fleming beklagt, daß alles vergeht, verweist Andreas Gryphius darauf, daß gerade das Vergängliche, nämlich der *Augenblick*, das Bleibende ist.

Wie aber ist das zu verstehen, wenn doch, den Worten des Psalmisten zufolge selbst des Menschen *Tage* »dahinschwinden wie Schatten« (Psalm 102, Vers 12)?

Darüber hat schon der alttestamentliche Prediger (auch Kohelet oder Ecclesiastes genannt; er lebte wahrscheinlich im zweiten vorchristlichen Jahrhundert) nachgedacht. Er erinnert daran, daß »alles seine Stunde hat«. Denn »für jedes Geschehen unter dem Himmel gibt es eine bestimmte Zeit« (Kohelet, Kapitel 3, Vers 1):

Eine Zeit zum Gebären
und eine Zeit zum Sterben,
eine Zeit zum Pflanzen
und eine Zeit zum Abernten der Pflanzen,
eine Zeit zum Töten
und eine Zeit zum Heilen,
eine Zeit zum Niederreißen
und eine Zeit zum Bauen,
eine Zeit zum Weinen
und eine Zeit für die Klage
und eine Zeit für den Tanz;
eine Zeit zum Steinewerfen
und eine Zeit zum Steinesammeln,
eine Zeit zum Umarmen
und eine Zeit, die Umarmung zu lösen,

eine Zeit zum Suchen
und eine Zeit zum Verlieren,
eine Zeit zum Behalten
und eine Zeit zum Wegwerfen,
eine Zeit zum Zerreißen
und eine Zeit zum Zusammennähen,
eine Zeit zum Schweigen
und eine Zeit zum Reden,
eine Zeit zum Lieben
und eine Zeit zum Hassen,
eine Zeit für den Krieg
und eine Zeit für den Frieden.
(Kohelet, Kapitel 3, Verse 2–8)

Kohelet erinnert hier daran, daß der Mensch stets das tun sollte, was die Stunde oder der Augenblick von ihm verlangen. Aber weil Gott auch in den *flüchtigen* Augenblick »Ewigkeit hineingelegt« hat (Kapitel 3, Vers 11), kommt selbst diesem eine Bedeutung zu.

Es gibt eben nicht nur das Verhältnis zwischen Mensch und Zeit. Vielmehr ist dieses Verhältnis seinerseits in eine höhere Beziehung hineingenommen und darin – im Wortsinn – aufgehoben. Denn alles, was der Mensch in der Zeit tätigt, weist einen Ewigkeitsbezug auf, wie dies ja auch Andreas Gryphius in seinem bereits zitierten Vers andeutet:

Der Augenblick ist mein, und nehm ich den in acht,
So ist der mein, der Jahr und Ewigkeit gemacht.

Nun läßt sich allerdings nicht leugnen, daß gerade das Christentum zuweilen ein eher gestörtes Verhältnis zur Zeit und zu allem Zeitlichen und damit (ohne daß man sich darüber Rechenschaft gab) zur Ewigkeit entwickelte, weil es diese gegen die Zeit ausspielte. Jedenfalls ist der Vorwurf der Weltflüchtigkeit und Jenseitssüchtigkeit sicher nicht ganz unbegründet, wenn man zurückblickt auf unsere abendländische Geistesgeschichte.

Dabei glaubte man zuweilen allen Ernstes, daß die Abwertung der Zeit und damit alles Zeitlichen zu Gunsten der Ewigkeit vom Neuen Testament her geboten sei; gerne verwies man dabei auf eine Mahnung des Apostels Paulus:

Ich sage euch, die Zeit ist kurz. Daher soll, wer eine Frau hat, sich in Zukunft so verhalten, als habe er keine, wer weint, als weine er nicht, wer sich freut, als freue er sich nicht, wer kauft, als würde er nicht Eigentümer, wer sich die Welt zunutze macht, als nutze er sie nicht; denn die Gestalt der Welt vergeht. (Erster Korintherbrief, Kapitel 7, Verse 29–31)

Und wer ißt, so ist man versucht hinzuzufügen, tue so, als esse er nicht!

Scheinbar betrachtet Paulus hier Zeit und Zeitlichkeit als höchst negative Größen und alles Vergängliche als gering. Doch dieser Eindruck trügt. Sobald man nämlich die Denkvoraussetzungen miteinbezieht, unter denen er schreibt, erscheinen seine Äußerungen in einem ganz anderen Licht. Zusammen mit allen übrigen Anhängern Jesu stand für ihn fest, daß die Wiederkunft Christi unmittelbar bevorstand, und *darauf* mußte man sich jetzt vorbereiten. *Deshalb* ist es besser, sich während des kurzen noch verbleibenden Zeitraumes nicht mit zeitlichen Angelegenheiten zu befassen. Wobei hinsichtlich seiner Auffassung von der Ehe noch hinzuzufügen wäre, daß Paulus jenen, die trotzdem heiraten möchten, rät, eine Ehe einzugehen (Erster Korintherbrief, Kapitel 7, Vers 37).

Ähnliche Mißverständnisse entstanden in bezug auf andere Paulusworte, so etwa hinsichtlich seiner Aufforderung »Richtet euren Sinn auf das Himmlische und nicht auf das Irdische!« (Kolosserbrief, Kapitel 3, Vers 2). Flucht aus der Zeit in die Ewigkeit? Gleichgültigkeit gegenüber der diesseitigen Existenz? Geringschätzung des irdischen Lebens? Keineswegs! Wie aus dem unmittelbaren Zusammenhang hervorgeht, steht das »Irdische« hier für die Sünde: schlimme Begierden, Habsucht, Zorn, Bosheit, Lästerung…

Gleiches gilt für die Predigt Jesu. Wenn Jesus sagt, man solle sich nicht vor denen fürchten, die wohl den Leib, aber nicht die Seele töten können (Matthäusevangelium, Kapitel 10, Vers 28), so impliziert diese Äußerung keineswegs eine Abwertung des Zeitlichen auf Kosten des Ewigen. Vielmehr betont Jesus bloß, worauf es *letztlich* ankommt, nämlich daß der Mensch unter allen Umständen seiner eigenen Überzeugung und damit sich selber treu bleiben muß. Jesu Heilsbotschaft zielt immer auf den ganzen Menschen. Er hat Gottes Barmherzigkeit nicht nur verkündet, sondern seine Mitmenschen diese Barmherzigkeit auch spüren lassen; er hat nicht nur vom himmlischen Hochzeitsmahl gesprochen, sondern auch gefordert, die soziale Gerechtigkeit im Hier und Heute zu praktizieren.

Nach neutestamentlicher Auffassung ist die zeitliche Dimension, in welche der Mensch hineingestellt ist, nicht einfach eine Durchgangsstufe auf dem Weg in die Ewigkeit, sondern gleichsam der Boden, in dem die Ewigkeit ihre Wurzeln schlägt. Ewigkeit ist nicht etwas, was *nach* der Zeit kommt, sondern unsere *vollendete* Zeit, insofern sie uns und damit alles von uns Gewirkte bewahrt. Karl Rahner hat diesen Gedanken in seinem schönen Aufsatz »Trost der Zeit« so ausgedrückt:

Es gibt nicht nur eine Auferstehung des Fleisches, sondern auch eine Auferstehung der Zeit in Ewigkeit. Diese ist nicht das Bleiben eines abstrakten Subjekts, dem es fürderhin gut geht, weil es sich früher einmal in einer vergangenen Vergangenheit gut aufgeführt hat, sondern ist die verwandelte, verklärte Zeit. Wir sind dort und dann zwar nicht Bauer oder Papst, Armer oder Reicher, aber man ist das alles auch nicht bloß ›gewesen‹, um einfach etwas anderes zu sein. Man hat sich selbst nun ganz, und ist nicht nur der Rentenbezieher früherer Verdienste, der nun einer anderen Beschäftigung

nachgeht. Denn in allem, was man früher tat, hat man eigentlich doch nur ei-
nes getan: den Versuch, sich selbst ganz zu erreichen mit allem, was in einem
war an Natur und Gnade, und dieses eine Ganze ganz in glaubender Liebe in
die Unbegreiflichkeit Gottes hineinzugeben. (…) Aus der Zeit wird unsere
Ewigkeit gezeitigt als Frucht, in der, wenn sie geworden ist, alles bewahrt ist,
was wir in dieser Zeit waren und wurden.

Was ein Mensch war, rettet er hinüber in die Ewigkeit. Dies ist der Grund,
warum der Mensch nicht willkürlich über ›seine‹ Zeit verfügen darf. Die Zeit
gehört ihm ja nicht, sie ist ihm bloß anvertraut, damit er sie als reife Frucht
einbringe in die Ewigkeit.

Herr über die Zeit ist Gott allein. Mit einer Zeitangabe beginnt die Heilige
Schrift: »Im Anfang schuf Gott Himmel und Erde« (Genesis, Kapitel 1,
Vers 1). Eine Zeitangabe findet sich auch am Schluß des letzten biblischen
Buches: »Ja, ich (Jesus) komme bald« (Geheime Offenbarung, Kapitel 22,
Vers 20). Die Zeit bildet den Rahmen oder den Raum für Gottes Handeln am
Menschen.

Der gläubige Mensch kennt keine ›verlorene‹ Zeit, weil für ihn alle Zeit
auf Gott hingeordnet und alles Zeitliche von Gott her zu verstehen ist. Wer
glaubt, daß alle Zeit aufgehoben ist in Gottes Ewigkeit, muß den Gedanken
an die Vergänglichkeit nicht verdrängen. Wenn man davon überzeugt ist, daß
Gott die letzte Stunde gehört, braucht man sich vor der nächsten Minute
nicht zu fürchten.

Dietrich Bonhoeffer hat diesem Gedanken in einem ebenso schlichten wie
eindrucksvollen Gedicht Ausdruck verliehen. Es entstand im Gefängnis,
Ende Dezember 1944, gut drei Monate, bevor er im Konzentrationslager
Flossenbürg von den Nazis umgebracht wurde. Die letzte Strophe lautet:

Von guten Mächten wunderbar geborgen,
erwarten wir getrost, was kommen mag.
Gott ist mit uns am Abend und am Morgen
und ganz gewiß an jedem neuen Tag.

In der Zeit lebt und verwirklicht sich der Mensch. *Über aller Zeit* steht
Gott. Aus dieser Überzeugung wächst einem nicht nur die Kraft zu, seine
Zeit zu bestehen, sondern auch alles Zeitliche zu segnen.

Vielleicht, meine Lieben, haben Sie sich gefragt, was denn eine Betrachtung über die Zeit in einem Kochbuch zu suchen habe. Ob ich Sie damit vom Kochen abhalten will? Ob das eine Predigt sein soll? Ob ich etwas im Schilde führe?

Letzteres trifft zu. Wer mich kennt, weiß, daß ich immer etwas im Schilde führe.

Mit meinen paar Gedanken über die Zeit wollte ich Sie (und mich) ein wenig zum Nachdenken anregen. Darüber hinaus allerdings (Sie blättern ja in einem Kochbuch!) möchte ich Ihnen (und mir) auch einen kulinarischen Ratschlag erteilen: Zum Essen soll man sich Zeit nehmen – oder es bleiben lassen!

Bevor Sie sich nun an den folgenden Rezepten sattlesen, möchte ich noch ein Mißverständnis ausräumen. Wenn in der Überschrift zu diesem Kapitel von »Schnellgerichten« die Rede ist, bezieht sich das nicht in allen Fällen auf die Kochzeit, sondern manchmal bloß auf die relativ kurze Zeitspanne, die Sie für die Vorbereitung benötigen, bevor Sie das Gericht in den Ofen schieben, wo es ja ohne Ihr Zutun gart.

Hackbraten an Gorgonzolasauce

Wenn ich einen Hackbraten zubereite (Rezept Seite 157), nehme ich in der Regel etwas mehr Zutaten als notwendig. Wenn meine Gäste ihn schaffen, freut mich das natürlich gewaltig. Und wenn etwas davon übrigbleibt, freue ich mich ebenfalls. Aus dem Rest nämlich entsteht ein, zwei Tage später ein leckeres Gericht, das – zusammen mit ein paar Beilagen – für zwei bis drei Personen reicht.

300–400 g Hackbraten
40 g Butter
2 EL Mehl
250 ml Milch
50 g Gorgonzola
Salz, Pfeffer

Den Backofen auf 230 Grad vorheizen. Den Hackbraten in gut $^1/_2$ cm dicke Scheiben schneiden und dachziegelartig in eine Gratinform schichten.

Die Butter in einem Topf erhitzen. Das Mehl dazugeben und leicht anschwitzen lassen. Langsam die Milch hinzufügen und dabei kräftig mit dem Schneebesen rühren, damit keine Klümpchen entstehen. Die Sauce salzen, pfeffern und leicht aufkochen. Falls sie zu dick geraten ist, mit etwas Milch verdünnen. Den in Würfel geschnittenen Gorgonzola dazugeben und unter gelegentlichem Umrühren schmelzen lassen.

Die dickflüssige Sauce über den Hackbraten gießen und die Gratinform für eine knappe Viertelstunde in den Ofen schieben. Schon allein der wunderbaren goldgelben Kruste wegen wird niemand daran denken, daß es sich um ein Gericht aus Resten handelt!

Rolf und Margrit wüßten nur allzugern, warum ich ausgerechnet einen Frankenwein, und zwar nicht irgendeinen, sondern einen Bocksbeutel Würzburger Abtsleite, *dazu auftrage, der aus der Müller-Thurgau-Traube gewonnen wird.*

Das kann ich euch gerne verraten. Erstens natürlich, weil er dazu paßt. Zweitens, weil ein kühler, trockener Wein an diesem heißen Sommerabend besonders mundet. Und drittens, weil ich auf diese Weise Gelegenheit habe, euch beiden eine kleine Geschichte zu erzählen.

Wie ihr wißt, halte ich seit 1984 jeweils an einem Wochenende im September ein paar Vorträge an der Katholischen Akademie in Augsburg. Erfahrungsgemäß sitzt man bei solchen Veranstaltungen am Abend noch bei einem Glas Wein zusammen.

Nun mag ich aber diese leicht süßlichen Weine überhaupt nicht, die bei solchen Gelegenheiten manchmal angeboten werden. Aber wie bringt man das dem Leiter einer Katholischen Akademie bei, ohne ihn zu verletzen?

Schon im ersten Vortrag habe ich, selbstverständlich nur gerade in einem Nebensatz, erwähnt, daß man nicht gegen die kirchliche Fastenordnung verstoße, wenn man in dieser strengen Zeit gelegentlich ein Glas Wein trinke, um seine Seele zu erfrischen; ich selber (so sagte ich wörtlich) »würde mich, wenn ich die Wahl hätte, ganz bestimmt für einen kühlen, trockenen Frankenwein entscheiden«. Das war natürlich an ziemlich langen Haaren herbeigezogen – weder befanden wir uns in der Fastenzeit, noch handelte der Vortrag von irgendwelchen Fastengeboten.

An jenem Samstagabend, es war der 22. September 1984, habe ich dann meinen Frankenwein gekriegt, kühl und trocken. Dem Leiter der Akademie und seiner Gemahlin bin ich inzwischen längst in herzlicher Freundschaft verbunden. Seit einigen Jahren gibt er mir am Schluß der Tagung jeweils eine Wegzehrung mit auf die Reise, ja, ihr habt es erraten, einen Bocksbeutel Würzburger Abtsleite, *den ich jeweils für besondere Gelegenheiten aufhebe.*

Wie der schmeckt? Davon könnt ihr euch jetzt gleich selber ein Bild machen. Ich muß nur noch den Korkenzieher holen.

Hackbraten an Champignons-Schinkensauce
Es handelt sich hier um eine Alternative zum vorhergehenden Rezept.
300–400 g Hackbraten
40 g Butter
2 EL Mehl
250 ml Milch
70 g Champignons
3 Scheiben Schinken
Salz, Pfeffer
30 g geriebener Parmesan
Den Backofen auf 220 Grad vorheizen. und eine Gratinform ausbuttern.
Den Hackbraten in gut $^1/_2$ cm dicke Scheiben schneiden und dachziegelartig
in eine Gratinform schichten.

Die Pilze kurz waschen, mit Küchenpapier abtrocknen und feinhacken.
Den Schinken in kleine Streifen schneiden.

Die Butter in einem Topf erhitzen. Das Mehl dazugeben und leicht an-
schwitzen lassen. Langsam die Milch hinzufügen und dabei kräftig mit dem
Schneebesen rühren. Die Sauce salzen, pfeffern und die Pilze dazugeben.
Kurz aufkochen.

Den Topf von der Herdplatte nehmen, den Schinken und den Käse unterziehen und alles über dem Hackbraten verteilen. Die Gratinform in den Ofen
schieben. Nach ungefähr einer Viertelstunde, wenn sich eine goldfarbige
Kruste geformt hat, können Sie den Hackbraten servieren.

Gebratene Kartoffelklöße

Auch hier handelt es sich um ein sehr einfaches Restegericht, das sich aber durchaus sehen lassen kann. Weil es so gut schmeckt, bereite ich stets eine größere Menge Kartoffelklöße zu (Rezept Seite 115), in der Hoffnung, daß noch welche davon übrigbleiben.

6–7 Kartoffelklöße

30 g Butter

1 Ei

Salz

1 EL gehackte Petersilie

Die Kartoffelklöße in gut $1/2$ cm dicke Scheiben schneiden, in einem verquirlten mit sehr wenig Salz gewürzten Ei wenden und in Butter aufbraten. Mit Petersilie bestreuen.

Natürlich habe ich Verständnis dafür, wenn die eine Leserin oder der andere Leser dieses Rezept zunächst ein bißchen simpel finden sollte. Die Frage ist natürlich immer, welche Maßstäbe man ansetzt und welche Vergleichsmöglichkeiten man heranzieht. Ich meinerseits möchte einmal vorschlagen, daß wir ein wenig in den frühmittelalterlichen Pönitentialien – zu deutsch Bußbücher – blättern, bevor wir uns ein Urteil darüber bilden, welcher kulinarischen Ebene meine gebratenen Kartoffelklöße zuzuordnen sind.

Bekanntlich gab es in den ersten Jahrhunderten keine ›Ohrenbeichte‹, wie die katholische Kirche sie heute kennt. Vielmehr verhielt es sich so, daß einige schwerwiegende Vergehen den Ausschluß aus der Kirche nach sich zogen. Diese Strafe der Exkommunikation war vorgesehen für Glaubensabfall (was in Zeiten der Verfolgung aktuell wurde), sowie für Mord und für Ehebruch (wenn er öffentlich bekannt war). Etwas später rechnete man auch schweren Diebstahl zu diesen ›Kapitalsünden‹, welche vom Bischof erst vergeben werden konnten, nachdem die Fehlbaren sich langwierigen und öffentlichen Bußübungen unterzogen hatten. In diesem Fall wurden sie, meist am Gründonnerstag, erneut aufgenommen in die kirchliche Gemeinschaft. Wer danach wiederum rückfällig wurde, blieb dem Urteil Gottes überlassen.

Diese Art der kirchlichen Bußpraxis ändert sich erst im 6. Jahrhundert, als sich in irischen und angelsächsischen Klöstern die Privatbeichte durchzusetzen beginnt, wobei die dortigen Mönche gleichzeitig eine Neuerung, nämlich die wiederholte Sündenvergebung, einführen, und dies – wohlgemerkt – gegen den anfänglichen Widerstand der Päpste.

Außerdem wird die Vergebung jetzt schon vor (und nicht, wie bis dahin üblich, erst nach Erfüllung) der strengen Bußauflagen gewährt, an denen man zunächst weiterhin festhielt. Worin diese bestanden, wissen wir aufgrund zahlreicher, uns erhalten gebliebener Pönitentialien. Es sind dies eine Art Sündenkataloge mit detaillierten Angaben über die für die einzelnen Verge-

hen zu leistenden Bußübungen, die vorwiegend in der Einhaltung von Fasttagen bestanden. Daß man dabei den sexuellen Verfehlungen besondere Aufmerksamkeit widmete, sei hier nur am Rand vermerkt.

Was damals auf einen reumütigen Sünder so alles zukam, vermag ein Abschnitt aus einem Bußbuch zu zeigen, das von manchen Forschern dem englischen Mönch Beda zugeschrieben wird; er starb im Jahre 735:

»Wer gegen jemanden falsches Zeugnis ablegt, soll entsprechend der Schwere seines Falles fasten. Wer seinen Bruder in einem Anfall von Zorn verflucht, soll sich mit ihm versöhnen und sieben Tage fasten. Ein Kleriker oder Mönch, der sich gestritten hat, soll sich mit seinem Gegner versöhnen und sieben Tage fasten.

Ein Unverheirateter, der eine sündhafte Beziehung zu der Frau eines anderen unterhält: zwei Jahre Fasten. Ein verheirateter Mann, der eine sündhafte Beziehung zu einer verheirateten Frau unterhält: drei Jahre Fasten, wobei sich der Verheiratete während des ersten Jahres seiner Frau nicht nähern darf.

Wer trinkt, bis er sich übergeben muß, soll vierzig Tage fasten, falls es sich um einen Priester oder Diakon handelt; dreißig Tage, wenn der Betreffende ein Mönch (der nicht Priester, sondern Laienbruder) ist; zwölf Tage, wenn es sich um einen Laien handelt. Wer sich übergibt, weil er krank ist, sündigt nicht. Wer sich übergibt, weil er zuviel gegessen hat: drei Tage Fasten. Wer sich trotz des Verbots seines Herrn betrinkt, sich aber danach nicht übergibt: sieben Tage Fasten.«

Fasten meint hier Enthaltung von den meisten Speisen; praktisch waren nur Brot, Wasser, Gemüse und Früchte erlaubt.

Und jetzt, meine sehr erstaunten Leserinnen und Leser, möchte ich Sie fragen: Würde einem Menschen, der zu einem solchen Fasten verdammt ist, nicht schon allein bei dem Gedanken schwindlig, daß meine gebratenen Kartoffelklöße im Ei gewendet sind (das zu essen ihm ja verwehrt war)? Würde er sich nicht die Lippen und die Finger lecken? Wäre er nicht bereit, sogar auf die allerläßlichsten Sünden zu verzichten, bloß um wieder einmal eine Eierspeise essen zu dürfen? Und was Sie selber betrifft: Sind Sie jetzt immer noch der Meinung, gebratene und – nicht zu vergessen! – im Ei gewendete Kartoffelklöße seien es nicht wert, in einem Kochbuch angeführt zu werden?

Nudelreste

Nach dem eben Gesagten habe ich keinerlei Hemmungen, auch einen Hinweis zur Resteverwertung von Nudeln anzubringen.

Ich selber bereite immer ein bißchen mehr davon zu, als notwendig wäre; sie halten sich ja in einer mit einer Folie oder einem Teller bedeckten Schüssel ohne weiteres zwei Tage im Kühlschrank. Aus diesen Nudelresten lassen sich, zusammen mit etwas Gemüse und Tofu oder Fleisch(resten) und einer Béchamel- oder Tomatensauce oder mit einem Milch-Eier-Guß und etwas geriebenem Käse wunderbare Gratins zubereiten. Man kann sie in der Pfanne aufwärmen, zusammen mit Gemüse- und (oder) mit einigen Fleisch- oder Fischresten; ich gebe dann noch ein paar Kräuter, Samen oder Kerne dazu. Im Sommer verwende ich sie für einen feinen Nudelsalat.

Nudelsalat Summertime
300 g Nudelreste (Hörnchen, Makkaroni, Penne ...)
150 g Emmentaler, in Würfeln
250 g Wurstreste (z. B. Lyoner; oder Leberkäse), in Würfeln
Bohnenreste (oder 1 kleine Dose Bohnen)
30 g frische Champignons, in Scheiben
2 Essiggurken, in Scheiben
1 rote oder gelbe Paprika, entkernt und in kleine Stücke geschnitten
1 Tomate, in Schnitzen
Diese Zutaten in eine große Schüssel geben und sorgfältig durcheinandermischen. Jetzt brauchen wir nur noch eine schmackhafte Sauce:

1 EL Senf
1 EL Mayonnaise
2 EL Yoghurt

1 kleiner Bund Petersilie
$1/2$ TL Oregano
$1/2$ gepreßte Knoblauchzehe
5 EL Kräuteressig
5 EL Öl
Salz, Pfeffer aus der Mühle
Senf, Mayonnaise und Yoghurt mit dem Schneebesen glattrühren. Dann die übrigen Zutaten hinzufügen (am Pfeffer darf man hier nicht sparen!), die Sauce verrühren, über die Nudeln und das Gemüse geben und alles sehr gut und sorgfältig miteinander vermischen.

Dazu empfehle ich ein dunkles Bier – und für die ganz Hungrigen stelle ich noch Schwarzbrot auf den Tisch.

Reissalat
350 g Trockenreis vom Vortag
1 Handvoll gekochte Erbsen
1 El Kapern
1 rote Paprika
1 Zucchini
1 Tomate
50 g Champignons
1 Zwiebel
1 kleine Handvoll Basilikumblätter
250 g Thunfisch aus der Dose
1 hartgekochtes Ei

Für die Sauce:
1 TL Mayonnaise
1 TL Senf
reichlich Olivenöl
Weißweinessig
Maggiwürze, Salz, Pfeffer
Die Zutaten für die Sauce mit einem Schneebesen glattrühren. Die Zwiebel feinhacken und zuerst in die Sauce geben. Das Gemüse (außer natürlich den Erbsen und Kapern) in Würfel, resp. in dünne Scheiben (Champignons) schneiden; den Thunfisch zerpflücken, das Ganze mit dem Reis und anschließend mit der Sauce vermischen. Vor dem Servieren eine halbe Stunde im Kühlschrank ziehen lassen.

Statt Thunfisch eignen sich für diesen Salat auch Schinkenwürfelchen.

Käsefondue

Der Streit beginnt schon auf der sprachlichen Ebene: Heißt es nun das oder die Fondue? Der Duden hält beides für richtig, und wir, tolerant wie wir uns zu sein bemühen, wollen beides gelten lassen.

Die nächste Frage: Welche Geräte sind für ein (oder eine) Fondue erforderlich? Hier sind wir uns alle einig: ein Rechaud mit Spiritusbrenner, ein Fonduetopf (den auch die deutschsprachigen Schweizer Caquelon nennen), Teller, langstielige Gabeln mit Holzgriffen (über Plastikgriffe könnten wir uns wiederum streiten, aber die Hände werden wir uns auch daran nicht verbrennen) und geraden Zinken (also ohne die kleinen Widerhaken, wie man sie für eine Fleischfondue verwendet), ein hübscher kleiner Brotkorb, Weißweingläser oder, für die Teetrinker, nach Möglichkeit Steingutbecher (damit das einzige außer dem Weißwein erlaubte Getränk schön warm bleibt) – jetzt fehlen nur noch die Gläschen fürs Kirschwasser.

Über den nächsten Punkt jedoch könnten wir nun nächtelang diskutieren. Also lassen wir's bleiben. Mit Sicherheit nämlich würden wir zu keinem Konsens hinfinden, wenn wir erst anfangen wollten, darüber zu streiten, welche (welches) Schweizer Käsefondue klassisch genannt werden soll (darf, muß): Das Luzerner Fondue, die Neuenburger Fondue, das Bauernfondue, die Walliser Fondue, das Glarner Fondue, die Wadtländer Fondue, das Ostschweizer, die Genfer, das Freiburger Fondue … Gewisse Abarten wie Bier- oder Bananenfondue lassen wir hier von vornherein unberücksichtigt. Was schließlich das Sektfondue betrifft, so schlage ich vor, daß wir dieses Schickimickizeugs ohne langes Federlesen mit Acht und Bann belegen – allein schon deshalb, weil wir uns prinzipiell lieber mit Champagner als mit Sekt abgeben.

Statt also lange darüber zu diskutieren, welche Schweizer Fondue das Attribut ›klassisch‹ verdient, könnten wir uns natürlich auf einen Mittelweg einigen und uns für die Variante moitié-moitié *entscheiden, was soviel wie* halbe-halbe *bedeutet. Doch in bezug auf unsere Fragestellung – klassische Variante! – handelt es sich um einen höchst scheinheiligen und überaus irreführenden Kompromiß, der den geographisch bedingten Verschiedenheiten keinerlei Rechnung trägt; man verwendet für diese Art von Fondue nämlich 300 g Greyerzer und 300 g Vacherin – und beide ›Käsehälften‹ stammen aus demselben Kanton, nämlich aus der Gegend von Freiburg. Oder Fribourg, wie die französischsprachigen Schweizerinnen und Schweizer sagen.*

Daher, meine sehr verehrten Herr- und Damschaften, schlage ich vor, daß wir das Attribut ›klassisch‹ durch ›authentisch‹ ersetzen; denn als authentisch gelten alle genannten Fonduearten, zumindest in jenen Regionen, in welchen die eigenen lokalen Käseprodukte Verwendung finden.

Für diesmal erlaube ich mir, Ihnen die Neuenburger Version, la version neuchâteloise, *vorzustellen (die ich insgeheim, wie soll ich sagen, eigentlich – für die klassische halte):*

400 g geriebener Greyerzer
200 g geriebener Emmentaler
1 Knoblauchzehe
300 ml Weißwein (Neuenburger)
1 TL Zitronensaft
2 TL Maizena
1 Gläschen Kirschwasser
Pfeffer aus der Mühle, Muskat
800 g in walnußgroße Würfel geschnittenes Weißbrot

Das Caquelon mit der in zwei Hälften geschnittenen Knoblauchzehe ausreiben. Beide Käsesorten und Maizena miteinander vermischen. Den Weißwein und sofort danach den Zitronensaft (er gibt dem Wein die nötige Säure, ohne die der Käse sich nicht richtig auflöst) darübergießen und alles auf der Herdplatte unter ständigem Rühren aufkochen, bis sich eine sämige Masse bildet. Das Kirschwasser und die Gewürze dazugeben.

Nun tragen wir das Caquelon von der Küche ins Eßzimmer und stellen es auf den Spiritusbrenner, wo die Fondue auf regulierbarer Flamme weiterköchelt.

Eine Fondue ißt man nie mit Fremden, sondern nur mit Freunden. Die spießen nun einen Brotwürfel nach dem anderen auf die Gabel, tunken ihn in die Käsemasse (und ziehen dabei mit der Gabel eine Achterschleife, damit die Masse kremig bleibt), und führen das Brot unter Drehbewegungen zum Mund; der Käse soll nicht tropfen!

Zu einer Fondue serviere ich den gleichen Wein, den ich für die Zubereitung verwende – diesmal also einen Neuenburger. Natürlich paßt dazu auch ein Fendant, ein Aigle oder ein Johannisberg oder ein trockener Riesling – oder heißer Schwarztee. Wer sich an diese Regel nicht hält, leidet wahrscheinlich schon auf dem Nachhauseweg unter schmerzhaftem Magendrücken. Wenn das Caquelon zur Hälfte geleert ist, machen wir Halbzeit. Das bedeutet, daß nun das erste Gläschen Kirschwasser fällig ist. Kenner (Kennerinnen halten sich hier nach meinen Erfahrungen etwas zurück) tauchen gerne den einen oder anderen Brotwürfel ins Kirschwasser oder in den Weißwein, bevor sie ihn zum Caquelon führen. Als Laie auf diesem Gebiet gilt nicht etwa, wer diesen Brauch nicht pflegt, sondern wer dieser Sitte mehr als zwei- oder dreimal huldigt.

Ob man für eine Fondue Weiß- oder ein luftiges Schwarzbrot verwendet, ist reine Geschmackssache. Man kann auch ›halbe-halbe‹ machen. Die Kruste, die sich am Boden des Caquelons bildet, wird natürlich unter den Gästen aufgeteilt.

Genfer Fondue

Weil ich selber gerne Morcheln mag, komme ich jetzt doch nicht umhin, Ihnen ein weiteres Fonduerezept zu verraten, nämlich die Genfer Variante.

Falls auch Sie sich dafür begeistern können, lassen Sie den Emmentalerkäse weg und verwenden lediglich 600 g geriebenen Greyerzer. Ansonsten gelten die gleichen Anweisungen wie für die Neuenburger Fondue. Darüber hinaus jedoch benötigen Sie jetzt bloß noch etwa 10–15 g getrocknete Morcheln. Die legen Sie für ein paar Stunden in etwas Wasser ein und waschen sie nachher mehrmals und so gründlich, daß es auch dem kleinsten Sandkörnchen verleidet. Dann zerschneiden Sie die Morcheln in kleine Stücke, dämpfen sie in etwas Butter und geben sie in die blubbernde Käsemasse. Das sich entwickelnde Aroma ist mehr als deliziös; es ist himmlisch.

Käse»suppe«

Bei dieser einfachen, nahrhaften und überdies sehr schmackhaften Mahlzeit handelt es sich um ein typisches Restegericht. Während ich jetzt meine paar Käse- und Brotreste (von einer Fondue?) und außerdem noch – doch zuerst kurz die Zutaten:

700 g Brotreste (wenn möglich Schwarzbrot)

300 g Emmentaler oder Greyerzer (oder verschiedene Käsereste)

300 ml Mischung aus Milch und Wasser

30 g Butter

100 ml Weißwein

Salz, Pfeffer, Muskat

– während ich also die Brot- und Käsereste und die restlichen (schon wieder Reste!) Zutaten auf den Tisch stelle – aber bitte, setzen Sie sich ruhig zu mir in die Küche, da ist es immer so richtig gemütlich –, kann ich Sie mit einer kleinen Geschichte unterhalten, die mir, ebenfalls in einer Küche, in einer Pfarrhausküche, wenn Sie es ganz genau wissen wollen, erzählt wurde:

Obwohl die Pfarrhaushälterin eine gute Köchin ist, bleibt manchmal etwas übrig, in letzter Zeit sogar immer häufiger. Und weil es eine Sünde ist, etwas wegzuwerfen, ißt die Köchin in der Regel die Reste auf. Wie sie aber allmählich bemerkt, daß das ihrer Linie gar nicht bekommt, wird sie eines Tages dem Pfarrer gegenüber ein bißchen energisch: »Also so kann das nicht weitergehen, Herr Pfarrer. Entweder kommt eine Sau in den Stall oder ein Kaplan ins Haus!«

Weil der Pfarrer nicht unbedingt an einer Schweinezucht interessiert ist und weil der Bischof ihm keinen Kaplan schickt und weil die Haushälterin sich weigert, das Übriggebliebene weiterhin aufzuessen, gibt es jetzt öfters Reste. Als es wieder einmal soweit ist, fängt der Pfarrer, kaum daß aufgetra-

gen ist, zu essen an. Die Haushälterin erinnert ihn daran, daß er das Tischgebet vergessen hat. »Nein, habe ich nicht«, sagt der Pfarrer. »Die Speisen, die sich hier auf dem Tisch befinden, sind nämlich schon mindestens dreimal gesegnet.«

Die Käsesuppe, die ich jetzt zubereite, ist eigentlich gar keine Suppe, sondern ein Brei. Aber bei uns zu Hause war immer von Käsesuppe die Rede, und das kann ich meiner Mutter nicht antun, daß ich ihre hervorragende Käsesuppe jetzt plötzlich mit einem plebejischen Etikett versehe und sie als Käsebrei bezeichne.

Jetzt aber gucken Sie, bitte, genau hin: Zuerst schneide ich das Brot in Scheiben, dann in Würfel. Die gebe ich in eine Schüssel und gieße die mit Wasser verdünnte Milch darüber. Nun wird der Käse in Scheibchen geschnitten und mit dem eingeweichten Brot vermischt. Den Herd einschalten, die Butter in einer Bratpfanne zum Schmelzen bringen (so viel brauchen wir gar nicht davon; der Käse enthält ja hinreichend Fett) und die Käse-Brotmischung braten. Und jetzt – das hat's früher zu Hause allerdings nicht gegeben – gieße ich den Wein dazu und erhöhe die Hitze ein wenig. Salzen, pfeffern, ein bißchen Muskat dazustreuen. Alles gut durcheinandermischen. Jetzt, da der Duft von gebratenem Käse und verdampfendem Wein nicht nur Ihnen, sondern auch den Wohnungsnachbarn in die Nase steigt, hat sich auf der unteren Seite unserer Käsesuppe eine schöne Kruste gebildet. Nun ist der Zeitpunkt gekommen, sie zu wenden. Dazu hebe ich die Pfanne von der Herdplatte. Dann ziehe ich mit der Hand eine ruck- oder blitzartige Schlinge, die etwas von mir weg, leicht nach oben und wieder zu mir hin führt, die Käsesuppe hebt ab wie ein Omelett, fliegt zwanzig Zentimeter in die Höhe, wendet sich und wird im Fall von meiner Pfanne aufgefangen und auch auf der anderen Seite goldknusprig gebraten. Ich erlaube mir, direkt aus der Pfanne zu servieren, dazu gibt's einen grünen Salat und ein Glas Neuenburger.

Wollen wir unser rustikales Mahl nicht ausnahmsweise einmal in der Küche verzehren? Es ist doch hier gerade so gemütlich!

Apfelrösti
1 kg Äpfel
300 ml Wasser
150 g Zucker
$^1/_2$ Zitrone (Saft)
300–350 g Brotreste
30 g Butter
150 g getrocknete Weinbeeren
$^1/_2$ TL Zimt

Die Äpfel schälen, in Schnitze schneiden und in dem mit dem Zitronensaft und dem Zucker vermischten Wasser nur so lange kochen, daß sie noch etwas Biß haben. Inzwischen das Brot in Würfel schneiden und in der heißen Butter goldbraun rösten. Die heißen Apfelschnitze dazugeben, die Weinbeeren und etwas Zimt darüberstreuen und alles nochmals gut durchbraten.

Fotzelschnitten

Fotzelschnitten habe ich schon gegessen, als ich gerade aus den Windeln war. Ihren Namen haben sie von den Fransen, die sich beim Ausbacken um die Brotrinde herum bilden. Altes Brot eignet sich dafür besser als frischgebackenes.

12 Scheiben (Weiß-, Halbweiß- oder Schwarz-) Brot, je 1 cm dick.

250 ml Milch

4 Eier

etwas Zucker und Zimt

40 g Butter

Die Eier verquirlen, zuerst in der Milch, dann im Ei wenden. Die Butter in der Bratpfanne erhitzen und die Brotscheiben auf beiden Seiten goldgelb ausbacken. Etwas Zucker und Zimt darüberstreuen.

Dazu paßt Apfel- oder sonst ein Früchtekompott.

Vogelheu
700 g Brotreste
35 g Butter
400 ml Milch
3–4 Eier
Salz, Pfeffer, Muskat

Das Brot in Würfel schneiden und in eine Schüssel geben. Milch und Eier miteinander verquirlen, salzen, pfeffern und einen Hauch Muskat darüberstreuen. Alles mit dem Schneebesen nochmals gut verrühren und über die Brotwürfel gießen. Eine Viertelstunde ziehen lassen.

Die Butter in einer Bratpfanne erwärmen und die mit dem Guß durchtränkten Brotwürfel darin goldbraun rösten.

Wer's lieber pikant mag, dünstet vorher in der Bratpfanne eine in dünne Scheiben geschnittene Zwiebel und einen Bund gehackte Petersilie und gibt die Brotwürfel anschließend hinzu.

Omeletts
150 g Weißmehl
1 gestrichener TL Salz
300 ml Milch
6 Eier
Bratbutter

Mehl und Salz in einer Schüssel mischen und mit gut zwei Dritteln der Milch zu einem flüssigen Teig verrühren. Die restliche Milch mit den Eiern verquirlen, dazugeben und den Teig glattrühren. Die Schüssel zudecken und den Teig etwa eine halbe Stunde ruhen lassen.

Etwas Bratbutter (oder Öl) in einer Pfanne erhitzen. Mit einer Schöpfkelle gerade soviel Teig in die Pfanne geben, daß der Boden bedeckt ist. Das Omelett auf der einen Seite hellbraun backen.

Nun ist der Moment gekommen, wo ich die Pfanne hochheben muß, bitte erschrecken Sie nicht, das geht ruckruck und zack, ist schon passiert, also das Omelett ist gewendet wie eine Rösti (wenn Sie's auf meine Weise nicht schaffen, dann bedienen Sie sich eben eines Tellers, aber den müssen Sie ja nur wiederum spülen, versuchen Sie's halt mal; mir ist beim Wenden auch schon einmal ein halbes Omelett neben die Pfanne und auf den Boden geraten) und wird nun auch auf der anderen Seite goldgelb gebraten. Und damit das zarte Kerlchen sich nicht erkältet, bis seine sieben Geschwisterlein sich ebenfalls eingefunden haben, stelle ich es auf einer flachen Schüssel zugedeckt in den auf nicht über 60 Grad vorgeheizten Backofen.

Omelettkuchen mit Kalbsbrät
500 g Kalbsbrät
2 feingehackte Schalotten
4 EL feingehackte Kräuter (Oregano, Basilikum, Schnittlauch oder
Petersilie – oder eine Mischung davon)
1 Messerspitze weißer Pfeffer
Bratbutter
Etwas von der Bratbutter erhitzen und die Schalotten und die Kräuter darin dämpfen, pfeffern und unter das Brät mischen.

Nach dem vorausgehenden Rezept 5–6 Omeletts zubereiten. Eine Springform innen mit Butter bestreichen und die Omeletts lagenweise einschichten (und jeweils mit ein paar Tropfen Wasser besprengen, damit sie beim Backen nicht austrocknen), wobei auf jedes Omelett eine Schicht Kalbsbrät gestrichen wird. Die letzte Schicht bildet ein Omelett. Butterflocken darauf verteilen und mit einer Alufolie zudecken. In dem auf 200 Grad vorgeheizten Ofen etwa eine halbe Stunde backen. Vor dem Servieren auf eine Platte geben und wie einen Kuchen in Stücke schneiden. Das Gericht ist überhaupt nicht aufwendig und hat zudem den Vorteil, daß man es vorbereiten kann.

Statt Kalbsbrät eignen sich als Zwischenschichten auch sehr dünn (höchstens 3 mm!) geschnittene Scheiben Raclettekäse, die jeweils mit etwas Paprikagewürz bestreut werden. Und schon hat man eine köstliche Fastenspeis' (wie der Bayer sagt, dem es seine Natur einfach nicht erlaubt, während dieser heiligen Zeit auf jede Gaumenfreude gänzlich zu verzichten).

Ich selber habe dieses Gericht einmal während einer Karwoche in einer Basler Pfarrei vorgesetzt bekommen, als ich bei Andreas, einem inzwischen pensionierten Pfarrer und immer noch rüstigen Dekan, auf Aushilfe war. In ›seinem‹ Pfarrhaus habe ich mich immer zu Hause gefühlt. Das hing natürlich nicht bloß mit dem Essen zusammen, sondern mit Andreas' unkomplizierter Art, die Gastfreundschaft zu pflegen. Bei ihm hätte ich keine Bedenken gehabt, als Gast selber noch einen unangemeldeten Gast mitzubringen. Ich könnte beschwören, daß er ihm mit der gleichen Zuvorkommenheit wie mir begegnet wäre (»Deine Freunde sind auch meine Freunde!«).

Kurzum, Andreas habe ich immer als einen Gastgeber erlebt, wie er im BUCHE steht, nachzulesen bei Jesus Sirach, Kapitel 32, Verse 1–4:
Wenn du das Gastmahl leitest, überheb dich nicht,
sei unter den Gästen wie einer von ihnen!
Sorg erst für sie, dann setz dich selbst,
trag erst auf, was sie brauchen, dann laß dich nieder,
damit du dich über sie freuen kannst
und für dein gutes Benehmen Beifall findest.
Ergreif das Wort, alter Mann, denn dir steht es an.

*Doch schränke die Belehrung ein
und halte den Gesang nicht auf!
Wo man singt, schenk nicht kluge Reden aus!
Was willst du zur Unzeit den Weisen spielen?*
Nun hat Andreas das Pfarrhaus seinem Nachfolger überlassen. Die Gottesdienste in der Pfarrei beginnen seither pünktlich. Damit will ich nicht sagen, daß Andreas keinen Wert auf Pünktlichkeit gelegt hätte; aber er verstand – und versteht – es, praktisch mit ihr umzugehen. Und zwar nicht nach dem Motto: »Wenn ich da bin, ist es Zeit.« *Wohl aber hat er mir mehr als einmal erklärt:* »Wenn ein Gottesdienst zwei Minuten später beginnt als vorgesehen, so bedeutet das nicht, daß ich zu spät dran bin. Wichtig ist doch nur eines, nämlich daß ich zur Zeit aufhöre!«

Wahrscheinlich, lieber Andreas, bist du dir gar nicht bewußt, daß ich bei meinen vielen Aufenthalten bei dir für mein Leben mehr mitbekommen habe als auf der Universität. Darf ich dir dafür jetzt einmal von ganzem Herzen danken? Und bin ich indiskret, wenn ich es mir nicht verkneifen kann, wenigstens zwei von den vielen kleinen Geschichten auszubreiten, die du mir erzählt hast?

Die erste hast du zum besten gegeben, als wir vor Jahren einmal die besagte Fastenspeis' verzehrten:

Als ein Gast im Pfarrhaus schon zum vierten Mal mit dem Choral »Nun danket alle Gott mit Herzen, Mund und Händen« *geweckt wird, erkundigt er sich bei der Haushälterin:* »Haben Sie denn nur die eine Schallplatte, oder lieben Sie diesen Choral so sehr?« »Natürlich gefällt mir das Lied«, *sagt die Wirtschafterin.* »Aber eigentlich lege ich die Platte nur deshalb auf, weil ich dann jeweils weiß, daß die Frühstückseier bei der fünften Strophe gerade richtig weich sind.«

Ein anderes Mal hast du mir den Unterschied zwischen wunderbar *und* sonderbar *erklärt. Daß Elija auf einem feurigen Wagen gen Himmel fuhr, sei* wunderbar, *sagtest du.* Sonderbar *erschien dir jedoch die Tatsache, daß er sich dabei den Hintern nicht verbrannte.*

Nudelrösti
20 g Butter
100 g Champignons (oder 20 g getrocknete Steinpilze)
400 g Nudeln (Spaghetti, Penne, Hörnchen …) vom Vortag
1 Becher Kaffeesahne
2 Eier
1 Bund feingehackte Petersilie
Salz, Pfeffer
70 g geriebener Hartkäse

Die Butter in einer Teflon-pfanne erwärmen und die in Scheiben geschnittenen Champignons kurz darin dünsten. Die Nudeln (wenn möglich mit einem kleinen Rest Tomaten- oder Tomaten-Hackfleisch-Sauce!) dazugeben, alles mischen und kurz aufwärmen. Die übrigen Zutaten gut miteinander vermengen, darübergießen und alles zugedeckt auf ganz kleiner Flamme eine gute Viertelstunde braten.

Für dieses Gericht verwende ich mit Vorliebe nicht die krause, sondern die glattblättrige Petersilie, die etwas intensiver ist im Geschmack.

Älplermagronen

Die zwei Töpfe und die Bratpfanne, die ich für diese Schweizer Spezialität benötige, könnten den Eindruck erwecken, daß der Aufwand groß sei. Was aber überhaupt nicht zutrifft.

400 g Kartoffeln
350 g Teigwaren (Makkaroni, Penne, Hörnchen …)
300 g geriebenen Käse (Appenzeller, Greyerzer, Emmentaler; hervorragend eignet sich auch ein Gemisch aus Käseresten)
2–3 Zwiebeln
20 g Fett
1 EL Mehl
100 ml Sahne
Salz, Pfeffer

Die Kartoffeln schälen und in Würfel schneiden. Diese sollen so groß sein, daß sie die gleiche Kochzeit benötigen wie die verwendeten Nudeln. Diese zusammen mit den Kartoffelwürfeln in reichlich Salzwasser kochen.

Inzwischen die Zwiebel schälen, in sehr dünne Scheiben schneiden und diese in etwas Mehl wenden; das bindet die Flüssigkeit. In einer großen Bratpfanne bei mittlerer Hitze (180 Grad) in heißem Fett braten, bis sie dunkelbraun sind (notfalls kann man auch Öl verwenden – aber keine Butter, weil die Zwiebeln sonst nicht knusprig werden).

Die Mischung aus Teigwaren und Kartoffeln abseihen und lagenweise in eine sehr heiße Gratinform geben. Auf jede Lage kommen geriebener Käse und gebratene Zwiebeln.

Während dieses Arbeitsganges wird die Sahne in einem Pfännchen erhitzt, mit etwas Salz und Pfeffer gewürzt und über die Älplermagronen gegossen. Unbedingt heiß servieren! Manche mögen dazu gedämpfte Apfelschnitze oder warmes Apfelkompott. Ich selber ziehe einen Salat vor.

Zusammen mit den Zwiebeln kann man auch eine feingehackte Knoblauchzehe rösten. Wer's etwas magerer mag, nimmt vielleicht nur zwei Drittel der angegebenen Käsemenge und / oder ersetzt die Hälfte der Sahne durch Milch. Und röstet die Zwiebeln in Margarine. Ich bin allerdings der Ansicht, daß man in diesem Fall am falschen Ort spart. Älplermagronen gehören nun einmal zu jenen Gerichten, die nur dann richtig schmecken, wenn man an den Zutaten nicht spart. Außerdem soll hier einmal daran erinnert werden, was der hochverehrte Papst Johannes XXIII. lehrte: »Fett macht nett.« Oder etwa nicht?

Außerdem leuchtet mir nicht ein, daß die zeitlichen Freuden ausschließlich den Gottesleugnern vorbehalten sein sollten. Mit seinem Ruf zur Umkehr (der deutsche Begriff ›Buße‹ für das neutestamentliche metánoia *ist völlig mißverständlich!) gebietet Jesus den Seinen nicht, auf jedweden Genuß zu verzichten. Zwar sind die Prediger eher selten, welche sich entschließen können, in einem Sermon einmal öffentlich darauf hinzuweisen. Um so erfreulicher ist die Tatsache, daß ausgerechnet der Geheime Rat Johann Wolfgang von Goethe uns eine jener seltenen Predigten überliefert, in welcher die Gaumenlust keineswegs als menschliche Schwäche, sondern als göttliches Geschenk dargestellt wird; sie kam ihm zu Ohren, als er, eine Woche nach seinem 65. Geburtstag, nämlich am 16. August 1814, das Rochusfest zu Bingen miterlebte.*

Leider gehört der heilige Rochus zu jenen Heiligen, dessen Existenz geschichtlich nicht nachweisbar ist. Nachweisbar ist jedoch die Tatsache, daß er gar nie heiliggesprochen wurde. In den Bereich der Erfindung (oder der frommen Wunschträume) wiederum gehört die Mär, nach welcher das Konstanzer Konzil im Jahre 1414 den Kult zu seinen Ehren bestätigt und mit einer Prozession sanktioniert habe.

Diese Überlieferungen haben ihren Ursprung vorwiegend in einer im Jahre 1478 erschienenen Lebensbeschreibung des venezianischen Staatsmannes und Philosophen Francesco Diedo, dessen Auskünfte ihrerseits auf verschiedene Legenden zurückgehen.

Angeblich wurde der heilige Rochus um 1295 in Montpellier geboren. Weiter wird berichtet, daß er nach dem frühen Tod seiner Eltern sein großes Vermögen an die Armen verschenkt habe; daß er um 1317 nach Rom gepilgert sei; daß er unterwegs und in Rom Pestkranke gepflegt und durch das Kreuzzeichen geheilt habe; daß er auf der Rückreise im Jahr 1320 zu Piacenza selbst von der Pest befallen, aber wunderbarerweise wieder gesund geworden sei; daß man ihn zwei Jahre später in seiner Heimatstadt als vermeintlichen Spion in den Kerker geworfen habe, wo er 1327 gestorben sein soll. Vielleicht hat die Geschichte über sein abenteuerliches Leben mit dazu beigetragen, daß Rochus schon bald zu einem der volkstümlichsten Heiligen aufrückte, dargestellt als Pilger mit einer Pestbeule am entblößten Schenkel, mit einem pflegenden Engel und mit einem Hund, der ihm seine tägliche Brotration überbringt. Außerdem wurden zahlreiche Kirchen, Kapellen und Spitäler nach ihm benannt; zu seinen Ehren errichtete man Altäre, veranstaltete Prozessionen und gründete Bruderschaften, die nach ihm benannt wurden. Deren berühmteste auf deutschem Boden wurde 1754 in der Kapelle auf dem St. Rochusberg zu Bingen konstituiert.

In seiner Erzählung »Sankt-Rochus-Fest zu Bingen« erinnert sich Goethe auch an die Predigt eines Weihbischofs, von der man ihm dort berichtete:

»Ihr überzeugt euch also hieraus, andächtige, zu Reu und Buße schon begnadigte Zuhörer, daß derjenige die größte Sünde begehe, welcher die herrlichen Gaben Gottes mißbraucht. Der Mißbrauch aber schließt den Gebrauch nicht aus. Stehet doch geschrieben: der Wein erfreuet des Menschen Herz! Daraus erhellet, daß wir, uns und andere zu erfreuen, des Weines gar wohl genießen können und sollen. Nun aber ist aber unter meinen männlichen Zuhörern vielleicht keiner, der nicht zwei Maß Wein zu sich nähme, ohne deshalb gerade einige Verwirrung seiner Sinne zu spüren; wer jedoch bei dem dritten oder vierten Maß schon so arg in Vergessenheit seiner selbst gerät, daß er Frau und Kinder verkennt, sie mit Schelten, Schlägen und Fußtritten verletzt und seine Geliebtesten als die ärgsten Feinde behandelt, der gehe sogleich in sich und unterlasse ein solches Übermaß, welches ihn mißfällig macht, Gott und Menschen, und seinesgleichen verächtlich. Wer aber bei dem Genuß von vier Maß, ja von fünf und sechsen, noch dergestalt sich selbst gleich bleibt, daß er seinem Nebenchristen liebevoll unter die Arme greifen mag, dem Hauswesen vorstehen kann, ja die Befehle geistlicher und weltlicher Obern auszurichten sich imstande findet, auch der genieße sein bescheiden Teil und nehme es mit Dank dahin. Er hüte sich aber, ohne besondere Prüfung weiter zu gehen, weil hier gewöhnlich dem schwachen Menschen ein Ziel gesetzt ward. Denn der Fall ist äußerst selten, daß der grundgütige Gott jemandem die besondere Gnade verleiht, acht Maß trinken zu dürfen, wie er mich, seinen Knecht, gewürdigt hat. Da mir nun aber nicht nachgesagt werden kann, daß ich in ungerechtem Zorn auf irgend jemand

losgefahren sei, daß ich Hausgenossen und Anverwandte mißkannt oder wohl gar die mir obliegenden geistlichen Pflichten und Geschäfte verabsäumt hätte, vielmehr ihr alle mir das Zeugnis geben werdet, wie ich immer bereit bin, zu Lob und Ehre Gottes, auch zu Nutz und Vorteil meines Nächsten mich tätig finden zu lassen: so darf ich wohl mit gutem Gewissen und mit Dank dieser anvertrauten Gabe mich auch fernerhin erfreuen. Und ihr, meine andächtigen Zuhörer, nehme ein jeder, damit er nach dem Willen des Gebers am Leibe erquickt, am Geiste erfreut werde, sein bescheiden Teil dahin. Und auf daß ein solches geschehe, alles Übermaß dagegen verbannt sei, handelt sämtlich nach der Vorschrift des heiligen Apostels, welcher spricht: Prüfet alles und das Beste behaltet.«

Daß die zeitlichen Freuden nicht dazu da sind, daß man auf sie verzichtet, steht übrigens schon im Talmud (einer Sammlung von Gesetzen und religiösen Überlieferungen des nachbiblischen Judentums, entstanden in der Zeit von etwa 200 vor bis ungefähr 500 nach Christus). Ausdrücklich wird dort gesagt, daß der Mensch, wenn er vor seinen Schöpfer tritt, Rechenschaft ablegen muß über jeden Genuß, »den er sich ohne Not entgehen ließ«.

7. Kapitel

Desserts und Kuchen

Siebtes Zwischenstück

Vom rechten Fasten oder
warum die heilige Teresa von Avila
nichts gegen Rebhuhn hat

Seit einigen Jahren schon habe ich eine feste Rubrik in einer Schweizer Tageszeitung. Einmal veröffentlichte ich da einen Beitrag über Kochkunst. Einer Leserinbriefschreiberin hat das gar nicht gefallen. Von einem Theologen, meinte sie, hätte sie eher ein paar fundierte Gedanken über das Fasten erwartet. Natürlich habe ich ihren Brief (wie jeden, der mich erreicht) beantwortet. In meiner Entgegnung habe ich mich darauf beschränkt, einen Satz der heiligen Teresa von Avila zu zitieren; er umfaßt genau acht Worte, drei Kommas und einen Punkt. Die Äußerung ist Ihnen bekannt?

Dann kann ich mich ja einem Heiligen zuwenden, der mir, aus verständlichen Gründen, etwas näher steht.

Die Kirche feiert sein Fest am 4. Oktober. Und die Umweltschützer haben ihn – je nach ihrer konfessionellen oder weltanschaulichen Ausrichtung – entweder zu ihrem Patron oder zu ihrem Vorbild erkoren. Die Rede ist von dem kleinen Kaufmannssohn Francesco, der zu Beginn des 13. Jahrhunderts in der umbrischen Kleinstadt Assisi zunächst durch einen größeren Skandal Aufsehen erregte und später in der ganzen Welt zu großem Ansehen gelangte.

Allerdings wurde kaum ein anderer Heiliger im Lauf der Zeit so sehr zu Manipulationszwecken mißbraucht wie Franz von Assisi. Manche Sozialreformer sehen in ihm einen Prediger des Klassenkampfes, aber sie vergessen, daß Franziskus seine Revolution ohne jede Gewalt durchgeführt hat. Eher traditionell eingestellte Christen verehren in Franz von Assisi den treuen Anhänger von Papst und Kirche und übersehen dabei jene (wahrscheinlich im Jahre 1210 gehaltene) Predigt vor Papst und Kardinälen, in welcher der Heilige die Laster der römischen Kurie geißelt. Manche Progressisten erblicken in Franziskus vor allem den Kämpfer gegen das Establishment seiner Zeit, denken aber nicht daran, daß dieser Kampf mit friedlichen Mitteln geführt wurde. Aussteigern dient das Interpretationsmuster vom Vater-Sohn-Konflikt als Schlüssel zur Erklärung der Tatsache, daß Franziskus aus der damaligen Gesellschaft ausbrach – und darob vergessen sie, daß dieser seinen Zeitgenossen eben nicht einfach den Rücken kehrte, sondern ihnen den evangelischen Weg zur Konfliktbewältigung neu erschloß. Ein großer Teil jener Christen, die sich selber als ›praktizierende Katholiken‹ bezeichnen, verehrt Franziskus als unbekümmerten Wandervogel und Spielmann Gottes, der den Vögeln predigte (die schon damals geduldiger zuhörten als die Menschen); aber diese Menschen denken nicht daran, daß Franz, vom Missionseifer getrieben, eine beschwerliche Reise nach Ägypten unternahm, um dem Sultan das Evangelium zu verkünden (während sich die Kreuzfahrer, zur gleichen Zeit und versehen mit dem päpstlichen Segen, dorthin begaben, um mit Waffengewalt ein Land zu erobern).

Diese unterschiedlichen und teilweise recht gegensätzlichen Deutungen des Wesens und der Absichten des Poverello, die auch innerhalb des Ordens schon sehr bald zu Spannungen und zu Spaltungen führten, hängen zweifellos mit der Vielschichtigkeit seiner Persönlichkeit zusammen.

Gerade weil die Gestalt eines Franz von Assisi so viele Erklärungen zuläßt, ist er zur puren Identifikationsfigur seiner Verehrer und Verehrerinnen geschrumpft, wobei – so fürchte ich – viele von ihnen Bewunderung mit Nachfolge verwechseln.

Auf diese Art von Denkfehler hat seinerzeit schon Georges Bernanos in seiner »Predigt eines Atheisten am Fest der Kleinen Therese« hingewiesen, in der ein Gottesleugner seinen gläubigen Zeitgenossen vorhält:

Ihr gleicht jenen sagenhaften Italienern, die auf das Signal zum Angriff warten. Plötzlich reißt der Oberst seinen Säbel hoch, springt über die Brustwehr, rennt allein durch das Sperrfeuer mit dem Ruf »Avanti, avanti!«, während seine Landsleute immer noch im alten Schützengraben kauernd, elektrisiert von so viel Heldenmut, mit leuchtenden Augen in die Hände klatschen: »Bravo!, bravo, bravissimo!«

Christen und Atheisten, Menschenfreunde und Tierliebende, Naturschwärmer und Gesellschaftskritiker (die -innen sind hier stets mitgemeint) – sie alle (mit Ausnahme natürlich jener wenigen, die Franziskus zum vornherein als pathologischen Fall betrachten) sind sich im Urteil über ihn einig: Bravo, bravo, bravissimo! Doch kaum, daß die Frage nach dem Warum auftaucht, liegen sie sich in den Haaren und fassen einander am Kragen.

Wenn sie doch bloß einmal versuchten, seine Praxis zu erproben, statt sich über seine Theorie zu streiten!

Franziskus wollte ja nichts anderes als Jesus nachfolgen. Bekanntlich löste seine radikale Jesusnachfolge innerhalb der damaligen Christenheit eine wahre Revolution aus. Während die meisten geistlichen Würdenträger das Evangelium studierten, um mit seiner Hilfe ihre Macht zu festigen, nahm Franziskus Jesu Worte so wörtlich, daß man in ihm geradezu einen »zweiten Christus« erblickte. Begreiflich deshalb, daß schon bald nach seinem Tod

Legenden zirkulieren, die (manchmal an recht langen Haaren herbeigezoge-
ne) Parallelen aufzeigen zwischen dem Wanderprediger aus Nazaret und
dem Bettelbruder aus Assisi: dieser sei von seiner Mutter in einem Stall zur
Welt gebracht worden; mit zwölf Jüngern (und nicht, wie die Historie dokumentiert, mit elf Gefährten) sei er nach Rom (ins damalige Jerusalem!) gezogen; außerdem habe er einen Toten zum Leben erweckt, und nach seinem
eigenen Tod sei er den Mitbrüdern erschienen, wie weiland der Auferstandene den Aposteln. Um 1390 vollendet ein gewisser Bartolomeo von Pisa ein
Werk über »Die Gleichförmigkeit des Lebens des heiligen Franz mit dem
Leben des Herrn Jesus Christus«, in welchem dieser Minoritentheologe auf
über tausend Druckseiten vierzig Übereinstimmungen zwischen Franz von
Assisi und Jesus von Nazaret zusammenstellt und analysiert.

Unter anderem findet sich da auch die Behauptung, daß Franziskus sich
einmal einem neununddreißigtägigen Fasten unterzogen habe (aus Demut,
um das vierzigtägige Fasten Jesu nicht zu überbieten). In den »Fioretti« hingegen, einem ebenso legendären wie poetischen Volks- und Erbauungsbuch,
das in den zwanziger Jahren des 14. Jahrhunderts zusammengestellt wurde,
ist von einem vierzigtägigen Fasten des Heiligen die Rede.

Sie sehen, meine lieben Leserinnen und Leser, wir sind nicht etwa vom
Thema abgekommen, sondern haben es vielmehr planmäßig und zielstrebig
angesteuert.

Historie *und* Legende – beide sind nicht sauber voneinander zu trennen –
sind sich darüber einig, daß es Franziskus weder ums Essen noch ums Fasten
ging. Allenfalls ging es ihm ums Gleichgewicht zwischen beiden – und um
eine einfache Lebensweise in den Fußstapfen Jesu. Dieser Gedanke liegt
einer alten Überlieferung zugrunde, die wir uns vielleicht doch zu Gemüte
führen sollten.

Eines Nachts, während die Brüder schliefen, schrie plötzlich einer um
Mitternacht: »Ich sterbe, ich sterbe!«

Alle erwachten erschreckt und waren verwundert. Der heilige Franz er-
hob sich, und sagte: »Stehet auf, Brüder, und machet Licht!«

Als es geschehen war, sagte er: »Wer hat da gerufen: Ich sterbe?«

Der Betreffende meldete sich: »Ich bin es.«

«Was hast du, Bruder, daß du sterben willst?«

Sprach jener: »Ich sterbe vor Hunger.«

Da ließ der heilige Franz den Tisch herrichten, und klug und liebevoll,
wie er war, aß er selbst mit ihm, damit jener sich nicht zu schämen brauche,
allein zu essen. Und nach seinem Wunsch aßen auch alle andern mit.

Nachdem sie also gegessen hatten, sagte Franz zu den anderen:
»Meine Brüder, ich sage euch, jeder soll auf seine Natur achten. Und wenn
einer von euch mit weniger Nahrung auskommt als die andern, so soll der-
jenige, der mehr braucht, sich nicht gewaltsam nach dem Maße des andern

richten wollen, sondern soll seine Natur beachten und seinem Leib das Nötige geben, damit dieser fähig sei, dem Geist zu dienen. Denn Gott will Barmherzigkeit und nicht äußere Opfer.«

Daran hat sich Franziskus auch selber gehalten, als er krank und schwach daniederlag und im Palast des Bischofs von Assisi gepflegt wurde.

Während eben jener schweren Krankheit im bischöflichen Palast baten ihn die Brüder einmal, doch etwas zu essen. Er sagte jedoch:

»Ich mag nichts essen; aber wenn ich von dem Fisch haben könnte, der ›Engelfisch‹ heißt, so könnte ich vielleicht etwas zu mir nehmen.«

Gleich darauf brachte jemand einen Korb, in welchem drei große, gutzubereitete Engelfische lagen, außerdem Krebspasteten, die der Heilige gerne aß. Bruder Gerard, der Obere in Rieti, hatte es herübergeschickt. Da staunten die Brüder über die göttliche Fügung und priesen den Herrn, der seinen Knecht mit etwas erfreute, was damals besonders wegen der kalten Jahreszeit nicht aufzutreiben gewesen wäre.

An eine andere Episode aus dem Leben des heiligen Franz erinnert noch heute ein einsamer Turm am römischen Circo Massimo, der letzte Überrest des Hauses der Jacoba da Settesoli, einer sanften Wohltäterin und Gefährtin des Armen aus Assisi.

Diese Jacoba heiratete um 1210 in jugendlichem Alter Graziano, das Oberhaupt des vornehmen römischen Geschlechts der Frangipane. Schon im Alter von zwanzig Jahren wurde sie als Mutter zweier Knaben Witwe. Als Franziskus im Jahre 1212 nach Rom kam, lernte er diese Frau schätzen und nannte sie, wohl ihres unbeugsamen Charakters wegen, Frate (Bruder) Jacoba. Zum Dank für den geistlichen Beistand, den Jacoba bei ihm fand, bereitete sie dem Heiligen sein Lieblingsgebäck zu, eine Art rautenförmiger Mandelküchlein.

Anderthalb Jahrzehnte später, 1226, als Franziskus in Assisi auf den Tod erkrankt war, bat er seine Brüder, Jacoba da Settesoli zu benachrichtigen und sie zu bitten, ihm doch »geweihtes Tuch zu senden, das der Farbe der Asche gleicht, und zugleich mit dem Tuch jenes gute Gericht, das in Rom *mortarolo* heißt – man bereitet es unter anderem aus Mandeln und Zucker«.

So schrieb man also den Brief, wie es der Heilige wünschte. Ein Bruder war gerade auf der Suche nach dem Boten, der den Brief an die Dame überbringen sollte. Da wurde auf einmal an die Haustür geklopft; ein Bruder öffnete – und siehe, da stand Frau Jacoba.

Sie war in großer Eile zum Besuch des seligen Franz gekommen, und einer der Brüder, der sie kannte, lief sogleich zu ihm und meldete ihm mit großer Freude, Frau Jacoba sei mit ihrem Sohn aus Rom gekommen, und sie hätte vieles mitgebracht und möchte ihn besuchen.

So trat also die edle Frau beim Heiligen ein, und sie vergoß viele Tränen. Und wie staunenswert: Sie hatte ihm das aschfarbene Tuch für den Habit mitgebracht, das sein Totentuch wurde, dazu alle die Dinge, die in der Botschaft angeführt waren, als hätte sie seinen Brief schon erhalten.

In derselben Woche, in der Frau Jacoba zum Besuch kam, schied der ehrwürdige Vater aus diesem Leben und ging in die Seligkeit Gottes.

Von übertriebenen Fastenübungen scheint Franziskus (nach einigen anfänglichen Exzessen) nicht allzuviel gehalten zu haben. Unter anderem geht das aus seiner Ordensregel hervor. Wenn er den Brüdern vorschreibt, daß sie von Allerheiligen bis Weihnachten fasten sollen, so schärft er ihnen damit lediglich eine Bestimmung ein, die damals für die *ganze Kirche* Geltung hatte.

In jener Zeit, da die rechtmäßigen Nachfolger des heiligen Petrus sich als recht mäßige Nachfolger Jesu erwiesen, ermunterte Franziskus seine Mitmenschen dazu, zugunsten der Armen auf ihren Besitz zu verzichten und sich auf diese Weise mit ihnen zu solidarisieren. Natürlich hatte er nichts einzuwenden gegen eine gesunde Abhärtung des Körpers, welche die Seele wachhält und den Geist befreit.

Es findet sich bei ihm aber nicht der geringste Ansatz jener fanatischen Leibfeindlichkeit, welche damals von allerlei obskuren Sekten praktiziert und später von amtskirchlicher Seite selbst immer wieder einmal propagiert wurde.

Ein treffendes Beispiel für eine derartige Haltung findet sich in einer Predigtsammlung aus dem 17. Jahrhundert. Diese stammt von dem damals berühmten Kanzelredner und Augustinerpater Abraham a Sancta Clara und trägt den bezeichnenden Titel »Hui und Pfui der Welt«:

Laß sterben den Leib – was liegt dran? Laß sterben den Leib im Feuer oder in der Luft oder im Wasser oder auf Erden, was liegt dran? Laß sterben diesen Madensack, diesen Mistfinken, dieses Wurmnest, dieses Leimhaus, diesen Knollfinken, diesen Kotbutten, dieses Eitergeschirr, diesen Erdenschrollen! Laß sterben ein mächtiges Wesen! – dieses Unrathaus, diesen lebendigen Wust, diesen Leimlümmel, diesen Wildfang, diesen Sauwinkel, diese Gestankbüchsen, diesen zierlichen Unflat, dieses lebendige Aas, diesen Aprilanten, diese verhüllte Senkgruben, diesen Krätzenmarkt, dieses sechs Schuh lange Nichts. Laß sterben den Leib, dieses Krankenspital, dieses Spottmuster, diese kleine Portion Erde, laß sterben, laß verderben; wie, wo, wann, wodurch er stirbt; aber das bitt ich dich um des Blutes Jesu Christi, das bitt ich dich um deiner Seele Seligkeit willen, mit aufgehobenen Händen schreie ich vor dir, ja, in beide Ohren, du wollest die Seel nicht sterben lassen, dieses künstliche und köstliche Ebenbild Gottes, die Seel, dieses schöne und scheinende Konterfei der allerheiligsten Dreifaltigkeit, die Seel, dieses kostbare und schätzbare Kleinod Gottes, die Seel, diese friedliche und freundliche Schwester der Engel, diese, o Mensch, laß nit sterben, welches da geschieht durch eine freiwillige Todsünd – dieser Tod allein ist ihr Elend!

Man braucht keineswegs auf frühere Jahrhunderte zurückzublicken, um auf deutliche Spuren der hier vertretenen Haltung zu stoßen, die allem Irdischen, allem Weltlichen, vor allem aber allem Leiblichen äußerst ablehnend gegenübersteht. Noch im Jahre 1970 wurde uns Theologiestudenten an einer römischen Fakultät (an der ich heute selber unterrichte) ein Handbuch für Moral empfohlen, dessen Verfasser es offenbar nie eingefallen ist, daß Gott den *ganzen* Menschen und nicht nur seine Seele erschaffen hat. Der menschliche Körper war da sorgfältig aufgelistet in ehrbare Teile, halbehrbare Teile und unehrbare Teile. In diesem Zusammenhang hat unter uns Studenten das Wort von der Pornotheologie die Runde gemacht (Heinrich Böll hat es erst ein Jahr später verwendet in seinem Roman »Gruppenbild mit Dame«).

Ich selber habe nie begriffen, wie (wenn es denn wahr sein sollte) Wüstenheilige in den ersten Jahrhunderten auf den Gedanken kommen konnten, sich jahrelang nicht zu waschen, um dadurch Gott wohlgefällig zu sein. Wie wohlgefällig sie mit solch unsauberen Tugenden ihren Mitmenschen waren, steht auf einem anderen Blatt.

Aber wollten wir nicht vom Essen und vom Fasten reden? Keine Sorge, wir sind nicht vom Thema abgekommen. Denn diese (manchmal offen und manchmal bloß unterderhand) propagierte Leibfeindlichkeit verleitete die Moraltheologen zeitweise zu der waghalsigen Behauptung, daß der Mensch keinesfalls aus reiner Lust oder zum bloßen Vergnügen etwas zu sich nehmen dürfe, sondern einzig und allein, um seinen Hunger oder seinen Durst zu stillen. Was natürlich die wenigsten Christen davon abzuhalten vermochte, sich manchmal trotzdem einen guten Bissen zu genehmigen. Bloß daß dann die sensibleren unter ihnen beinahe erstickten – nicht an diesem feinen Bissen, wohl aber an den damit verbundenen Schuldgefühlen. Was mich selber betrifft, so hat mir in dieser Hinsicht der Gedanke an die Mandelküchlein des heiligen Franz schon sehr früh über allerlei Skrupel hinweggeholfen. Weil ich mir nämlich sagte, was für die Heiligen recht ist, soll uns Anfängern billig sein.

Im übrigen scheint schon Jesus wegen seiner unkomplizierten Beziehung zu den Tafelfreuden in gewissen Kreisen Ärgernis erregt zu haben. Man warf ihm ja nicht nur vor, daß er sich mit Zöllnern und Sündern an den gleichen Tisch setzte (Markusevangelium, Kapitel 2, Vers 16), sondern verleumdete ihn außerdem als Genüßling und Schlemmer oder, wie es im Matthäusevangelium drastisch heißt, als »Fresser und Säufer« (Kapitel 11, Vers 19). Indessen wollte Jesus nur zu verstehen geben, daß nicht nur das Fasten, sondern auch das Festen seine Berechtigung hat:

Da die Jünger des Johannes und die Pharisäer zu fasten pflegten, kamen Leute zu Jesus und sagten: Warum fasten deine Jünger nicht, während die Jünger des Johannes und die Jünger der Pharisäer fasten? Jesus antwortete ihnen: Können denn die Hochzeitsgäste fasten, solange der Bräutigam bei ihnen ist? Solange der Bräutigam bei ihnen ist, können sie nicht fasten. Es werden aber Tage kommen, da wird ihnen der Bräutigam genommen sein; an jenem Tag werden sie fasten. (Markusevangelium, Kapitel 2, Verse 18–20)

Das deckt sich in etwa mit dem, was Teresa von Avila ein paar besonders frommen Leuten entgegengehalten hat, die sich befremdet zeigten, als die große Mystikerin einmal mit unverhohlenem Genuß ein Rebhuhn verzehrte: »Wenn Gebet, dann Gebet, wenn Rebhuhn, dann Rebhuhn.«

Diese knappe Bemerkung wiederum, die mehr aussagt als mancher umfangreiche Traktat über christliche Spiritualität, verweist uns auf einen kurzen und appetitanregenden Abschnitt aus Theodor Fontanes Roman »Der Stechlin«, in welchem außer von Rebhühnern sogar noch von Vogelbrüsten die Rede ist, und indirekt auch vom Gleichgewicht zwischen Seele und Leib und von der Ausgewogenheit zwischen Körper und Geist – und auch davon, daß der Mensch über all seinen diesseitigen Neigungen seine jenseitige Bestimmung nicht vergessen soll.

An die Suppe hatte sich ein Fisch und an diesen ein Linsenpüree mit gebackenem Schinken gereiht, und nun wurden gespickte Rebhuhnflügel in einer pikanten Sauce, die zugleich Küchengeheimnis der Domina war, herumgereicht. Czako, trotzdem er schon dem gebackenen Schinken erheblich zugesprochen hatte, nahm ein zweites Mal auch noch von dem Rebhuhngericht und fühlte das Bedürfnis, dies zu motivieren.

»Eine gesegnete Gegend, Ihre Grafschaft hier«, begann er. »Aber freilich heuer auch eine gesegnete Jahreszeit. Gestern abend bei Dubslav von Stechlin Krammetsvogelbrüste, heute bei Adelheid von Stechlin Rebhuhnflügel.«

»Und was ziehen Sie vor?« fragte die Schmargendorf.

»Im allgemeinen, mein gnädigstes Fräulein, ist die Frage wohl zugunsten ersterer entschieden. Aber hier und speziell für mich ist doch wohl der Ausnahmefall gegeben.«

»Warum ein Ausnahmefall?«

»Sie haben recht, eine solche Frage zu stellen. Und ich antworte, so gut ich kann. Nun denn, in Brust und Flügel ...«

»Hihi.«

»In Brust und Flügel schlummert, wie mir scheinen will, ein großartiger Gegensatz von hüben und drüben; es gibt nichts Diesseitigeres als Brust, und es gibt nichts Jenseitigeres als Flügel. Der Flügel trägt uns, erhebt uns. Und deshalb, trotz aller nach der anderen Seite hin liegenden Verlockung, möchte ich alles, was Flügel heißt, doch höher stellen.«

Wenn ich zu Tisch sitze, brauche ich keinen Nachtisch. *Der Ausdruck erinnert mich immer an die gegen Ende eines Essens häufig gestellte Frage: Was unternehmen wir nachher? Warum müssen wir eigentlich immer etwas unternehmen? Ist es jetzt nicht gerade so angenehm gemütlich? Fühlen wir uns etwa nicht wohl? Haben wir einander vielleicht nichts mehr zu erzählen? Na also.*

Vergessen wir darum den Nachtisch; wir sind ja alle satt geworden! Gießen wir uns lieber noch einen Schluck Wein ins Glas (oder möchte jemand schon jetzt einen Kaffee haben – nein?), also dann noch einen Schluck Wein, ein bißchen Käse, eine Birne, ein paar Walnüsse und Trauben ... Falls aber jemand meint, eine Mahlzeit ohne Nachspeise sei kein Festmahl, dann wollen wir dem nicht widersprechen (de gustibus et coloribus non est disputandum *– es bringt nichts, über Geschmack und Farben zu streiten), sondern das eine oder andere Rezeptlein in diesem Kapitel mutig ausprobieren und jeder und jedem vorsetzen, wonach das Herz oder was immer begehrt.*

Wir anderen tun uns derweil am Wein gütlich, die Flasche wollen wir noch leeren (»Ordnung trinken«, pflegt Andreas zu sagen, wobei er das Verb »trinken« manchmal durch ein anderes ersetzt) und einander ein paar lustige Geschichten erzählen...

Der Unterschied zwischen Essen und Sich-ernähren ergibt sich für mich nicht daraus, ob am Schluß eine Süßspeise aufgetragen wird oder nicht (auf die ich in der Regel verzichte); entscheidend dafür ist vielmehr der Rahmen, innerhalb dessen eine Mahlzeit stattfindet. In diesem Zusammenhang erinnere ich mich an ein Osteressen in Sankt Marien zu Franziskanern in Luzern, wo ich, nicht zum ersten Mal, die Karwochenpredigten gehalten habe. Weil Clemens, der dortige Pfarrer, genauso gern Hackbraten mag wie ich, haben wir die Haushälterin darum gebeten, uns am hochheiligen Osterfest dieses Gericht zuzubereiten. Ihre Reaktion: »Das ist kein Osteressen!« Schließlich aber hat sie dann doch versprochen, unseren Wunsch zu erfüllen. Gegen Mitte der Karwoche jedoch kam Clemens auf den Gedanken, auch meine Mutter zum Ostermahl einzuladen, die diesen Tag sonst allein hätte verbringen müssen. Worauf die Haushälterin annahm, sie sei von ihrem Gelübde entbunden: »Aber dann kann ich unmöglich einen Hackbraten auf den Tisch stellen! An Ostern! Was würde Ihre Mutter da von mir halten!« Glücklicherweise ist Clemens' Haushälterin kein Hausdrache; jedenfalls haben wir beide sie nicht bloß überredet, wir haben sie überzeugt, daß sie gehalten sei, ihr Versprechen einzulösen: Der Hackbraten ist österlich! Bezeichnet man ihn denn nicht auch als ›falschen Hasen‹? Oder als ›falschen Osterhasen‹?! Außerdem kann man ja zwei, drei gekochte Eier darin verstecken; das sieht dann so hübsch aus, wenn man ihn in Scheiben schneidet!

Der Hackbraten war wunderbar, die Sauce köstlich, das Gemüse dazu mehr als bloße Garnitur. Und um fünf Uhr nachmittags saßen wir immer noch am Tisch. Und erzählten einander Geschichten. Meine Mutter erzählte von früher – also Spukgeschichten. Die Haushälterin von ihrer Jugend – Kindheitsgeschichten. Ich von Rom – Papstgeschichten. Und Clemens erzählte Pfarrhausgeschichten. Zumindest eine davon möchte ich Ihnen nicht vorenthalten.

Eines allerdings müssen Sie vorher wissen (und ich kenne das aus eigener Erfahrung): An einer Pfarrhaustür klingeln nicht nur Mitglieder des katholischen Frauenvereins, die im Büro eine Fotokopie für die nächste Sitzung machen möchten. Da klingeln auch sehr viele Bettler. Und jede Menge Scharlatane und Schwindler. Junge Kapläne brauchen in der Regel eine gewisse Zeit, bis sie die Gabe der Unterscheidung besitzen.

Clemens überraschte uns mit einer absolut neuen Variante auf diesem undurchsichtigen Gebiet; ich kann jetzt nur hoffen, daß dieses Buch nicht in die Hände von Nachahmungstätern gerät.

In Sankt Marien zu Franziskanern also hat einer sich das Klingeln erspart und statt dessen einen Brief geschrieben: Auf der Durchreise in Luzern habe er auch die Franziskanerkirche besucht. Anläßlich dieses Besuches habe er dem heiligen Antonius statt der versprochenen zwanzig Franken einen Hunderter in den Opferstock gesteckt; er sei nämlich kurzsichtig und habe den Irrtum erst später bemerkt. Ob er nun den Herrn Pfarrer höflichst bitten dürfe, ihm den Restbetrag von achtzig Franken in einem Briefumschlag zurückzuschicken?

Der Pfarrer hat sich am Wohnort des Briefschreibers erkundigt, diskret, versteht sich. Kurzsichtig? Nicht die Spur! Mehr oder weniger regelmäßiger Kirchgänger? Das war schon rein umständehalber nicht möglich. Von wegen zahlreicher Urlaube in verschiedenen Strafanstalten.

Aber Clemens ist, was man in Italien einen vero Signore, *in England einen* Gentleman *und in Frankreich einen* Grandseigneur *nennt: Er hat auf den Brief trotzdem geantwortet:*

»Sehr geehrter Herr, Ihr Anliegen erscheint mir etwas außergewöhnlich. Da der von Ihnen geschilderte Sachverhalt nicht mehr nachprüfbar ist, habe ich mich entschieden, Ihnen vier Gutscheine zu je Franken 20,– zu schicken, die Sie bei Ihren weiteren Besuchen in der Franziskanerkirche in den Opferstock legen können. Auf diese Weise können Sie die nach Ihrem Ermessen zu großzügige Gabe in Raten für weitere Anliegen verwenden, die Sie dem heiligen Antonius anvertrauen.«

Ein paar andere Geschichten, die an jenem Osternachmittag noch erzählt wurden, schreibe ich Ihnen, meine lieben Leserinnen und Leser, ein andermal auf, wenn ich etwas mehr Zeit zur Verfügung habe – vielleicht wenn ich emeritiert bin und die Studenten mich in Ruhe lassen.

Inzwischen haben Sie sicher begriffen, was ich meine, wenn ich behaupte, es bestehe ein Unterschied zwischen Essen und Sich-ernähren.

Fritierter Camembert

Wer nicht unbedingt auf Süßspeisen steht und trotzdem nicht auf einen Nachtisch verzichten möchte, wird meinen fritierten Camembert als alternativen Vorschlag zweifellos begrüßen. Im übrigen eignet sich dieses Gericht auch als Hauptgang, wenn man vorher eine ausgiebige Salatplatte aufträgt. Die kleinen, für eine Nachspeise geeigneten Portionen gibt's in Fachgeschäften und Supermärkten. Als geradezu ideal haben sich auch die »Mini Caprice« (50-Gramm-Packungen von »Caprice des dieux«) erwiesen, die ich in der Schweiz gesehen und ausprobiert habe. Nach dem folgenden Rezept zubereitet, sind sie tatsächlich, was die Werbung verheißt: »un amour de fromage«.

4 kleine Camemberts (je 50–70 g oder »Caprice des dieux«)
1 Ei
2 EL Semmelbrösel
reichlich Bratbutter
Preiselbeerkonfitüre

Die Bratbutter in einer kleinen Teflonpfanne erhitzen. Die einzelnen Camemberts im geschlagenen Ei und anschließend in den Semmelbröseln wenden (panieren). In die Pfanne geben und bei mittlerer Hitze goldbraun fritieren. Sobald sich die Oberflächen zu wölben beginnen, die Hitze reduzieren, weil sonst die Kruste platzt und der Käse ausläuft. Auf vier Tellern anrichten und je einen gehäuften Eßlöffel Preiselbeerkonfitüre dazugeben.

Als ich diesen Nachtisch einmal vorsetzte, sagte Sepp (oder war es seine Frau Margrit?) nur ein einziges Wort: Wunderbar! Nicht etwa: Köstlich!, sondern: Wunderbar!

»Wirklich?«, frage ich zurück. Aber ich denke in diesem Augenblick überhaupt nicht an den Camembert, sondern an das »Wunderbar«. Ich denke auch noch daran, als sich die beiden schon längst verabschiedet haben. Und erinnere mich an den humorvollen Roman »Das Wunder des Malachias« von Bruce Marshall, in welchem dieser einen Kaplan sagen läßt: »Überhaupt sind Wunder heutzutage etwas aus der Mode gekommen. Wenn sich eines im Schlafzimmer unseres hochwürdigen Bischofs ereignen würde, täte seine Gnaden alles, um den ungehörigen Vorfall zu vertuschen.«

Natürlich will ich mit diesem Zitat weder die Kapläne schlechtmachen noch unseren Herren Bischöfen zu nahe treten. Aber ich glaube, daß die Bemerkung des schottischen Schriftstellers in etwa zutrifft. Wer heute noch ernsthaft mit Wundern rechnet, gilt selber als wunderlicher Kauz.

Die Tatsache, daß das »Wunder des Glaubens liebstes Kind« ist, kam den christlichen Theologen über Jahrhunderte hin zupaß, insofern sie das Vorkommen von Wundern als einen der wichtigsten Glaubensbeweise betrachteten. Dabei verschwiegen sie in der Regel, daß jene außergewöhnlichen Er-

eignisse, die man gemeinhin als Wunder bezeichnet, auch in anderen Religionen gang und gäbe sind, was ja dem Wahrheitsbeweis nun nicht gerade förderlich war. Außerdem übersahen sie, daß der traditionellen Wundervorstellung (»ein unmittelbar *von Gott bewirktes Ereignis, das sich mit Hilfe der Naturgesetze nicht erklären läßt«) ein recht problematischer Begriff von Naturgesetzlichkeit zugrunde liegt. Ein Wunderbegriff im Sinne einer Außerkraftsetzung der Naturgesetze seitens Gottes geht nämlich stillschweigend davon aus, daß die Naturgesetze allesamt bekannt seien. Bekannt ist vielmehr, daß manches, was gestern noch als Wunder galt, heute infolge der Entdeckung immer neuer Gesetzmäßigkeiten natürlich erklärt werden kann.*

Tatsächlich haben die Naturwissenschaften im Verlauf der Jahrhunderte immer neue Entdeckungen gemacht und deshalb frühere Erkenntnisse modifizieren oder korrigieren müssen, und es besteht überhaupt kein Anlaß, diese Entwicklung für abgeschlossen zu erklären – ganz im Gegenteil! Für einen Naturwissenschaftler kann es prinzipiell keine Wunder geben, sondern lediglich (noch) unerklärbare Phänomene, für die er nach einer Lösung suchen muß.

Außerdem ist nicht einzusehen, warum man im religiösen Bereich für außerordentliche Ereignisse ein direktes Eingreifen Gottes annehmen soll, während man im profanen Bereich dazu neigt, vorwiegend auf psychosomatische oder parapsychologische Theorien zurückzugreifen.

Gerade bei religiös denkenden Menschen dürften derlei Überlegungen weder schlaflose Nächte verursachen noch irgendwelche Zweifel hervorrufen. Denn die Gläubigen halten doch daran fest, daß der Schöpfergott immer und überall wirkt, und nicht nur da, wo sich Außerordentliches und (noch) Unerklärbares ereignet. Auch das Allergewöhnlichste geht ja letztlich auf Gott zurück, insofern dieser erstursächlich durch Zweitursachen wirkt.

Weil Gott in seiner Schöpfung überall seine Fußspuren und Fingerabdrücke hinterläßt, vermag ein gläubiger Mensch Gottes Wirken allerorten wahrzunehmen. Zwar ist Gottes Handschrift nicht immer leicht zu entziffern, aber wer sich bemüht, sie zu entschlüsseln, stößt immer wieder auf den gleichen Satz: Gott liebt uns.

Gott liebt uns. Das ist doch das eigentliche und einzige Wunder. Und alles, was wir erfahren dürfen, sei das nun leicht erklärlich oder nicht erklärbar, ist bloß die Folge dieses einen Wunders von Gottes Liebe. Das Lachen der Kinder und die Farben der Schmetterlinge, die Rose im Garten und der Wein auf dem Tisch, die Freundschaft und die Liebe, die wir erfahren, und das Vertrauen, das man uns schenkt … ist das nicht alles *wunderbar?*

Heiße Bananen in Orangensaft
4 nicht zu reife Bananen
1 Orange (Saft)
$1/2$ Zitrone (Saft)
3 EL Zucker
20 g Butter
Die Bananen schälen, der Länge nach halbieren und in der Butter kurz braten. In eine Gratinform legen. Mit dem Orangen- und Zitronensaft übergießen. Den Zucker und ein paar Butterflocken darübergeben. Während etwa 20 Minuten in dem auf 220 Grad vorgeheizten Ofen überbacken.

Banane mit Hüttenkäsecreme
Das folgende Rezept ist ein Zufallstreffer. Ich hatte gerade etwas Hüttenkäse und ein paar Bananen im Haus. Irgendwo habe ich zum Nachtisch einmal Bananenstücke mit etwas Hüttenkäse und ein wenig Zucker darüber vorgesetzt bekommen. Auf dieser Basis habe ich dann mein eigenes Rezept entwickelt.

4 Bananen
20 g Butter
200 g Hüttenkäse (Cottage Cheese)
$1/2$ Zitrone
3 EL Sahne
3–4 EL Zucker
2–3 EL Rum
etwas Zitronenmelisse (falls gerade vorhanden)

Zwei Bananen der Länge nach durchschneiden. Die vier Hälften in der Butter goldbraun braten.

Die restlichen zwei Bananen in Stücke schneiden und zusammen mit den übrigen Zutaten, außer der Sahne, mit dem Mixer zu einer Creme verarbeiten. Die Sahne erst am Schluß hinzufügen (der noch nicht vermixte Zitronensaft würde sonst bewirken, daß sie scheidet!).

Die warmen Bananenhälften auf die Teller legen und die Creme darübergeben. Mit ein paar Blättchen Zitronenmelisse garnieren.

Gratinierte Ananas
60 g Butter
1 EL Mehl
200 ml Milch
8 Scheiben Ananas (frisch oder aus der Dose)
4 EL Zucker
$1/2$ Gläschen Rum
1 Prise Salz
1 Eigelb

30 Gramm Butter in einem Topf erwärmen. Auf mittlerer Hitze das Mehl darin anschwitzen, bis es *fast* hellbraun wird. Unter ständigem Rühren die Milch dazugeben. Auf kleiner Flamme köcheln.

Die restliche Butter in einer Bratpfanne erhitzen, bis sie zu schäumen beginnt. Darin die Ananasscheiben goldgelb braten und anschließend dachziegelartig in eine Gratinform schichten.

In der gleichen Bratpfanne 2 EL Zucker leicht karamelisieren. Mit der Hälfte des Rums ablöschen und den so entstandenen Sirup über die Ananas gießen.

Den Topf mit der Sauce vom Herd nehmen, 1 Prise Salz, den restlichen Zucker und Rum sowie das Eigelb darunterrühren. Die Masse über die Ananasscheiben verteilen.

Die Gratinform für etwa 8–10 Minuten auf die mittlere Schiene des auf 240 Grad vorgeheizten Ofens schieben. Heiß servieren!

Aprikosencreme

Sind gerade keine Bananen zur Hand (vgl. das Rezept auf Seite 219/220), nehme ich eine große Handvoll gedörrte Aprikosen (davon findet sich jede Menge in Kajos Vorräten, den ich während seines Urlaubs vertrete!), lege sie ein paar Stunden ins Wasser, drücke sie nachher mit der Hand gut aus und gebe sie zusammen mit den übrigen Zutaten in den Mixer. Den Rum ersetze ich wenn möglich durch einen Aprikosenschnaps oder -likör. Dann stelle ich die Creme in den Kühlschrank, fülle sie vor dem Servieren in Dessertgläser oder in Sektschalen und garniere sie mit einer halben (frischen oder gedörrten) Aprikose. Gegenüber der Bananencreme hat diese Süßspeise den Vorteil, daß man sie im voraus zubereiten kann.

Erdbeeren mit Sekt

400 g Erdbeeren
1 EL Zucker
4 EL Gin
2 Gläser Sekt

Die Erdbeeren waschen und halbieren; die Stiele vorher entfernen. In Sektschalen verteilen, mit etwas Zucker bestreuen, ein wenig Gin darübergießen. Mindestens eine Stunde vor dem Servieren in den Kühlschrank stellen. Vor dem Auftragen die Schalen mit gekühltem Sekt auffüllen.

Avocados mit Rum

2 Avocados
Zucker, Rum

Die Avocados erst ganz kurz vor dem Auftragen (sie verfärben sich sonst) der Länge nach halbieren und entsteinen. Die Höhlung mit Zucker füllen und diesen mit Rum tränken.

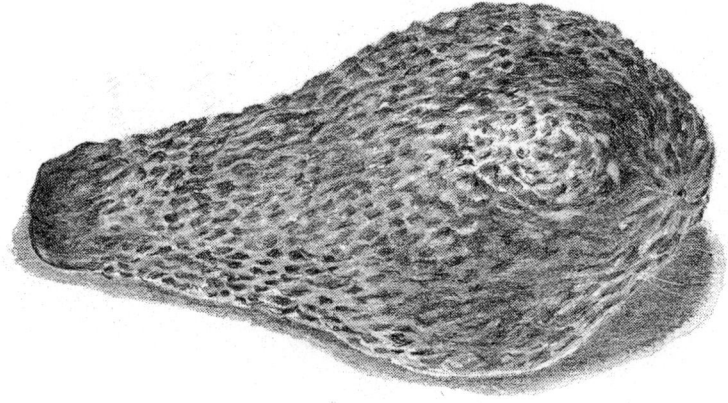

Beim Essen werden die Avocados mit einem Löffel ausgehöhlt; vergessen Sie aber nicht, das Zuckergefäß und die Rumflasche auf den Tisch zu stellen – vielleicht möchte jemand die immer größer werdende Höhlung wieder etwas auffüllen.

Mascarpone-Creme

Wer zum Nachtisch keinen Käse mag, kriegt bei mir manchmal trotzdem welchen – und zwar als Süßspeise. Hervorragend eignet sich dafür Mascarpone, ein weicher, weißer italienischer Käse, der aus geronnener Sahne gewonnen wird und auch in unseren Gegenden erhältlich ist.

3 Eigelb
1 Eiweiß
6 TL Zucker
200 g Mascarpone
$^1/_2$ Gläschen Rum, Kirsch oder Cognac

Die Eigelb und den Zucker in einem Schüsselchen schaumig schlagen. Den Mascarpone mit einer Gabel zerdrücken und zusammen mit dem Rum gut mit der Eigelbmasse vermischen; glattrühren. In einem gesonderten Gefäß 1 Eiweiß steif schlagen und vorsichtig unterziehen. In Sektschalen abfüllen und vor dem Auftragen mindestens eine halbe Stunde in den Kühlschrank stellen.

Diesen Nachtisch, meine lieben Gäste, dürft ihr nach Herzenslust genießen. Ihr sollt nämlich nicht bei jeder Süßspeise an den geistlosen Spruch denken: »Alles was man gerne möchte, ist entweder Sünde oder macht dick.« Mit dieser subtilen, geradezu ans Infame grenzenden Art, in den Seelen der Menschen Schuldgefühle zu erzeugen, wollen wir uns gar nicht erst auseinandersetzen. Eine Sünde wäre es, wenn ihr euch an etwas überessen würdet – weil ihr dann nämlich mindestens ein halbes Jahr keinen Appetit mehr darauf verspürt. In diesem Zusammenhang erlaube ich mir noch eine kurze Bemerkung zu meinem Kochbuch: Bei den meisten Rezepten, in denen ich Sahne empfehle, könnt ihr diese durch halbfette oder gar durch Kaffeesahne ersetzen.

Übrigens habe ich da noch zwei Portionen Mascarpone-Creme; wollen wir sie untereinander aufteilen?

Parfait au Grand Marnier
100 g Puderzucker
1 Zitrone (Saft)
50 ml Grand Marnier
250 ml Sahne
Puderzucker sieben und mit dem Zitronensaft vermischen. Grand Marnier sorgfältig darunterrühren. Sahne steif schlagen, zu der Masse geben und alles in eine Gugelhupfform füllen. Für etwa vier Stunden in die Tiefkühltruhe stellen. Vor dem Auftragen stürzen und mit Früchten oder Beeren garnieren.

Zitronensorbet mit Basilikum
Dieses herrlich erfrischende und in seinem Geschmack einzigartige Sorbet habe ich in einem Pfarrhaus bei Basel kennen- und schätzengelernt. Bea, die dort den Haushalt besorgt, hat mir das Rezept liebenswürdigerweise zur Verfügung gestellt, nachdem sie während des Essens in Erfahrung gebracht hatte, daß ich an diesem Nachmittag nicht an der Sonntagspredigt, sondern an einem Kochbuch arbeiten würde. Sie ist mir bestimmt nicht böse, wenn ich hier verrate, daß sie nicht nur als Haushälterin, sondern auch als Katechetin und Lektorin tätig ist. Und daß ihre Art, zu lesen und dabei die Texte zu interpretieren, genauso hervorragend ist wie ihr Zitronensorbet mit Basilikum. Für dieses letztere benötigt sie:
500–600 ml Zitronensorbet (das sie sich in der Regel fertig kauft)
50 ml trockenen Weißwein
1 schaumig geschlagenes Eiweiß
eine kleine Handvoll frisch gepflückter Basilikumblätter
Das Zitronensorbet gibt sie zusammen mit dem Weißwein und dem sehr fein gehackten Basilikum ganz kurz in den Mixer und fügt das Eiweiß hinzu.

Schon vorher ersucht sie ihre Gäste, sich jetzt bitte *keine* Zigarette anzuzünden. Dieses Zitronensorbet mit Basilikum muß nämlich sofort nach der Zubereitung aufgetragen *und* gegessen werden, weil es sonst (wegen des Mixens) innerhalb kürzester Zeit wässerig würde.

Schokoladenmousse

3 Eigelb
3 EL Puderzucker
2 EL Cognac
100 g dunkle Schokolade
3 steif geschlagene Eiweiß
100 ml steif geschlagene Sahne

Die Schokolade in 2 EL Wasser in einem Pfännchen schmelzen und mit den übrigen Zutaten (außer der Sahne und dem Eiweiß) vermischen. Die Masse mit dem Mixer im Wasserbad während gut zehn Minuten schaumig schlagen und auskühlen. Zum Schluß die Sahne und das Eiweiß steif schlagen, beides sorgfältig unterziehen und die Mousse für mindestens eine Stunde in den Kühlschrank stellen.

Rumtopf

Früchte aus dem Rumtopf zum Nachtisch sind vor allem im Winter ein Ereignis. Angesetzt wird der Rumtopf, wenn die ersten Beeren (in der Regel sind das die Erdbeeren) zu reifen beginnen. Sie werden in einen Steintopf gelegt und mit Rum *vollständig* bedeckt und mit etwas Zucker bestreut. Den Topf verschließen und an einem kühlen Ort, am besten im Keller, aufbewahren.

Nun fallen schon bald die Kirschen an, dann reifen die Himbeeren, die Johannisbeeren, die Aprikosen, die Pfirsiche (die, wie die Aprikosen, entsteint und in Stücke geschnitten werden), die Ananas, die Trauben…

Kurzum, von all diesen Beeren und Früchten legt man etwas in den Rumtopf, streut jedesmal ein wenig Zucker darüber und achtet sorgfältigst darauf, daß sie allesamt gut mit Rum bedeckt sind.

Ich selber gebe immer noch ein paar getrocknete Weinbeeren und fünf, sechs gedörrte Feigen dazu. Und ein paar Datteln, die bei Herbstbeginn auf dem Markt angeboten werden.

Ab Weihnachten gibt's als Nachspeise manchmal ein Vanilleeis und dazu (oder darüber) ein paar Früchte aus dem Rumtopf. Immer wieder einmal kommt es vor, daß ein Gast sich noch etwas davon nachreichen läßt – und dabei auf das Vanilleeis verzichtet.

Trauben in Grappa

Dazu benötigen wir lediglich drei Dinge: ein oder mehrere leere Gurkengläser, welche zum Glück noch nicht in der Glassammlung gelandet sind; weiße Trauben; Grappa (oder Marc).

Die Trauben waschen und zum Trocknen auf Küchenkrepp legen. Dann die einzelnen Beeren, *zusammen mit den Stielchen*, abtrennen und darauf achten, daß die Haut der Beeren keine Risse aufweist. Die Beeren ins Glas geben, Grappa zugießen, bis sie bedeckt sind, und das Glas mit dem Deckel gut verschließen. Vor Licht geschützt aufbewahren.

Nach einigen Wochen haben Sie sicher wieder einmal Gäste im Haus, die kein Verdauungsschnäpschen mögen. Stellen Sie ihnen dafür eines von diesen Gurkengläsern mit den in Grappa eingelegten Trauben auf den Tisch. Wenn Sie nicht möchten, daß das ganze Glas geleert wird, müssen Sie für sich und Ihren Partner oder Ihre Partnerin vorher (für nachher, wenn die Gäste sich verabschiedet haben) ein paar Beeren in einem Schälchen zurücklegen.

Feigen in Marsala

300–500 g frische (blaue) Feigen
2 Stangen Zimt
6 Wacholderbeeren
2 Nelken
150 g Zucker
Schale von 1 unbehandelten Orange (so dünn schälen, daß die weiße
    Innenhaut nicht mit entfernt wird!), in Streifen geschnitten
1 Flasche trockener Marsala (oder Portwein)

Die Feigen waschen, vorsichtig mit Küchenkrepp trocknen, halbieren und in ein Einweckglas legen. Die übrigen Zutaten beim Einlegen daruntermischen und das Glas mit Marsala auffüllen, bis die Feigen bedeckt sind. Das Glas verschließen und die Feigen im Kühlschrank etwa zehn Tage ziehen lassen. Zusammen mit einem fritierten Camembert (Rezept Seite 217; in diesem Fall verzichten Sie auf die Preiselbeerkonfitüre) bilden diese Feigen einen ebenso raffinierten wie festlichen Nachtisch.

Schokolade-Haselnuß-Kuchen

Imelda mag Schokolade. Nicht gerade über alles, aber doch recht gern. Zur Belohnung für ihre Koch- und Küchenarbeit habe ich mich eines Sonntags nach dem Mittagessen entschlossen, sie darüber aufzuklären, daß und warum sie sich während der Fastenzeit in Sachen Schokoladegenuß keinerlei Zurückhaltung auferlegen müsse. Der Papst höchstpersönlich nämlich habe sich in dieser Frage verbindlich geäußert, so daß sich jede Art von diesbezüglichen Gewissensbissen von selbst erübrige. Nicht daß er die Gläubigen während dieser heiligen Zeiten zum Verzehr von Schokolade ausdrücklich ermuntere, aber er habe auch nichts, wirklich rein gar nichts, dagegen.

Der Papst höchstpersönlich?

Ja, der Papst höchstpersönlich. Aber um dir das zu erklären, muß ich naturgemäß etwas weiter ausholen. Also, wie du weißt:

Die christliche Religionsgeschichte gliedert sich in verschiedene Epochen, welche die Historiker in ihren Abhandlungen kapitelweise darstellen. Das süßeste dieser Kapitel handelt von der Schokolade, vom schlechten Geschmack eines Papstes – und davon, wie dieser Geschmack sich auf die kirchlichen Fastenvorschriften auswirkte und somit, gewissermaßen, den Lauf der Geschichte ein bißchen mitbestimmte.

Die ganze Sache nahm ihren Anfang an einem Vormittag des Jahres 1569, als ein gewisser Fra Girolamo di San Vincenzo von Papst Pius V. zur Audienz vorgelassen wurde.

Der Klosterbruder hat ein Problem, er erstattet Bericht, und er bittet um eine wichtige Entscheidung. Sein Problem ist die vom Konzil von Trient um 1545 erlassene Fastenordnung für Klöster. Sein Report handelt von einem braunen Getränk und einer braunen Speise, welche die Indianer aus den mandelförmigen Bohnen des Cacahaquauitlbaumes herstellen. Heute werden diese Dinge unter den Bezeichnungen Kakao und Schokolade gehandelt. Begreiflicherweise fand sich darüber nichts in den detaillierten und äußerst strengen Fastenanweisungen des Trienter Konzils, welches im Jahr des Heils 1563 glorreich zu Ende geführt wurde. Und selbstverständlich hat Fra Girolamo dem Papst ein Muster dieser Weltneuheit mitgebracht.

Was man nicht weiß, genießt man heiß. Also läßt sich der Papst ein Täßchen Schokolade servieren. Er findet das Zeug scheußlich. Und er entscheidet: »Potus iste non frangit ieiunium – Dieses Gesöff bricht das Fasten nicht.« Mit dem gebührenden Respekt sei es vermerkt: Weil Pius V. auf sauer stand, wurde die Schokolade in der Folge, zumindest zeitweise, in vielen Klöstern zu einer beliebten Fastenspeise.

Kann man es den Untergebenen Pius' V. verargen, daß ihre Geschmacksnerven etwas anders reagierten beim Genuß der fremdländischen Leckerei? Wir besitzen Beweise dafür, daß man im 17. Jahrhundert fast jeden Beamten des Kirchenstaates mit Schokolade bestechen konnte. Und noch heute führt -minu, welcher in der Basler Zeitung *unter anderem für die Kochecke zuständig ist, immer ein paar Kilo bester Schweizer Schokolade mit sich, wenn er in sein Zweitdomizil nach Rom fährt. Schokolade ist der Dietrich, mit dem er jede Tür öffnet, und das Lockmittel, mit welchem er selbst an einem brennend heißen August-Sonntagnachmittag den Klempner in seine Turmwohnung kriegt, wenn dort der Wasserhahn wieder einmal klemmt.*

Imelda, die natürlich nicht nur an Anekdoten, sondern gleicherweise auch an welthistorischen Zusammenhängen interessiert ist, hat mir zum Dank für diese Geschichte zwei Wochen später zum Nachtisch nicht nur ihren sagenhaften Schokoladekuchen, sondern gleich auch noch das Rezept dazu vorgesetzt. Letzteres mit ausdrücklicher Abdruckgenehmigung.

100 g Butter
150 g Zucker
4 mittelgroße Eier
125 ml Sahne
100 g gewürfelte Milchschokolade
100 g dunkle Schokoladestreusel
200 g gemahlene Haselnüsse
100 g helle Semmelbrösel
1 gestrichener TL Backpulver
50 ml Rum (darf auch etwas mehr sein!)
1 Prise Salz

Und für die Glasur:
160 g dunkle Schokolade
4 EL Wasser
40 g Butter
4 EL Puderzucker

Cakeform vollständig mit Backtrennfolie auskleiden. Butter in der Pfanne flüssig machen. Zucker mit vier Eigelb, Sahne, Milchschokoladewürfelchen und Schokoladestreuseln mischen. Der Masse die Haselnüsse, die Semmelbrösel und das Backpulver beigeben. Das Ganze mit Rum beträufeln (dieser verhilft dem Kuchen zu seinem geradezu traumhaft pfiffigen Innenleben!). Die relativ feste Teigmasse mit der flüssigen Butter geschmeidig rühren, die Eiweiß zusammen mit 1 Messerspitze Backpulver und 1 Prise Salz sehr steif schlagen und sorgfältig unter die vorbereitete Masse rühren. Nun das Ganze in die vorbereitete Cakeform füllen und während etwa 45–50 Minuten (Nadelprobe!) auf der untersten Rille des auf 180 Grad vorgeheizten Ofens backen. Den Kuchen bei ausgeschaltenem und offener Backofen etwa 10 Minuten ruhen lassen. Sobald der Kuchen ganz ausgekühlt ist, diesen aus der Cakeform heben.

Für die Glasur die dunkle Schokolade zusammen mit dem Wasser im Wasserbad schmelzen. Die Butter beifügen und ebenfalls schmelzen. Puderzucker dazugeben und alles glattrühren. Die Glasur mittels eines Messerrückens oder eines Pinsels sofort über den Kuchen verteilen und bei Zimmertemperatur trocknen lassen.

Eingepackt in einer Folie ist dieser Kuchen im Kühlschrank ohne weiteres eine Woche haltbar. Überhaupt ist er, kalt genossen, eine Köstlichkeit.

Ehrlicher- und bescheidenerweise hat mir Imelda gestanden, daß sie für die Glasur in besonders stressigen Zeiten manchmal einen Beutel »Kuchenglasur dunkel« von Dr. Oetker verwendet. Nicht deshalb, sondern trotzdem verzehren ihre Gäste auch den letzten Krümel ihres Schokoladekuchens.

Torta di pane (Brotkuchen)

Von dieser Torta di pane *habe ich erstmals anläßlich meines Besuchs bei der Familie Selva (Sie erinnern sich?) gekostet. Natürlich habe ich mich nach dem Rezept erkundigt. Die überaus liebenswürdige Mamma von Signor Selva hat es mir nach der Taufe ihres Enkelkindes Milena Lucia am Sonntag, dem 11. Juli 1993, überreicht. Nach drei gelungenen Versuchen bin ich zu der Überzeugung gelangt, daß ich Ihnen dieses Rezept nicht vorenthalten darf. Allerdings ist es mir ein Anliegen, Ihnen gleichzeitig auch die aufschlußreichen Ausführungen zugänglich zu machen, die Signora Selva ihrem Rezept vorausgeschickt hat:*

Torta di pane war früher, als die Tessiner noch sehr arm waren, eine der wenigen Süßigkeiten, die man sich leisten konnte (von daher die Bezeichnung *Torta dei poveri*, Arme-Leute-Kuchen) und die man nur an Feiertagen genoß. Zur Herstellung verwendete man neben altem Brot lediglich ein paar Zutaten, die man selber produzierte (Milch, Eier, getrocknete Trauben, Cedro, Pinienkerne, Grappa ...). Vanillezucker und Amaretti sind schon Ingredienzen aus unserer Zeit des Wohlstands. Wenn keine Amaretti vorhanden sind, kann man auch geriebene Mandeln verwenden und den Kakao (und / oder die Schokolade) reichlicher bemessen. Grappa läßt sich durch Rum, Calvados oder Cognac ersetzen. Cedro ist hierzulande meistens nicht erhältlich, gleicht aber in vielem kleingeschnittenen getrockneten Aprikosen oder Zitronat und Orangeat. Eier werden im Originalrezept sehr sparsam verwendet. Wenn man etwas mehr Eier nimmt, gibt man weniger Milch dazu. Die Backmasse soll leicht dickflüssig sein. Schwarzbrot verwendet man besser nicht, weil der Kuchen sonst etwas bitter schmeckt. Schwarze oder verbrannte Brotkrusten sollte man wegschneiden, nicht jedoch die normal gebackene Rinde, da diese dem Kuchen eine interessante Konsistenz verleiht.

Im Jahre 1974 schrieb eine Firma in Lugano einen Wettbewerb für die *Torta di pane* aus. Von den vierhundert eingereichten Rezepten wurde das folgende als das beste befunden:

300 g Brot
5 Amaretti
1 l Milch
1 Ei
1 Prise Salz
1 Zitrone (Saft und geriebene Rinde)
180 g Zucker
1 EL Kakao
1 Gläschen Grappa
200 g Sultaninen
1 kleiner Beutel Vanillezucker
50 g Cedro
50 g Pinienkerne
etwas Butter

Das Brot in der heißen Milch mindestens vier Stunden aufweichen, die übrigen Zutaten (außer den Pinienkernen und der Butter) hinzufügen und gut durchkneten. Die Masse in eine ausgebutterte Kuchenform geben, die Pinienkerne darüberstreuen und in den auf 220 Grad vorgeheizten Backofen schieben. Nach einer Stunde bei 150 Grad weitere dreißig Minuten ausbacken.

Kartäuserklöße

Daß ein (wie auch immer gearteter) Zusammenhang zwischen Küche und Kirche besteht, haben wir schon zu wiederholten Malen feststellen können. Auf schöne Weise läßt sich das auch anhand zweier verschiedener Kochbücher veranschaulichen.

Das erste enthält vorwiegend einfache und alte Rezepte. Es stammt von Anna Erler-Zanol (Text) und Daniela Kofler (Fotos) und trägt den Titel »Südtiroler Hausmannskost« (Athesia Verlag, Bozen 1992). Dabei beruft sich die Verfasserin nicht nur auf ihre Vorfahren, sondern auch auf die Speisekarten traditionsreicher Gasthöfe. Außerdem hat sie in mehreren alten Klosterküchen herumgeschnuppert und auf diese Weise in Erfahrung gebracht, wie man früher in Tirol Kartäuserklöße, Klosterknödel, Klosterstrudel, Klosterbrezeln und Kapuzinerstrudel zubereitete. Neben diesen und anderen fromm anmutenden Gerichten (wie »Jungfernbraten«; es handelt sich dabei um Schweinsfilet mit Knoblauch, Zwiebel und Rosmarin) überliefert Anna Erler-Zanol auch ein paar Rezepte mit eher anrüchigen Bezeichnungen. Die Witwenküsse mögen da noch hingehen; aber was soll man von den Versoffenen Jungfrauen halten?

Für das zweite Kochbuch zeichnet gleich ein ganzes Frauenkloster verantwortlich; es stammt aus dem Allgäu und trägt den verlockenden Titel »Kochen meine Freude. Rezepte aus der Klosterküche der Franziskanerinnen des Kreszentiaklosters Kaufbeuren« (Verlag Tobias Dannheimer, Kempten, 7., unveränderte Auflage 1982; erstmals erschienen 1934).

Die Kartäuserklöße *heißen hier* Karthäuserklöße *(mit th!), und diese unterscheiden sich von jenen nicht nur durch die Orthographie, sondern auch durch die Art der Zubereitung. Es ist durchaus reizvoll, die beiden geistlichen Versionen miteinander zu vergleichen.*

Zunächst das von Anna Erler-Zanol (auf Seite 68) überlieferte Rezept:
4 Semmeln
$^1/_2$ l Milch
2 Eier
Brösel
Wein
Backöl
Die Semmeln abrinden, in Milch einweichen, ausdrücken, in Ei und Brösel panieren, in heißem Fett backen und mit Glühwein übergießen.

Wie die Franziskanerinnen des Kreszentiaklosters ihre Karthäuserklöße *zubereiten, verraten sie auf Seite 156 ihres Kochbuchs:*
8 Semmeln, 3 Eier, 2 Löffel Zucker, 250 ml Milch, nach Belieben Zimtzucker oder $^1/_2$ Liter Rotwein und Zimtrinde, Backfett. Die Semmeln abreiben, oben ein Deckelchen abschneiden, etwas aushöhlen, jedes einzelne in Milch tauchen, auf eine Platte legen, bis sie weich sind, Eier und Zucker gut verrühren, jedes Brötchen darin umwenden und schwimmend in heißem Fett backen. Nach Belieben noch heiß in Zimtzucker wenden und mit Marmelade füllen; oder ohne Zimtzucker die mit eingemachten Früchten gefüllten

Semmeln mit Rotwein übergießen, den man mit Zimtrinde kalt aufs Feuer bringt, bis zum Kochen kommen läßt und zuckert. Statt Wein gibt man auch gerne Fruchtsoße.

Versoffene Jungfrauen

Interessant ist auch der Vergleich zwischen zwei anderen in diesen beiden Kochbüchern enthaltenen Rezepten, die sich ebenfalls nicht nur durch die Bezeichnung, sondern auch durch die Art der Zubereitung etwas unterscheiden, obwohl es sich im Grunde um das gleiche Gericht handelt. Anna Erler-Zanol, die sich in Tirol umgesehen (oder besser: umgehört) hat, überliefert das Rezept (auf Seite 68) unter dem Namen Versoffene Jungfrauen*:*

7 Eier

220 g Mehl

140 g Zucker

Backöl

Zum fest geschlagenen Eischnee rührt man zuerst den Zucker, dann die Dotter und zum Schluß das Mehl. Mit einem Löffel formt man kleine Häufchen ins heiße Fett und backt sie goldgelb. Mit heißem Glühwein servieren!

Aha! Es handelt sich also um ein Wintergebäck, das sich sehr viel harmloser darstellt, als sein anzüglicher Name vermuten läßt. Dieser verdankt sich lediglich der Tatsache, daß man Glühwein dafür verwendet ...

Die Franziskanerinnen von Kaufbeuren haben sich (auf Seite 156) zu der ein bisserl züchtigeren Bezeichnung Trunkene Jungfern *durchgerungen. Sie benötigen dazu – ich zitiere wiederum wörtlich –:*

3 Eßlöffel Zucker, 3 Eier, 3 gehäufte Eßlöffel Öl, Backfett, $1/2$ Liter Rotwein, Zucker, Zimtrinde. Zucker und Eigelb schaumig rühren, den steifen Eischnee kurz mitrühren, das Mehl leicht untermischen, mit einem Löffel kleine Häufchen in heißes Fett geben, zu schöner Farbe backen und kurz vor dem Anrichten mit heißem Wein übergießen (d.h. Rotwein, Zimtrinde und Zucker bis vors Kochen kommen lassen).

Welche Kart(h)äuserklöße *sind nun orthodox, welche* Versoffenen *oder* Trunkenen Jungfrauen *beziehungsweise* Jungfern *sind wirklich authentisch? Welches Rezept findet größeren Konsens? Welches läßt auf Reformen schließen? Bleibt die Substanz gewahrt? Auf welchen Abt, auf welche Äbtissin müssen wir hören? Wessen Magen kann was nicht vertragen? Welches Lehramt muß hier entscheiden? Welcher Schnüffler (es geht um Gerüche!) ist kompetent; welche Nase geschult genug? Welcher Gaumen (Geschmack ist gefragt!) ist genügend versiert? Oder darf nun plötzlich jedweder Koch die Gäste nach seinem Gusto selig machen?*

Sammartina (Martinskuchen)

Gianni und Mirella haben wir bereits kennengelernt. Als echter Römer spricht Gianni nicht nur den römischen Dialekt, sondern schreibt auch Gedichte in romanesco, *in jener Mundart also, in welcher schon der berüchtigte Belli (1791–1863) und der berühmte Trilussa (1871–1950) ihre unvergeßlichen Verse publizierten. Zwar sind Giannis Gedichte etwas weniger respektlos als jene von Belli und nicht ganz so beschwingt wie die von Trilussa. Aber wenn er sie vorträgt, gerät ein Familienfest zum Festival und ein Betriebsausflug zur kulturellen Veranstaltung.*

Mirella hingegen ist eifersüchtig darauf bedacht, daß ihre schriftlichen Aufzeichnungen auf keinen Fall an die Öffentlichkeit dringen. Zumeist handelt es sich nämlich um Rezepte, die ihrem Verlautbaren nach in ihrer Familie seit Generationen von Mutter zu Tochter weitergegeben wurden. Als sie mich einmal unüberlegterweise aufforderte, einen Geschenkwunsch zum Namenstag zu äußern, erbat ich mir das Rezept für ihre Sammartina, den fabelhaften Martinskuchen. Nicht ohne Zögern hat sie es mir anvertraut, mit der Auflage, es um keinen Preis weiterzugeben: »Du weißt schon, Geschenke gibt man nicht weg!« Als ich ihr dann aber von meinem geplanten Kochbuch erzählte, das ja in deutscher Sprache erscheinen würde, gab sie mir schließlich doch die Erlaubnis, das aus Kalabrien stammende Rezept zu veröffentlichen; das sei dann ihr kleiner Beitrag zur Völkerverständigung.

Tatsächlich: Wer wollte schon bestreiten, daß man einander beim Essen näherkommt!

Zuerst bereitet Mirella einen Mürbeteig zu. Und dazu braucht sie:

200 g Mehl

3 EL Zucker

eine Messerspitze Salz

1 abgeriebene Zitronenschale

130 g Butter

1 großes Ei

2 EL süße Sahne

Zucker, Salz und die abgeriebene Zitronenschale mit dem Mehl vermischen. Die in kleine Stücke zerteilte Butter dazugeben und mit dem Mehl verreiben. Der krümeligen Masse das verquirlte und mit der Sahne vermengte Ei beigeben und alles zu einem Teig kneten. Mindestens eine halbe Stunde kühlstellen. (Wird der Teig länger als einen halben Tag im Kühlschrank aufbewahrt, muß man ihn etwa 30 Minuten vor dem Auswellen herausnehmen, weil er sonst nicht weich genug ist.)

Für die Füllung:

70 g Rosinen

150 g gemahlene Mandeln

150 g gemahlene Walnußkerne

120 g Weintraubenmarmelade

etwas Honig

Die Rosinen weicht sie in lauwarmem Wasser ein, drückt sie dann gut aus und gibt sie zusammen mit den Mandeln, den Walnüssen und der Marmelade in eine Schüssel und verrührt die Masse zu einem Brei. Dann nimmt sie eine mit Butter bestrichene und mit Mehl bestäubte Backform, legt drei Viertel des ausgewellten Teiges hinein, den sie mit einer Gabel mehrmals durchsticht und mit einer dünnen Schicht Honig bestreicht. Darüber verteilt sie die Füllung, schneidet aus dem restlichen Teig dünne Streifen, die sie, wie bei einer Linzer Torte, gitterförmig darüberlegt. Dann backt sie den Kuchen in dem auf 200 Grad vorgeheizten Ofen während etwa 35 bis 40 Minuten.

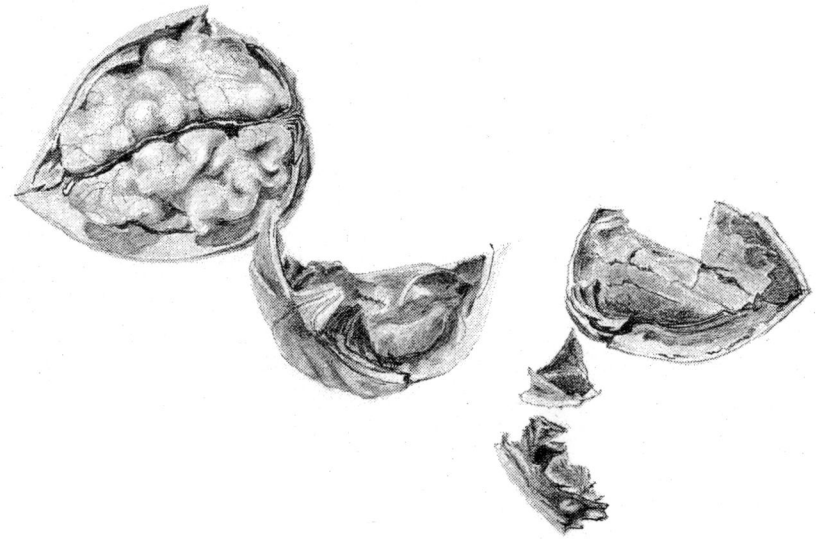

Lebkuchen

Auf ihren Lebkuchen ist meine Mutter besonders stolz. Immer wieder betont sie, daß dieser nicht »trocken ist wie die gekauften« – und da hat sie wahrlich recht. Zur Herstellung benötigt sie:

3 EL Birnenhonig (Birnel; eingedickter Saft von Birnen)

500 ml Milch

$^1/_2$ Tasse Zucker

$^1/_2$ Zitrone (die geriebene Schale und den Saft)

1 EL Lebkuchengewürz (das sie, wie übrigens auch den Birnenhonig,
in einem guten Lebensmittelgeschäft kauft)

70 g Butter

ungefähr 500 g Mehl und 1 EL Vollkornmehl

1 TL Natron

Birnenhonig, Milch und Zucker werden miteinander gut verrührt; dann kommen die Zitronenschale, der Zitronensaft und das Lebkuchengewürz hinzu, anschließend die flüssige Butter und das Mehl. Von diesem letzteren wird soviel untergerührt (*ungefähr* ein Pfund), bis der Teig nicht zu fest, also noch dickflüssig ist. Ganz zum Schluß gibt sie das in etwas Milch angerührte Natron dazu. Nun gießt sie den Teig in eine mit Butter bestrichene und mit Mehl bestäubte Springform und schiebt diese auf die mittlere Schiene des auf 250 Grad vorgeheizten Backofens. Nach einer halben Stunde reduziert sie die Hitze auf 200 Grad, und nach einer weiteren Viertelstunde ist ihr Lebkuchen durchgebacken. Den Nadeltest, den sie bis vor einem Vierteljahrhundert durchführte, läßt sie inzwischen bleiben. Dieser besteht darin, daß man kurz vor Ablauf der Backzeit eine eiserne Stricknadel in den Kuchen sticht. Wenn beim Herausziehen keine Teigspuren daran festzustellen sind, kann man die Springform aus dem Ofen heben.

Und tatsächlich: Dieser Lebkuchen ist so saftig, daß man keine Butter oder Schlagsahne dazu braucht (was ich von meiner Großmutter her noch kenne).

Schenkelchen

In gewissen Gegenden Frankreichs ist dieses Gebäck unter der vielleicht etwas frivolen Bezeichnung Cuisses des dames *bekannt. Meine Mutter, der ich dieses alte Rezept verdanke, war, wie eine Rückfrage ergab, völlig unbelastet von derlei Assoziationen. Gleichzeitig versicherte sie, daß sie es mir trotzdem aufgeschrieben hätte.*

5 Eier
250 g Zucker
125 g Butter
2 Zitronen (geriebene Schale)
1 TL Natron
2 EL Kirschwasser
Mehl
Fritieröl

Die Eier verquirlen und alle übrigen Zutaten (außer dem Mehl) darunterrühren und mit dem Schneebesen gut vermischen. Dann so viel Mehl hinzugeben, daß ein glatter Teig entsteht. Etwas ruhen lassen. Mit den Handflächen auf der Tischfläche so bearbeiten, daß etwa 30 cm lange Rollen von etwa $1^1/_2$ cm Durchmesser entstehen. Diese Stangen in fingerlange Stücke schneiden und in der Friteuse goldbraun backen.

Ich habe mir erlaubt, das Originalrezept leicht abzuändern. Dort ist lediglich 1 EL Kirschwasser vorgesehen.

Fasnachtsküchlein

Diese Küchlein hat schon meine Großmutter zweimal im Jahr zubereitet, nämlich zur Fasnacht und am Kirchweihfest. Meine Mutter hat es ebenso gehalten. Übrigens schmecken sie nicht nur zum Kaffee, sondern passen auch zu einem leichten trockenen Rotwein.

400 g Mehl
1 TL Salz
50 g Butter
3 Eier
3 EL Milch
Puderzucker
Backfett oder Fritieröl

Das Mehl in Kranzform in eine Schüssel geben. Die restlichen Zutaten (außer natürlich dem Backfett und dem Staubzucker!) in der Mitte des Kranzes hinzufügen und alles zu einem Teig verarbeiten. Diesen auf dem Tisch gut durchkneten und schlagen, bis er glatt ist. Eine halbe Stunde ruhen lassen und dann in etwa 20–24 Stücke schneiden. Diese papierdünn und wenn möglich rund auswellen oder ausziehen. Die einzelnen Stücke in der Friteuse hellgelb backen. Die fertigen Küchlein zum Abtropfen auf ein Drahtgitter legen und zum Schluß mit etwas Puderzucker bestreuen.

Rüeblitorte

Die Bezeichnung ist irreführend; in Wirklichkeit handelt es sich nämlich nicht um eine Torte, sondern um einen Karottenkuchen.

6 Eigelb
200 g Zucker
1 Zitrone
1 Prise Salz
300 g gemahlene Haselnüsse (oder Mandeln)
300 g geriebene Karotten
80 g Mehl
$1/2$ Beutel Backpulver
6 Eiweiß

Zucker und Eigelb schaumig rühren. Die geriebene Zitronenschale und den Saft, Salz, Nüsse, Karotten, das gesiebte Mehl sowie das Backpulver beifügen und am Schluß das zu Schnee geschlagene Eiweiß unterziehen. Die Masse in eine mit Butter bestrichene und mit Mehl bestäubte Springform geben und im vorgeheizten Ofen bei 190 Grad etwa eine Stunde (Nadelprobe!) backen.

Auf den üblichen Zuckerguß und das Marzipanmöhrchen (das am Schluß immer neben irgendeinem Teller liegen bleibt) verzichten wir gerne; der

Kuchen ist auch so süß genug und hat außerdem den Vorteil, daß man statt Kaffee auch ein Glas Rotwein dazu trinken kann.

Kürbiskuchen

Von dieser Spezialität habe ich einmal im Tagungshaus »Dorfberg« in Langnau, im schweizerischen Emmental, gekostet und war davon so begeistert, daß ich mir das Rezept habe geben lassen. Allerdings sollte man diesen Kürbiskuchen nicht erst backen, wenn die Gäste schon vor der Tür stehen. Am besten schmeckt er nämlich erst nach zwei bis drei Tagen.

1 kg Kürbis
100 ml Milch
3 Eier
150 g Zucker
1 Beutel Vanillezucker
$^1/_2$ Zitronenschale (gerieben)
$^1/_2$ Orangenschale (gerieben)
180 g gemahlene Mandeln
50 g Mehl
1 EL Maizena
75 g Sultaninen
3 Tropfen Bittermandelöl
12 Amaretti (zerbröselt)
50 g Pinienkerne
1 Messerspitze Salz
Puderzucker

Den Kürbis schälen, entkernen und in Würfel schneiden. Die Milch in einem Topf erhitzen, Salz und Kürbiswürfel dazugeben und diese während 10 Minuten kochen. Direkt im Topf pürieren und die Masse abkühlen lassen

Eigelb und Eiweiß voneinander trennen. Die Eigelb, 100 g von dem Zucker und den Vanillezucker mit dem Schneebesen verrühren, bis die Masse hell ist. Diese zusammen mit allen übrigen Zutaten – außer den Eiweiß, den restlichen 50 g Zucker und den Pinienkernen – unter das Kürbispüree rühren.

Die Eiweiß steif schlagen, 50 g Zucker dazugeben und kurz weiterschlagen; die Eiweißmasse unter die Kürbismasse ziehen.

Eine Springform von etwa 25 cm Durchmesser mit Butter bestreichen und mit Mehl bestäuben. Die Masse in die Form füllen und die Pinienkerne darüberstreuen.

Im auf 180 Grad vorgeheizten Ofen auf der untersten Schiene etwa 60 Minuten backen. Den Kuchen auskühlen lassen, aus der Form lösen und mit Puderzucker bestäuben.

26.4.94

Daß vielleicht doch etwas dran ist an der Volksweisheit, nach welcher die Liebe durch den Magen geht, konnte ich am 13. November 1993 feststellen, als ich meinen älteren Bruder, er war gerade kurz in Rom, zum Vatikan begleitete. Bei dieser Gelegenheit nämlich stieß ich in der Metrostation Termini (Linie A der U-Bahn) auf eine jener Wandkritzeleien, von denen schon im Mittelalter kein von Touristen heimgesuchter Ort verschont blieb:

In der Früh mag ich nicht essen;
ich denk bloß an dich.
Am Mittag mag ich nicht essen;
ich denk bloß an dich.
Abends mag ich nicht essen;
ich denk bloß an dich.
Und nachts lieg ich schlaflos,
weil der Hunger mich plagt.

Hoffentlich ist der anonyme Verfasser (oder war es eine Verfasserin?) nicht vor lauter Liebe verhungert; die Menschheit wäre um ein Genie ärmer, das die Weltliteratur mit einem Liebesgedicht bereichert hat.

Dank

Dieses Buch wäre ohne den Rat und die Mithilfe anderer nie zustande gekommen. Nur wenige, welchen ich zu Dank verpflichtet bin, sind darin erwähnt. Danken möchte ich aber auch all jenen aus meinem Freundes- und Bekanntenkreis, die mich immer wieder einmal zu sich nach Hause eingeladen haben und mir auf diese Weise nicht nur ihre Zuneigung bekundet, sondern gleichzeitig (meist unbeabsichtigt) auch mancherlei Anregungen kulinarischer Art vermittelt haben. Ein besonderes Wort des Dankes gebührt dem aus dem Land von Tausendundeiner Nacht stammenden Religionshistoriker und Meisterkoch Utstac al-Emid, den ich nicht nur in schwierigen Angelegenheiten des interreligiösen Dialogs, sondern auch in allerlei kniffligen Fragen der Kochkunst konsultieren durfte.

Register der Rezepte